교회를 위한 **철학적 해석학**

누구의 공동체? 어떤 해석?

일러두기

- 성서 인용은 새번역을 사용하되, 필요시 영역본에 따라 수정하였습니다.
- 〔 〕안의 내용 및 ●표시된 각주는 독자의 이해를 돕기 위해 옮긴이가 추가한 것입니다.

교회를 위한 철학적 해석학
: 누구의 공동체? 어떤 해석?

2019년 1월 21일 초판 1쇄 발행
2021년 2월 26일 초판 2쇄 발행

지은이   메롤드 웨스트팔
옮긴이   김동규
펴낸이   김지호

도서출판 100
전 화 070-4078-6078
팩 스 050-4373-1873
소재지 경기도 고양시 덕양구 행신동
이메일 100@100book.co.kr
홈페이지 www.100book.co.kr
등록번호 제2016-000140호

ISBN 979-11-89092-05-4 03230
CIP제어번호 CIP2018042680

차례

〈에라스무스 총서〉를 발간하며

2019년 지금 우리는 인문학 위기를 넘어, 인문학 종언을 향해 가는 시대를 살고 있다. 연구자들은 설 자리를 잃고, 시간과 수고를 들여야 하는 인문학적 수련보다는 일회성 흥미를 유발하는 컨텐츠가 더 각광받고 있다. 특별히 깊은 사유의 기반이 되는 독서의 영역이 좁아지고 있는 현상은 현재 표면적으로 일고 있는 인문학 열풍과는 달리, 실제로는 위기에 처한 인문학의 현주소를 보여주는 사례라고 할 수 있다. 이러한 위기는 신학에도 비슷하게 도래하고 있다. 시대의 위기를 극복하기 위해 지혜를 키워가야 할 신학마저도 절대자를 위시한 고유한 진리에의 열망, 인문학자들마저 매료시킬 역사적 원천에 대한 탐구, 인간과 신의 화해를 향한 자유로운 사유의 실험보다는 실용적인 교회성장이나 교파주의를 강화하기 위한 방편으로 활용되는 경우가 많다.

이러한 위기 가운데, 인문학&신학연구소 에라스무스와 도서출판 100은 신학과 대화하는 인문학, 인문학과 대화하는 신학, 더 나아가서는 양자가 서로를 비판하고 전유하는 사유의 모험을 보여주는 일련의 실험들을 〈에라스무스 총서〉라는 이름 아래 선보이고자 한다. 르네상스 인문주의를 대표하고, 종교개혁에도 지대한 영향을 미친 데시데리우스 에라스무스는 탄탄한 인문학적 사유를 기반으로 삼아 성서와 전통에 대한 풍요로운 이해를 보여주었고, 교회를 존중하면서도 교회에 대한 신랄한 비판을 서슴없이 할 줄 알았던 세계인이었다. 그에게 철학을 비롯한 인문학은 일부 중세인들이 간주했던 것처럼 신학의 시녀가 아니었고, 일부 종교개혁의 후예들이 폄훼한 것처럼 신학의 장애물도 아니었다. 오히려 그는 탄탄한 인문학적 훈련과 사유를 겸비한 사람이었고, 그 속에서 성서 이해와 신학이 풍요롭게 발전할 수 있음을 알았으며, 이러한 인문주의적 신학을 그의 생애 동안 몸소 보여주었다.

〈에라스무스 총서〉가 지향하는 바도 큰 틀에서 탁월한 인문주의자 에라스무스가 시도했던 모험을 따른다. 우리는 성서와 전통에 대한 협소한 교파주의적 이해나 일부 인문학자들이 보여주는 신학 자체에 대한 무시 내지 몰이해를 넘어, 양자 간 자유로운 대화와 비판적 전유를 보여주는 탁월한 연구자들의 성과를 총서 기획 속에 편입시켜 세상에 선보이고자 한다. 여기에는 저명한 외국 학자들의 작품은 물론이고 참신한 생각을 가진 국내 학자들의 성과가 함께 들어갈 것이며, 인문학적 사유가 탄탄하게 배어 있는 전문 학술서부터 독자들이 다소간 접근하기 쉬운 대중적인 학술서에 이르는 다양한 형태의 연구 성과들이 포함될 것이다. 이러한 시도는 인문학과 신학의 위기 속에서도 학문적 상상력과 인내 어린 성찰을 지속하려는 사람들의 작은 소망을 지켜나가는 운동이 될 것이다. 인문학&신학연구소 에라스무스와 도서출판 100의 우정의 연대를 통해 시작한 이러한 기획이 꾸준하게 결실을 맺음으로써, 한국 사회와 교회 안에 새로운 이론적 성찰의 가능성을 제안하기를 간절히 염원한다.

인문학&신학연구소 에라스무스

도서출판 100

시리즈● 서문

근래 출현한 '탈근대적'(postmodern) 교회에서부터 주류인 '선교적'(missional) 교회에 이르기까지, 최근 교회에서 일어나는 논의는 흥미롭게도 탈근대성과 연관된 철학적이고 이론적인 물음들을 붙들고 씨름하고 있다. 실제로, 탈근대 이론의 발전(특별히 '후기-토대주의' 인식론의 물음들)이 복음주의, 주류 교단, 가톨릭 공동체 사이에 있었던 이전의 장벽들을 허무는 데 기여했다고 주장할 수 있다. 포스트모더니즘의 '효과들'과 연관되어 있는 후기자유주의는 새로운 신앙고백적 교회 일치 운동을 일으켰다. 이 운동에서 복음주의 회중, 주류 개신교 교회, 가톨릭 교구 모두 포스트모더니즘(postmodernism)의 도전과 씨름하면서, 탈근대성이라는 문화에 기대어 교회의 형태를 다시 생각해보게 되었다.

이러한 정황은 현대철학과 비판이론이 '박차고 나갈' 흥미로운 기회를 제시한다. 말하자면, 탈근대 이론이 교회—앞서 언급한 회중과 공동체를 전부 포함하는—의 실천을 돕는 고난이도 작업을 가능하

● 이 책은 원래 Baker Academic에서 펴내는 〈The Church and Postmodern Culture〉 시리즈 중 하나로, 한국어판에서는 〈에라스무스 총서〉 시리즈에 선정하여 출간한다.

게 함으로써 주어진 기회다. 이 시리즈의 목표는 대륙철학과 현대신학에서 명망 있는 이론가들이, 교회의 신앙과 실천에 탈근대 이론이 가한 충격에 관심 있는 폭넓은 비전문가 청중을 위해 쓴 글을 모아내는 것이다. 이 시리즈에 속한 각 작품들은 상이한 각도에서, 상이한 물음을 가지고, 예컨대 다음과 같은 물음에 답을 제시하는 일에 착수할 것이다. 탈근대 이론은 교회라는 형태에 관해 무엇을 말해야 하는가? 포스트모더니즘이 교회 현장과 예배당 좌석 곳곳에서 일어나는 구체적인 종교적 실천에 어떤 충격을 주는가? 탈근대성에서 교회는 어떤 모습이어야 할까? 파리와 예루살렘이 무슨 관계가 있는가?

이 시리즈는 교회의 목표뿐만 아니라, 이 책이 보여주는 대륙철학과 이론의 양상과 관련해서도 에큐메니컬하다. 여기에는 바디우(Badiou)에서 지젝(Žižek)에 이르는, 그리고 그 사이에 자주 등장하는 (니체[Nietzsche], 하이데거[Heidegger], 레비나스[Levinas], 데리다[Derrida], 푸코[Foucault], 이리가레[Irigaray], 로티[Rorty] 등의) 유력한 용의자들(usual suspects)의 목소리를 포함하는 다양하면서 폭넓은 이론적 입장이 담길 것이다. 포스트모더니즘이 고전적 원천의 복권을 일으킨다는 점에서 볼 때, 이러한 우리 시대의 원천은 아우구스티누스, 이레나이우스, 아퀴나스 및 여타 원천들과의 대화를 촉진시킬 것이다. 본 시리즈는 탈근대 사유가 교회의 실천에 준 충격을 탐구하는 특정한 목적을 가지고 있지만, 해당 분야에서 일가를 이룬 학자들의 지혜에 기대어 쉬운 입문서 역할도 할 것이다. 이 시리즈의 책들은 교회를 위한 프랑스식 수업이라 할 수 있을 것이다.

시리즈 편집자 서문

_제임스 K. A. 스미스(James K. A. Smith)

'포스트모더니즘'이 학계라는 다소 제한된 영역 바깥에서 회자될 때, 그것은 통상 무절제한 상대주의 및 해석학적 무법성과 동의어로 사용된다. 간단히 말해 이 사조는 '어떤 것이든 다 좋다'는 식의 태도다. 물론, 포스트모더니즘의 기치 아래 행해지는 많은 것들이 이러한 인상을 보증해주는 것처럼 보인다. '저자의 죽음'과 해석의 '놀이'에 관한 논의는 종종 해석의 방종으로 회자된다. 실제로, 포스트모더니즘이 어떤 것이든 다 좋다는 식의 상대주의와 같은 것으로 인식되는 문제의 근원에 해석이라는 쟁점이 자리하고 있다. 포스트모더니즘이 '모든 것이 해석의 문제'라고 가정하고 있기 때문이다. 또한 우리는 이런 입장의 '좌파'와 '우파'가 모두 존재하는 데 주목해야 한다. 어떤 이들은 해체주의자들(deconstructionists)이 밀턴이나 바울의 글을 자기가 원하는 의미로 만들 수 있다고 염려하고, 또 어떤 이들은 해석이 눈가림이 될 수 있지 않냐, 즉 해석을 통해 고문을 '향상된 심문 기법'으로 재기술할 수 있지 않냐고 염려한다. 어떤 점에서는 이제 우리 모두 포스트모더니스트이다.

이 경우 포스트모더니즘, 해석, 상대주의의 유령은 한데 얽혀 있다. 또 이렇게 한데 얽혀 있는 말뚝이 신앙 공동체의 맥락 속에서 부각된다. 텍스트로 말미암아 형성된 삶의 방식을 지닌 '그 책의 사람들'에게 해석의 문제는 어떤 면에서 삶과 죽음의 문제이다. 실제로, 그리스도인들에게 해석학에 관한 수많은 불안감은 새로운 것이 아니다. 데리다와 푸코의 유령이 우리 앞에 출몰하기 전에도, 그리스도인 공동체는 해석의 갈등을 해결하려고 노력했다. 우리는 이러한 갈등이 신약성서 이야기 자체에 들어가 있음을 볼 수 있다. 이를테면 사도행전 15장에서, 우리는 '율법'에 관한 해석의 갈등을 본다. 또한 우리는 그 중심에서 해석의 차이를 붙잡고 씨름하는 한 공동체를 본다. 하나의 공통된 신화가 있음에도 불구하고, 초대교회가 해석학적 낙원이었던 것은 아니다. 오히려 무엇이 전통으로 간주되는지에 대한 논의가 그리스도교 전통을 구성해 왔다. 초대교회는 해석이 일치된 황금기가 아니었다. 오히려, 보편 공의회와 신조들은 해석들의 갈등에 직면한 공동체가 만들어낸 인위적 산물이다.

어쩌면 종교개혁은 이 해석학적 괴물을 새로운 강도로 촉발시켰고, 우리 중 다수는 그것이 지나간 자취 속에 살고 있다. 만일 종교개혁을 무엇에 관한 것이라 한다면, 종교개혁은 텍스트와 직접적으로 씨름하면서 성서와 새롭게 직면하게 됨에 관한 것이다. 종교개혁은 다름 아닌 읽기의 개혁이었다. 또한 그러한 관심이 복음을 회복하는—구원에 관한 그 해석으로 돌아가는—것이었다고 해도, 그 결과는 우리가 아는 대로 해석의 급증과 해석 공동체의 증식이었다. 이러한 해석학적 파편화와 동시에, 성서의 명확함 내지 '명료성'

에 관한 특정한 해석학적 교리가 생겨났다는 것은 또 다른 아이러니다. 성서에 대한 중세적(이라고 쓰고 '가톨릭적'이라 읽는) 접근법은 알레고리적이고 공상적인 곡예술이 어우러진 늪처럼 묘사된 반면, 종교 개혁자들 및 그 후예들은 성서가 지닌 '명료한 의미'의 수호자가 되었다. 이것은 기본적으로, 다른 이들은 성서를 해석하는 반면, 우리는 성서를 곧장 읽는다는 주장에 이르렀다. 즉, 어떤 여과 작용이나 편견 없이, 혹은 교권의 간섭으로 인한 혼동 없이 곧장 성서를 읽는다는 말이다. 만일 우리가 해석하기를 멈추고 단순히 읽기 시작한다면, 우리는 사태에 관한 수정처럼 투명하고 객관적인 진리에 도달하게 된다. 따라서 현재 공통적으로 반복되는 불만은 다음과 같다. 해석은 상대주의를 낳는다. 해석학이 문제다.

『교회를 위한 철학적 해석학: 누구의 공동체? 어떤 해석?』은 상황에 대한 이러한 공통적인 이해를 해소하는 신선하면서도 간결하며 도발적인 해결책이다. 또한 이 책은 탁월한 전문가 중 한 사람의 펜 끝에서 나온 것이다. 지금까지 20년 동안 나는 메롤드 웨스트팔의 명쾌함(이는 통상적으로 대륙철학에는 해당되지 않는 말이다!)을 높이 평가하며 칭송해왔다. 그는 박식함과 대중적 접근성을 균형 있게 결합시킨다. 어떤 주제를 분명하게 조명하면서도 재미가 있다. 정말로 이 책은 본질적으로 '아담한 상자에 담긴 강의'로, 대가에게 배울 수 있는 편리한 기회이다. 이 작은 책은 슐라이어마허(Schleiermacher)나 딜타이(Dilthey)와 같은 인물들의 배경을 엿볼 수 있는 철학적 해석학에 관한 훌륭한 커리큘럼을 담고 있다. 이 책은 허쉬(Hirsch)에서 월터스토프(Wolterstorff)에 이르는 인물들에 대한 비판을 소개하고, 위대한 해석학적 철학자 한스-게오르크 가다머(Hans-Georg Gadamer)에 관한 핵심적인 해설을 제공한다—그리고 철학적 해석학이 말씀을 읽고 기도하고 설교하는 공동체에 도움을 주기 위한 목적으로 이 모든 것을 제공한다.

내 말은 웨스트팔이 우리의 모든 두려움과 염려에 위안을 주며, 해석을 난공불락의 안전지대로 만든다는 의미가 아니다. 실제로, 그는 자신이 '상대주의 해석학'—소위 절대적 진리의 전달자들은 환호하지 않을 표어—이라고 부르는 것을 주장할 것이다. 그러나 이 책의 무게는 '어떤 것이든 다 좋다'는 식의 상대주의를 유한함으로부터 오는 상대성과 구별하는 데 도움을 줄 것이다. 우리는 웨스트팔이 피조물의 명확한 특성으로 보이는 상대성과 의존성을 회복시키고 있다고 말할 수 있겠다. 이 과정에서 그는 '해석학적 절망'과 '해석학적 오만' 사이에서 길을 찾는 데 도움을 준다. 내게는 이것이 바로 교회를 위한 선물로 보인다.

웨스트팔이 이런 일을 해낼 수 있는 것은 이 두 세계—철학적 해석학과 교회—를 자신의 사유 속에서 통합하고 있기 때문이다. 혹은 웨스트팔이 이중 시민권을 가지고 있어서, 두 세계의 언어에 유창하다고 말할 수도 있겠다. 이 책에서 그의 기획은, 철학적 해석학의 엄정함이 이해되고 그 진가가 제대로 인식된다면 교회가 신실한 해석 공동체가 되는 데 실제적인 도움이 될 수 있으리라는 확신을 동기로 삼고 있다. 그 이상 무엇을 바랄 수 있겠는가?

한국어판 저자 서문

저의 이 작은 책이 한국어로 번역되어 기쁩니다. 성서를 '고귀하게' 보는("high" view of Scripture) 모든 이들은 우리의 개인적인 삶은 물론이고, 교회 및 예배의 삶, 교제하는 삶, 세상 속에서 선교하는 삶을 함께 살아갈 때 성서를 해석하는 일이 얼마나 중요한지 알고 있습니다.

철학적 해석학은 특히 빌헬름 딜타이, 마르틴 하이데거, 한스-게오르크 가다머, 폴 리쾨르라는 이름과 관련됩니다. 이들은 철학자이지 신학자가 아니며 당연히 성서학자도 아닙니다. 그렇다고 신학적으로 무지한 이들도 아닙니다. 이들은 그리스도교 전통에 대한 지식이 있었고, 그 정도는 서로 다르지만 그리스도교 전통에 대한 얼마간의 존경을 가지고 있었습니다.

이들의 해석 이론은 모든 종류의 텍스트, 특히 법적, 문학적, 신학적 텍스트에 적용하기 위한 것이면서, 이와 마찬가지로 그들이 텍스트와 유사한 것으로 보는 개별 인간의 행위와 문화적 실천에도 적용하기를 의도하고 있습니다.

이 해석 이론들은 탈근대적(postmodern)이라 불릴 만합니다. 왜냐하면 근대 서구 철학의 기본 전제들 중 하나와 결별하고 있기 때문입니다. 이러한 전제는 적어도 철학에서는 인간의 사유가 전적으로 객관적이고 중립적이며 아무런 전제도 없이 수행될 수 있다는 가정입니다(제가 이 견해를 전제이자 가정이라고 부른 것에 주목하십시오). 이것은 철학이 관점에 따라 상대적이지 않다는 주장에 해당하지만, 또한 어떤 식으로든지 '어디에도 발 딛지 않는 관점'(the view from nowhere)에 이르는 주장입니다. 왜냐하면 우리가 무언가를 볼 수 있게 하고, 동시에 다른 것은 보지 못하게 하며, 우리가 어디에 발 딛고 있는지에 따라 어떤 것을 더 잘 보게 만들거나 잘 못 보게 만드는 것이 모든 관점의 본질이기 때문입니다.

철학적 해석학은 우리가 해석할 때, 이것(물리적 대상)을 저것(책)으로 볼 때, 항상 어딘가에 발 딛고 있는 것이지 어디에도 발 딛지 않는 것이 아님을 가정하고 있으며, 또한 이 점을 보여주려 시도합니다. 이는 우리의 사고가 우리를 형성해온 언어 게임들, 사회적 실천들, 전통들을 구성하는 전제들에 따라 언제나 상대적임을 의미합니다. 보통 우리는 이러한 점을 의식하고 있지는 않습니다.

위 두 문단에 모두 '상대적'(relative)이란 말이 등장합니다. 철학적 해석학은 우리의 해석들, 곧 미학적, 법적, 정치적, 도덕적, 신학적 해석들이 역사적으로 특정하고 우연적인 요소들에 따라 상대적이라고 말합니다. 이 요소들은 우리가 어떤 텍스트와 마주하기도 전에 우리의 생각, 심지어는 우리의 정체성까지도 형성한 것입니다. 신학에서는, 그리스도교의 성서 해석이 역사 속에서 매우 다양하다는 사실이 이 논지에 충분한 증거를 제공하고 있습니다. 만일 단 하나의 정확한 읽기가 존재한다면, 그리고 내가 바로 그렇게 읽을 수 있다면, 성령께서는 교회의 역사를 지나오시면서 거의 대부분의 시간에 휴가를 떠나셨을 것입니다(성령께서는 정교회일까요? 로마 가톨릭일까요? 아니면 개신교일까요?).

이 '상대주의'라는 말이 모든 관점이 똑같이 참임을, 어떤 것이든 다 좋음을 뜻할까요? 거의 그렇지 않습니다. 니체는 급진적인 관점주의자입니다. 사실은 없고 오직 해석만 있다는 말로도 유명하죠. 하지만 니체는 자신이 경멸한 그리스도교와 불교가 자신이 지지하는 힘에의 의지의 철학만큼이나 기초가 탄탄한 것이라고 보지 않습니다. 왜일까요? 니체는 자신이 선호하는 관점에 대해 근거를 제시할 수 있지만, 근거를 제시하면서 '어디에도' 발 딛지 않은 채 말했던 것은 아닙니다.

이 상대주의는 우리가 제시할 수 있는 최상의 근거로 뒷받침되는 해석, 우리가 발견하거나 만들 수 있는 최상의 해석을 추구하지 말아야 한다거나 추구할 수 없음을 의미하지 않습니다. 오히려 그것은 우리가 "거울로 보는 것 같이 희미하게" 보고 있음을, "부분적으로"(고전 13:12) 알고 있음을 의미하며, 이를 잊지 않기를 의도합니다. 우리는 우리가 상대적이라는 점을, 언어와 문화에 의해 역사적으로 조건 지어져 있음을, 오직 하나님만이 절대적이시라는 점을 기억해야만 합니다. 우리는 하나님께서 성서 안에서, 성서를 통해서, 우리에게 말씀해오셨다는 것을 믿습니다. 그러나 이 점이 피조물이라는 우리의 지위를 말소하고 우리를 하나님으로 만들어서 우리의 해석에 신적인 종결성을 부여하는 것은 아닙니다. 우리는 성서와 다른 이들이 성서에 부여한 해석에 귀 기울여야 합니다. 누가 알겠습니까? 우리가 무언가를 배우고 우리의 이해가 넓어질지 말입니다.

서문

이 책은 세 부류의 그리스도교 신학자들을 위한 것이다—학자, 목회자, 평신도. 이들이 가진 공통분모는 성서를 해석하는 일과 그러한 성서 해석에 관련된 것이 무엇인지 잘 생각하는 일이라 할 수 있다. 학술적 신학자에 관하여, 나는 그들의 해석을 글쓰기라고 하겠다. 목회자로서의 신학자들에 관하여, 나는 이들의 해석을 구술이라고 하겠다. 또한 평신도 신학자들에 관하여, 나는 이들의 해석이 경건한 읽기라는 묵상(silence)에서 일어난다고 본다. 출판물, 설교, 그리고 사적이고 인격적인 읽기를 통해 그리스도인들은 성서를 해석한다.

그리스도인들은 고립된 원자가 아니라 하나님의 백성으로 그리스도의 몸을 이루는 구성원이기 때문에, 우리는 이 세 가지 해석 방식을, 곧 교회가 성서를 해석하는 방식이라고 말할 수 있다. 만일 교회가 이러한 생명의 과업이자 특권을 오해한다면, 그것은 공동체적으로나 개인적으로나 교회의 고유한 정체성을 오해하는 것이다.

본 시리즈의 첫 번째 기획물인 제임스 스미스의 『누가 포스트모더니즘을 두려워하는가?』(Who's Afraid of Postmodernism?[살림 역간])는 "데리다, 리오타르, 푸코를 교회로 데려오기"라는 부제를 달고 있다. 본서에는 "가다머를 교회로 데려오기"라는 부제를 넣을 수도 있겠다는 생각이 든다. 왜냐하면 내가 성서 해석학(여기서 '해석학'은 해석의 이론과 실천을 의미한다)에 관하여 신학적으로 사유하기 위한 길잡이로 제시하는 것이 바로 독일의 철학자 한스-게오르크 가다머(1900-2002—그는 참 오래 살았다)의 해석학 이론이기 때문이다.

길잡이를 찾기 위해 예루살렘(신학)에서 아테네(철학)로 돌아가는 것은 위험한 일이다. 십자가의 말씀은 세상의 지혜와 일치하지 않는다(고전 1:18-2:13). 하지만 특별히 우리가 그 위험성을 의식하면서도, 이 위험을 감수하는 데는 두 가지 이유가 있다. 첫째, 스스로 철학의 오염에서 자유롭다는 자부심을 가진 신학은 대개, 심지어 거의 늘, 철학 전통을 통해 형성된다. 철학 전통은 우리 문화의 일부여서 우리가 의식적으로 인식하지 않은 채로 작동하며, 철학으로부터 자유롭다고 하는 신학은 사실 그러한 문화에 속해 있다. 따라서 해석학의 철학적 쟁점에 관한 명확한 반성은 비판적 자기-이해에 도움을 줄 수 있다. 이러한 지적은 특정 철학적 전통에 대해 무비판적이 되라는 말이 아니다(이는 정말로 위험하다). 다만 신학자로서의 자기-비판을 기꺼이 할 수 있어야 한다. 둘째, 우리는 법률 해석이나 문헌 해석에서처럼 성서 해석에도 적용되는 해석에 관한 것을 철학으로부터 배울 수 있다.

이 책의 6장부터 9장까지는 가다머의 이론을 설명한다. 처음 다섯 장은 역사적이고 현대적인 맥락을 제공함으로써 가다머를 '읽기' 위한 예비적 지식을 제공한다. 마지막 세 장은 교회의 맥락에서 가다머의 해석학이 지니는 함의를 탐구한다. 성서를 해석하는 일이 셰익스피어와 미국 헌법을 해석하는 일만큼이나 중대한 주의를 요구하는 일이기는 하지만, 또한 성서 해석은 그것들과는 다른 의미에서 중대한 주의를 요구한다. 한 예로, 증거자이신 성령께서는 성서를 하나님의 계시로 증거하실 뿐만 아니라 성서가 의미하는 바를 우리에게 가르쳐주신다. 이 성령이라는 증인은 교회가 성서 해석과 관련해서 함축하고 있는 독특한 신학적 가정이다. 신학적 해석학은 철학적 해석학으로부터 도출되지 않는 특수한 전제를 가지고 있다. 이러한 전제들은 셰익스피어나 헌법을 해석하는 일과는 관련이 없다.

마르틴 하이데거(Martin Heidegger)와 폴 리쾨르(Paul Ricœur) 등과 마찬가지로, 가다머는 해석이 결코 아무런 전제도 없이 수행될 수 없다고 주장한다. 우리는 우리의 해석을 형성하고, 다음으로 그러한 해석의 과정에서 변경되거나 대체되기도 하는 선입견(prejudices[pre-judgments; 선판단])을 가지고 있다. 이것이 바로 전제와 해석이 상호 간에 서로를 규정하는 해석학적 순환이다. 그리고 이는 우리의 해석이 언제나 전제와 관계있음을 의미한다. 이 전제는 우리가 해석이라는 과업에 가져가는 것이며, 우리를 형성해온 전통으로부터 전승받아 내면화된 것이다. 우리가 우리 자신—전통이 담겨 있는 개인이자 공동체인 우리 자신—을 하나님과 혼동하지 않는 한, 우리는 이중적인 상대성을 인식할 것이다. 우리의 해석은 우리가 가져온 전제들과 관계를 맺고 있다(전제들에 의해 조건 지어진다). 또한 이러한 전제들은 인간적인, 너무나 인간적인 것으로서, 그 자체가 상대적인(궁극에 못 미치고, 변경이 가능하며, 심지어는 대체 가능한) 것이지 절대적인 것은 아니다.

이 책의 핵심 논증 가운데 하나는 이러한 상대성(relativity)이 '어떤 것이든 다 좋다'(anything goes)고 하는 상대주의(relativism)와 결코 동일하지 않다는 것이다. 우리는 '어떤 것이든 다 좋다'라는 망령에 너무 쉽게 겁을 먹는다. 이러한 두려움을 이용하여 자기 자신의 절대성을 넌지시 풍기려 하는 사람들이 많다. 하지만 이 두려움에 저항해야 할 세 가지 훌륭한 이유가 있다. 첫째, 해석이 나온 역사적, 문화적, 언어적 관점에 따라 해석이 달라지는 상대성으로부터(이런 일은 교회사를 보면 매우 쉽게 발견된다), 각각의 견해들을 동등하게 좋은 것으로 간주하는 '어떤 것이든 다 좋다'는 결론이 단순하게 도출되지 않는다. 둘째, 자신의 상대성을 인정하지 않으려는 방어책이자 공포감을 일으킬 전략으로 '어떤 것이든 다 좋다'는 구호를 사용하는 사람들은 과연 누가 그러한 관점을 주장하고 있는지 알지도 못한다. 심지어 가장 급진적인 철학적 관점주의자인 니체조차도 자신이 제시한 힘에의 의지(will to power)라는 철학이 그리스도교나 플라톤주의보다 더 좋다고 생각한다. 셋째, 이러한 두려움을 억누를 수 있는 정말 훌륭한 신학적 근거가 있다. 그 두려움의 영향 탓에, 결국 우리는 자기 자신을 절대적 존재로(자신의 해석을 절대적인 것으로) 생각한다(적어도 원리로는 그렇다). 하지만 오직 하나님만이 절대적인 존재이시다. 우리가 피조물이고 창조주가 아니기 때문에, 또한 우리가 타락했고 죄로 오염되었기 때문에 우리의 통찰은 불완전하다. 우리는 유한한 존재이자 동시에 타락한 존재다.

우리는 해석학적 절망('어떤 것이든 다 좋다')과 해석학적 오만(우리는 '바로 그' 해석을 가지고 있다)이 유일한 대안이라고 생각하지 않는다. 우리는 "거울로 보는 것 같이 희미하게" 보고 해석하며 "오직 부분적으로"(고전 13:12) 알 뿐임을 인정할 수 있다. 하지만 우리는 이런 와중에도 귀를 기울이는 덕(virtues)과 학문적 도구를 결합시킴으로써 성서를 더 잘 이해하고 해석하기를 추구한다. 다른 이들의 해석에 귀를 기울이며, 무엇보다도 성령께 귀를 기울이며 말이다.

나는 이 책이 평신도들을 포함한 모든 그리스도인들에게 전달되길 소망한다. 특히 목회자들에게 전달되길 바라고, 또한 학술적 신학자들과 교육을 받는 목회자들이 성서 해석뿐만 아니라 해석에 관련된 것들을 숙고하는 일에 적절히 참여하는 곳인 신학대학교의 독자들에게 전달되길 소망한다.

본 시리즈를 위한 원고를 쓰도록 나를 재촉해준 제이미 스미스(Jamie Smith)와 라이언 웨버링(Ryan Weberling)에게 감사의 말을 전한다. 특히 나의 논증을 더 명쾌하고 알기 쉽게 만드는 데 좋은 제안을 해준 아내 캐롤(Carol)에게 고마움을 표한다.

1

해석학 101: 해석은 필요 없다?

해석인가 직관인가?

그리스도인들이 성서를 해석한다는 것은 자명해 보인다. 모든 경건한 읽기(묵상), 설교(말), 주석(글)은 성서 텍스트에 대한 하나의 해석 내지 일련의 해석이 아닐까? 그리스도교 사상사는 다양한 시대와 장소에 살았던 그리스도인들이 성서를 해석해왔음을, 따라서 성서를 다양하게 이해해왔음을 보여주지 않는가? 심지어 우리와 같이, 같은 시간과 장소에 살고 있는 사람들을 보더라도, 다양한 교파적 전통과 비교파적 전통 사이에, 전통 가운데, 전통 내에 늘 "해석의 갈등"[1]이 있지 않은가? 따라서 그리스도인들이 해석학—때로는 규범적이고(우리는 어떤 식으로 해석에 착수해야 하는가), 때로는 기술적인(우리가 해석할 때마다 어떤 일이 실제로 일어나는가) 해석 이론—에 관심을 갖

---

1   이 문구는 20세기 해석학 이론에 지대한 공헌을 한 폴 리쾨르의 논문을 모은 책의 제목이다. 이 책의 부제는 다음과 같다. *Essays in Hermeneutics*, ed. Don Ihde (Evanston, IL: Northwestern University Press, 1974). 『해석의 갈등』(한길사 역간).

는 것은 당연해 보인다.

그러나 너무 자주 평신도의 해석 이론, 설교자의 해석 이론, 학계 신학자들의 해석 이론(우리가 이것들을 해석 이론이라고 불러도 된다면)은 해석이 필연적이고 불가피하다는 점을 단순히 부정하고 있다. 우리는 우리가 어떤 관점을 제시할 때 이런 일반적인 태도와 마주한다. 즉, 우리가 어떤 논쟁적인 도덕 문제나 정치 문제에 대해 어떤 견해를 제시할 때, (1) 그런 견해를 좋아하지 않고 (2) 그런 견해를 논박하는 방식을 모르는 사람은 (아마도 내심 그 견해가 너무 적중했다는 것을 알면서도) '그건 그저 너만의 생각일 뿐이지'라고 대답한다. 이와 비슷하게 성서 텍스트에 대한 해석을 싫어하는 사람들은 다음과 같은 대답으로 응수할 것이다. '글쎄, **네** 해석은 그렇겠지만, **내** 성서는 **분명하게** ~라고 말씀하고 있어.' 다시 말해, '너는 해석을 하고 있어. 하지만 나는 오로지 거기에 적힌 그대로를 보고 있거든.' 나는 출판사가 "더 이상의 해석은 필요 없다"[2]고 발표할 정도로 너무 정확하고 명료하다고 홍보하는 새로운 성서 번역본 광고를 기억한다. 해당 광고는 그 성서 역본이 "원 저자가 의미한 바를 정확하게 직접적으로 이해시켜 줄 혁명적 번역"이라고 선전했다. 하지만 당연하게도 이 '직접성'(immediacy)은 이 특정 번역본을 통해 매개된 것인데, 이

---

2   James K. A. Smith, *The Fall of Interpretation: Philosophical Foundations for a Creational Hermeneutics* (Downers Grove, IL: InterVarsity, 2000), 39를 보라. 『해석의 타락』(대장간 역간). 본 시리즈의 편집자인 제이미 스미스는 몇 년 전에 있었던 성서해석학 학회에서 맨 처음 이 광고 문구를 얘기해주었고, 나도 이 문구를 집중해서 보게 되었다. 나는 당시의 일을 자주 상기해본다.

특정 번역본은 여러 번역본들 가운데 하나이며, 여러 번역본들은 원텍스트[3]를 각각 조금씩 다르게 해석하고 있다.

이러한 '해석은 필요 없다'는 교리는, 해석이 피할 수 있으면 가능한 한 피해야 하는 우연적이고 유감스러운 것이라고 주장한다. 여기서 종종 주목받지 못하는 사안이 있는데, 그것은 바로 이러한 이론 자체도 해석에 관한 또 하나의 해석이며, 플라톤 사상의 어떤 가닥에서 나와서 20세기까지 뻗어 있는 오랜 철학적 전통에 속해 있다는 사실이다. 이 전통은 '소박실재론'(naïve realism)으로 불리는 여러 형태 중 하나다. 이것이 소박하다고 일컬어지는 이유는, 기술적으로는 철학적 반성이 없는 상식적 관점을 너무 쉽게 받아들이고 있기 때문이고, 규범적으로는 주의 깊은 철학적 반성에 반론을 제기할 능력이 없는 것으로 여겨지기 때문이다. 이러한 해석에 대한 해석이 왜 소박하다고 불릴 만한지 그 이유를 탐구하기 전에, 우선 이 입장이 주장하는 바가 **무엇**이며 **왜** 그런 주장을 하는지를 명료하게 밝혀보자.

실재론은 다음과 같은 주장으로 시작한다. 세계(실재하는 것)는 우리 '외부에' 존재하며, 세계는 우리가 세계에 대해 생각할 수 있느냐 없느냐와 무관하게 존재한다—또는 우리가 세계에 대해 생각하는 바와 무관하게 존재한다. 그러나 표면적으로 취하는 입장이 어떠하든, 그 누구도 현실에서는 위와 같은 점을 부정하지 않는다. 그래서 실재론이 옹호하거나 부정하기에 적합한 하나의 주장일 수 있으려면, 실

---

3 더 정확히 말하면, 〔원텍스트가 아니라 원텍스트를 구성해보려고 노력하는〕 사본 학계의 최신 비평본일 것이다.

재론은 그 이상을 말하고 있는 주장이어야 하고, 바로 그러한 주장을 하고 있다. 실재론은 실재에 대한 우리의 판단과는 무관하게, (적어도 가끔이라도) 우리가 실재를 있는 그대로 인식할 수 있음을 함축하고 있는 한 걸음 더 나아간 주장이다. 다시 말해, 세계에 대한 우리의 생각이나 판단은 실재에 상응하며, 실재를 완벽히 반영한다.[4] 첫 번째 주장을 긍정한 칸트가 전형적인 반실재론자인 이유는 그가 두 번째 주장을 부정하기 때문이다. 그는 우리가 진정 있는 그대로의 세계인 '사물 자체'(thing in itself)는 인식하지 못하고, 단지 인간—모든 인간—지성에 나타난 세계만을 인식할 뿐이라고 주장한다. 우리는 사물을 **직접적으로** 파악하지 못하고, 오직 경험을 우리에게로 가져다주는 우리의 범주와 형식을 통해 **매개된** 사물만을 파악한다.[5] 다시 말해, 인간의 마음은 흑백텔레비전처럼, '외부에' 있는 것이 나타나는 방식을 조건 짓는 일종의 감수 기관(receiving apparatus)이다. 그러므로 우리가 **보는 것으로서의** 세계란 부분적으로는 실재 자체가 우리에게 (수동적이며, 수용적으로) 주어지는 방식의 결과이고, 부분적으로는 우리가 실재를 (능동적이며, 무의식적으로) 받아들이는 방식의 결과이다. 게슈

---

4   완벽하지 않은 거울에 반영된 이미지는 서커스에 나오는 재미난 오목·볼록 거울처럼 대상과의 일치에 실패한다.

5   칸트는 이러한 요소를 선험적이라고 부른다. 우리는 이 요소들을 가지고 무언가를 경험하기 때문에, 이 요소들은 실재에 대한 우리의 모든 개별 경험(실재는 이 경험 안에서 우리에게 나타난다)보다 앞서 자리하고 있으며, 이 요소들은 '가능한 경험의 조건'으로 기능한다. 다시 말해 선험적인 것은 실재가 우리에게 어떤 특정한 방식으로 나타나게끔 강제한다. 칸트의 『순수이성비판 1, 2』(Critique of Pure Reason; 아카넷 역간)을 보라.

탈트(Gestalt) 심리학처럼, 칸트는 우리가 우리의 경험에 기여하는 역할을 의식하고 있어서 우리의 '받아들이는 행위'가 의식적이거나 자발적이라고 주장하는 것이 아니다. 하물며 의도적이라고 생각하지도 않는다. 그것은 말하자면, 우리 배후에서 일어난다.

학자들이 통상 이러한 사실을 무시하긴 하지만, 칸트는 현상을 우리가 세계를 이해하는 방식과 동일시하고, '사물 자체'를 하나님이 세상을 이해하시는 방식과 동일시한다.[6] 사물들은 실질적으로 신적 지성이 그 사물들을 인식하는 방식으로 존재한다. 그러므로 우리의 유한함과 신의 무한함을, 즉 실재에 대한 피조물의 이해와 창조자의 지식을 동일시하지 않기 위한 합당한 이유를 갖고 있는 유신론자들은, 칸트적 반실재론자가 될 만한 타당한 신학적 이유를 갖고 있다. 우리의 길이 하나님의 길(신적인 거룩함, 자비, 사랑)과 다른 것처럼 우리의 사고도 하나님의 사고(신적 지혜)와 다르다.

> 하늘이 땅보다 높듯이,
> 나의 길은 너희의 길보다 높으며,
> 나의 생각은 너희의 생각보다 높다(사 55:9).

'해석은 필요 없다'고 외치는 집단을 포함한 소박실재론자들은 칸트나 반실재론자의 말에 절대 귀를 기울이지 않는다. 그들은, 적어

6　Merold Westphal, "In Defense of the Thing in Itself," *Kant-Studien* 59, no. 1 (1968): 118-41.

도 암시적으로는, 매개를 통한 인식이 불가피하다는 사실을 부정한다. 소박실재론자들은 존재하는 것을 단순하게 반영하는 직접적인 봄(seeing)의 방식을 확언한다. 즉, 아무런 영향도 받지 않은 채 보이는 것을 **나타나는 그대로** 본다. 플라톤이 "영혼에 의해서만 사물들을 그 자체로"[7] 관조하는 것에 대해 말할 때—최상의, 실제로는 유일한, 참된 지식의 대상이자 순수 지성으로만 알 수 있는 구조—그는 이러한 견해를 형상(forms)에 관한 철학자의 이해와 연결시켜서 표현한다.

주체와 대상(어떤 종류든)의 이런 직접적이고, 비매개적인 만남을 말할 때, 철학자들은 이런 대상을 **직접적으로 주어진 것** 내지는 **직접적으로 현전한 것**으로 본다. **직접성**을 주장하는 것은 주관적 매개(오염, 왜곡)의 개입 없이 대상이 주체에게 주어진다고 주장하는 것이다. 즉, 대상을 보게 해주는 렌즈, 대상을 보는 관점, 또는 대상을 보기 전에 상정하고 있는 전제, 한 관찰자에게서 다른 관찰자로 한 공동체에서 다른 공동체로 가면서 달라질 수 있는 것은 없다는 것이다.

이런 통속적 견해는 직접성, 현전, 또는 주어짐에 대해 이야기하지는 않는다. 다만 이것은 (적어도 때때로) 선입견, 편견, 전제에 구애받지 않고 자유롭게 대상을 '그저 본다'고 주장한다. 우리는 이를 '그저 보는' 직관이라고 부를 수 있다. 인식과 이해에 대한 소박실재

7　Plato, *Phaedo*, 66e. 『파이돈』(이제이북스 역간). 플라톤에게 이런 순수하고 오염되지 않은 실재(사물 자체)에 대한 순수하고 오염되지 않은 지식은 영혼이 신체, 즉 신체의 **감각**과 **욕망**으로부터 자유로워지는 한에서 가능하다. 근대철학에서는, 데카르트가 제시한 주제와 논의의 변이를 거쳐, 사유가 **전통**을 통해 형성되지 않을 때 참된 인식이 일어난다고 본다.

론자의 관점이 텍스트 읽기, 가령 성서 읽기에 적용될 때, 이러한 견해는 텍스트가 의도한 바를 우리가 '그저 볼' 수 있으며, 그런 직관만으로도 우리에게 충분하며, 또한 충분해야 한다는 주장이 되고 만다. 다시 말해 '해석은 필요 없다.' 텍스트의 의미—대상 그 자체—는 나의 독해에 직접적으로 명석하게 나타난다. 해석을 한다는 것은 주관적 편견이나 선입견(선-판단)이 해석의 과정 속에 개입될 수 있음을 뜻한다. 따라서 소박실재론자는 '글쎄, **네** 해석은 그렇겠지만, **내** 성서는 **분명하게** ~라고 말씀하고 있어'라고 응답한다. 다시 말하자면, '너는 해석하지만(해석하기 때문에 오해가 개입되지만) 나는 직관한다. 직접적으로 분명하게 왜곡 없이 보고 있다.'

왜 해석을 피하려고 하는가?

이제 동기의 문제로 돌아가자. 왜 어떤 사람들은 소박실재론이라는 해석학적 형태를 견지하고 싶어 하는가? 이 관점이 다음과 같은 말을 매우 쉽게 할 수 있기 때문에 매력적이라는 의심은 일단 제쳐두도록 하자(그러나 너무 빨리 단정하지는 말자). '나는 (우리는) 옳다. 그리고 나와 의견을 달리하는 사람들은 틀렸다. 그 사람들이 무조건 틀렸다는 게 아니라 편견이나 선입견 때문에 틀린 것이다.'[8]

---

8   또는 어쩌면 이렇게 말할 것이다. "우리가 죽으면, 지혜도 우리와 함께 사라질 것 같구나"(욥 12:2). 이러한 **태도**는, 그것이 정치적인 것이건 신학적인 것이건 좌파적(자유주의적)인 것이건 우파적(보수주의적)인 것이건, 근본주의의 **형식적** 조건으로 취해질 수 있다.

이보다 더 점잖은 근거들이 있는데, 그중 두 개는 바로 전면에 드러난다. 즉, 일치로서의 진리를 보존하고픈 욕망과 객관성을 보존하고픈 욕망이다. 이것들은 우리의 읽기, 설교, 주석 작업과 밀접하게 연관된 개념이다. 진리와 관련한 해석학적 문제는 텍스트가 어떻게 실재와 일치하느냐 혹은 완벽하게 실재를 반영하느냐의 문제가 아니다. 오히려 해석학적 문제는 독자, 설교자, 또는 주석가가 말하는 내용과 텍스트가 말하는 내용이 일치하느냐의 문제다. 만일 우리가 스스로 성서를 읽거나 혹은 설교자나 주석가의 성서 해설에 주의를 기울일 때 성서가 계속해서 우리를 향한 하나님의 말씀이 **된다**는 식으로, 성서를 하나님의 말씀으로 여긴다면, 이 문제는 매우 중요하다. 그런데 해석에 관한 칸트적인 해석을 따라서, 우리가 텍스트에서 발견하는 것이 '거기에 그대로 존재하는 것'과 '우리가 텍스트를 읽는 통로이자 우리와 텍스트를 매개하는 (인간적인, 너무나 인간적인) 렌즈'의 혼합물이라면, 우리가 듣는 음성은 하나님의 음성인가, 아니면 순전히 사람의 음성인가? 직접성의 해석학은 텍스트가 말하는 내용과 우리가 텍스트의 내용이라고 여기는 바 사이의 일치를 보존하는 유일한 방식일 뿐만 아니라, 아마도 가장 간단한 방식일 것이다.

일치로서의 진리 개념에 밀접하게 연결되는 것이 객관성 개념이다. 진리는 단순한 의견('그건 네 생각이야')과 대조되는 것이기 때문에, 어떤 인식 주체나 인식 공동체를 다른 이들과 상이하게 만드는 우연적이고 특수한 요인들은 주관적이고 왜곡하는 것이므로 여과해야 하고 제거해야 할 것 같아 보인다. 주관적 해석의 영향을 거의 받지 않는 수학은 플라톤 이후 객관적 진리에 대한 하나의 패러다임—유일한 패러다임이 아니라면—이었다. 우리 모두는 다음과 같은 문제에 대해 동일한 답변을 얻어야 한다. '16의 제곱근은 무엇인가?' [9]

만일 우리가 여과되어야 하는 우연적이고 특수한 요소—우리의 읽기를 오염시키고 오해를 낳을 수 있는 선험적인 요인들, 렌즈들, 전제들, 감수 기관들—가 무엇이냐고 묻는다면 가장 확실한 후보 중 하나는 성서를 읽고 해설하는 전통들일 것이다. 그리스도교의 역사를 구성하는 성서 이해의 풍요로운 다양성은 대부분 개인적 특성의 결과가 아니라, 공동체와 세대를 통해 발전되고 전해지며 공유된 전통들에서 비롯된 결과다. 사막 교부, 제네바 칼뱅주의자, 미국 노예, 그리고 오늘날 아미쉬(Amish) 신도는 상이한 해석 전통에 속해 있다. 마찬가지로 성공회 (그리고 여타의 교회들) 내에는 동성애를 두고 논쟁을 벌이는 두 진영이 존재한다.

이것이 바로 해석보다 직관에 특권을 부여하는 강력한 동기다. 해석은 상이한 전통이라는 개념(혹은 현실)과 연결되어 있는 것처럼 보인다. 또한 해석이 발생하는 전통에 따라 해석이 상대적이라면, 상대주의의 유령이 우리에게 출몰할지도 모른다. 만일 파생된 의미가 텍스트뿐만 아니라 텍스트를 읽어 내는 전통의 산물이라면, 우리는 다음과 같은 익숙한 문제에 이르게 된다. 즉, 만약 성서에 대한 모든 이해가 인간적인, 너무나 인간적인 해석 전통에 따라 상대적

---

[9] 이것은 재미난 예다. 여기에는 단지 하나가 아니라 두 정답이 있기 때문이다. '4'라고 답할 수 있는 학생이 '음수 4'라는 답을 제시하지 못할 수도 있다.

이라면, 진리와 하나님의 음성은 어떻게 되는가? 다시 말하지만, 직관에 호소하는 일, 성서가 말하는 바를 '그저 본다'고 호소하는 일이 상대주의를 피하는 유일한 길은 아니다. 다만 그 길이 뒷받침될 수 있다면, 신속하고도 깔끔한 길이 되긴 할 것이다.

해석을 피할 수 있는가?

그런데 직관에의 호소가 뒷받침될 수 있을까? '그저 봄'이라는 주장을 옹호하기는 쉽지 않으며, '해석이 필요 없다'는 관점에 내재된 소박실재론은 앞서 제시한 부차적이고 경멸적인 의미에서 소박한 것으로 입증될 수 있다. 우리가 살펴본 바를 요약하자면, 몇몇 해석이 주관적 해석인 반면 또 다른 어떤 해석은 객관적 직관이라는 생각 자체가 하나의 특수한(논란의 여지가 많은) 철학 전통이다. 자신들의 신학이 철학적 편견(선입견, 전제) 없는(철학적 편견에 오염되지 않은) 신학이라고 생각하는 사람들이 너무 쉽게 자기 자신을 이 전통의 상속자로 여기는 태도는 그 자체로 모순적이다. 이런 식의 해석학―해석에 대한 이런 식의 해석―자체가 어떤 특수한 철학 전통이 지닌 전제들과 관련이 있는 듯하다.

　설상가상으로, 윤리학, 정치학, 신학을 포함한 다양한 규범적 영역에서 개인과 공동체는 우리가 '그저 봄'이라고 일컬어 온 직관에 호소하는데, 그들이 벗어나고자 하는 전통만큼이나 직관도 다양하다. '해석의 갈등'이 존재하는 것처럼, '직관의 갈등'도 분명 존재한다.

그리고 다른 경우와 마찬가지로 이 경우에도 전통이 작동하고 있을 것이다. 인종적 편견을 예로 들어 보자. 만일 내가 인종차별주의를 견지하는 공동체에서 자라고 거기서 효과적으로 사회화되었다고 한다면, 나는 특정 종족이나 인종 집단에 속하는 사람들이 나와 내 종족보다 도덕적으로나 지적으로나 열등하다고 '그저 볼' 것이다. 어쩌면 반인(semihuman) 수준으로 볼지도 모른다. 아마도 분명 나는 성서가 이 문제에 대한 나의 견해를 지지해준다고 '그저 볼' 것이다. 나의 감수 능력은 현존하며 영향력을 미치는 전통을 통해 형성된 것이며, 이 전통은 문제의 사람들이 나에게 다른 식으로는 나타나지 않게끔 한다(이 해석 공동체를 재사회화하지 않는 한, 그리고 재사회화할 때까지는 그럴 것이다). 우리는 이 점과 관련해서 우리 자신을 너무 쉽게 기만한다. 내가 순수한 직관의 직접성으로 그 대상을 '그저 본다'고 생각하며 '그저 보는' 것은, 나의 공동체와 내 자신의 사유 속에 살아 숨 쉬고 있는 전통으로 충만히 매개된, 하나의 해석일 것이다.

특정한 방식으로 보는 것을 '그저 봄'으로 여기는 잘못을 우리가 범할 수 있다는 점을 보이기는 쉽지만, 순수하게 직접적인 직관을 가진 사람이 전혀 없다는 사실을 보이는 일은 불가능하지는 않더라도 좀 더 어려운 일이다. 만일 우리가 관점의 다양성이 곧 진리와 객관성에 대한 타협이 아님을 드러내는 몇몇 모형을 살펴본다면, 상대성에 대한 일반적 두려움이 다소 완화될 수 있고, 어쩌면 성급하게 직접성으로 돌진하는 것도 늦출 수 있을 것이다.

다음 도형을 살펴보자(도해 1.1).

도해 1.1

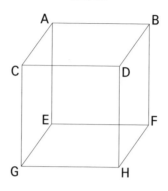

나는 이것이 다섯 면은 골판지로 되어 있고 위쪽은 열려 있는 상자 모양의 윤곽이라고 말한다. 나는 이 도형을 그릴 때 늘 ABDC를 열려 있는 위쪽 부분으로 본다. 이런 이해 방식이 직접적인 것으로 보이는 게 너무 자연스럽고, 경험상으로 그렇다. 나는 이런 식으로 상자를 '그저 보고' 있다. 그러나 그때 나는 이 상자를 보는 또 다른 방식이 있다는 사실을 기억한다. 시간과 수고가 드는 일이긴 하지만, 결국 나는 ABFE를 열린 부분으로 본다. 처음에 나는 상자의 약간 오른 편에 있었고, 바깥에서 오른쪽 면을 볼 수 있었지만 왼쪽 면은 볼 수 없었다. 그 다음으로, 나는 상자의 약간 왼쪽 편에 있고, 바깥에서 왼쪽 면을 볼 수는 있지만 오른쪽 면을 볼 수는 없다. 그러나 이 두 가지 시각 가운데 하나만 옳고 다른 것이 그른 것은 아니다. 설령 '뚜껑이 열린 쪽이 어디야?'라는 물음에 두 개의 정확한 답이 있다 하더라도, 그렇다고 이것이 모든 답이 맞음을 의미하지는 않음을 주목하라. ACGE, CDHG, EFHG, BDHF 모두 뚜껑이 열려 있는 부분으로 보일 수도 있고 아닐 수도 있다.

　비트겐슈타인(Ludwig Wittgenstein)이 재스트로(Joseph Jastrow)에게서 빌려온 그 유명한 오리-토끼 그림을 고찰해보자(도해 1.2).[10]

도해 1.2

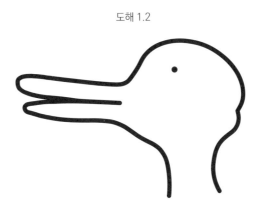

　내가 만일 이 기묘한 동물을 왼쪽에서 보면 이것은 오리로 보인다. 그런데 내가 약간 오른쪽 위로 시선을 향하면 이것은 토끼로 보인다. 오른쪽으로 보는 것**만이** 옳은 것은 아니다. 그러나 이 그림을 두고 말코손바닥사슴이라고 하거나 거미라고 한다면 그건 잘못일 것이다.[11]

10　이런 식의 예를 제시하면서 루드비히 비트겐슈타인은 다음과 같이 적고 있다. "우리는 그러므로 그것을 해석한다. 그리고 우리는 우리가 **해석**한대로 그것을 **본다**"(*Philosophical Investigations*, trans. G. E. M. Anscombe [Oxford: Blackwell, 1958], 193-94. 『철학적 탐구』[아카넷 역간]).

11　마치 16의 제곱근이 5라고 말하는 것이 잘못된 해답인 것과 같다. 본장의 각주 9를 보라.

이 두 도해는, 인간의 이해가 인간의 조건에 따라 상대적일 수 있다는 힌트를 처음 접했을 때 머릿속에 요괴가 출몰하는 듯한 느낌의 '어떤 것이든 다 좋다'는 식의 상대주의를 허용하지 않으면서도, 하나 이상의 옳은 견해를 수용할 수 있을 만큼 확정적으로 규정되지 않는다. 이것은 성서 텍스트를 포함해서 텍스트가 어떤 종류든지 간에 제기될 수 있는 문제이다.

또 다른 가능성이 다음과 같은 산문시를 통해 제시될 수 있다.

> 배우기를 무척이나 좋아하는
> 여섯 명의 힌두스탄 사람이 있는데
> 이들은 코끼리를 보러 떠났어
> (이들 모두 시각장애인이었지만)
> 이들은 직접 관찰해야
> 만족하는 이들이었다네.

> 첫 번째 남자가 코끼리에 다가갔지
> 우연히도 넓고 강한 면에 부딪혔네
> 그는 즉시 소리치기 시작했지
> "이 신비한 코끼리는 마치 벽 같구나."

> 두 번째 남자가 상아를 만지고서 소리쳤네
> "오호, 여기 있는 이 둥글고, 매끄럽고,

예리한 게 무엇인고?
코끼리가 어떻게 생겼나 궁금했었는데
이제는 분명히 알겠네
이 경이로운 코끼리는 꼭 뾰쪽한 창 같구나.”

세 번째 남자가 그 코끼리에게로 다가가자
꿈틀거리는 코가 손에 잡혔다네
그래서 크게 소리치기를
“알겠다, 코끼리는 꼭 뱀 같구나!”

네 번째 남자도 열심히 손을 휘젓다가
무릎을 만졌네
“이 진기한 짐승이 뭐 같은지
쉽게 알 수 있겠구나
코끼리는 나무 같은 것이 분명해.”

다섯 번째 남자는 귀를 만지게 되었네
“내 비록 앞을 못 보지만
이게 무얼 닮았는지는 말할 수 있어
누가 이것을 부정할 수 있으리오
이 신기한 코끼리는 꼭 부채 같구나.”

여섯 번째 남자는 곧바로

그 짐승을 손으로 더듬어보더니

자기 앞에 놓여 흔들거리는

꼬리를 손에 쥐고 말했네

"알겠다, 코끼리는 꼭 줄 같구나."

그래서 여섯 명의 힌두스탄 사람은

각자 자기 생각이 옳다고

절대로 굽히지 않고 주장하며

큰 소리로 오래도록 다투었지

부분적으로는 서로 옳았을지라도

전체적으로는 모두 틀렸는데도 말이야![12]

　여기서 해석의 다양성은 대상에 관한 무규정성이 아니라, 대상을 전체적으로 파악하기 위해 어떤 제한된 관점의 능력을 초과하는 데서 비롯된다. 각각의 관점(전통?)은 다른 이들이 파악하는 데 실패한 코끼리의 모습을 이해하게 해준다. 따라서 이들 각각은 코끼리에 대한 전체 진리를 말해줄 수 없는 하나의 관점만을 가지기 때문에 '부분적으로만 옳다.' 하지만 이 사람들은 전체를 부분적으로만 파악할 뿐이기 때문에 '이들은 모두 틀렸다.' 이런 이유로 생기는 언쟁은,

---

12　이 시는 저작권이 없는 상태로, 다양한 인터넷 사이트를 통해 찾아볼 수 있다.

코끼리를 신성한 것으로 여기는 경우에는 쉽게 폭력으로 변모한다. 칸트가 인간 지성을 신적 지성과 비교하며 그에 미치지 못하는 것으로 강등시키게 된 이유는 바로 실재를 총체적으로 파악하기에는 인간 지성이 무능력하기 때문이다.

바로 여기서 해석학적 문제가 발생한다. 이는 성서를 포함한 어떤 텍스트들이 코끼리와 같은 것이 아닌지를 따지는 문제이다. 다시 말해 이것은 인간의 읽기가 항상 부분적이고 관점적이기 때문에, 그리고 이러한 텍스트들이 담고 있는 의미의 과잉을 포착하고 표현할 수 있는 단 하나의 읽기는 존재하지 않기 때문에, 모든 것이 **허용되지는** 않지만 다수의 다양한 읽기가 **필요할** 정도로 풍성한 독법이 있는 것은 아닌지를 따지는 문제이다. 우리는 이런 식으로 셰익스피어를 생각한다. 그런데 왜 성서에 대해서는 이런 식으로 생각하지 않는가? 다시 한 번 말하지만 다수성이 불가피할 수밖에 없다고 해서 그냥 아무 문이나 열어주는 것은 아니다. 여섯 명의 시각장애인이 코끼리가 키보드나 서류함 같다고 말하는 것까지 보증해주는 것은 아니라는 말이다.

2

해석학 102: 간추린 역사적 배경

낭만주의 해석학: 탈영역화와 해석학적 순환

철학적 해석학은 해석의 본질에 대한 일반적인 반성이다. 20세기에
가장 영향력 있는 해석에 관한 해석들로는 마르틴 하이데거, 한스-
게오르크 가다머, 폴 리쾨르의 해석이 있다. 가다머는 앞으로 다룰
우리 논의의 주된 선구자가 될 것이다. 하지만 이 세 사람의 작업을
모두 19세기 해석학의 발전 배경, 특별히 프리드리히 슐라이어마허
와 빌헬름 딜타이의 해석학을 배경으로 하여 살펴볼 필요가 있다.[1]
이것은 근대 이전(계몽주의 이전)의 신학적 해석학의 풍성한 전통이
더 이상 관심의 대상이 되지 못한다는 주장이 아니다. 오히려 그 반
대다![2] 가다머와 그 친구들에 대해 탐구하기 위해, 이들과 가장 직

---

1   이 역사에 대한 보다 세부적인 설명에 대해서는 Merold Westphal, *Overcoming
     Onto-theology: Toward a Postmodern Christian Faith* (New York: Fordham
     University Press, 2001), 8장, 6장을 순서대로 보라.

2   일례로, Jens Zimmermann, *Recovering Theological Hermeneutics: An
     Incarnational-Trinitarian Theory of Interpretation* (Grand Rapids: Baker

접적으로 연결된 선구자들을 살펴보며 시작하는 것은 그저 우리의 선택일 뿐이다.

슐라이어마허의 시대에는 해석을 특별히 중요하게 여기는 세 개의 학문 분과가 있었다. 법학, 고전문헌학(우리는 이를 문학비평으로 부르기도 한다), 그리고 신학이 바로 그것이다. 학생들은 법, 고전, 성서를 각각 해석하는 방법을 배웠다. 슐라이어마허는 리쾨르가 해석학의 **탈영역화**(deregionalization)라고 불렀던 것,[3] 즉 텍스트의 주제[4]와 상관없이 문화적으로 중요한 텍스트들에 적용할 수 있는 일반적 해석학을 전개시키는 작업에 착수했다. 그는 다양한 분과의 각기 **독특한 점**보다는 **공통점**을 통해 해석의 일반적 특징을 식별하려고 했다. 단지 철학적 해석학이 성서 해석에 뿌리를 두고 있기 때문만이 아니라, 특별히 이런 이유에서 철학적 해석학은 신학의 관심 대상이었고, 대상이어야만 한다. 성서 해석이 개인적이든, 목회적이든, 또는 학문적이든 상관없이 말이다.[5]

Academic, 2004)을 보라. 여기서는 현대의 철학적 해석학이 이 전통에 더 많은 주의를 기울여야 한다는 주장과 종교개혁 전통의 신학적 해석학에 대해 논의한다.

3   Paul Ricoeur, *Hermeneutics and the Human Science: Essays on Language, Action, and Interpretation*, trans. John B. Thompson (New York: Cambridge University Press, 1981), 44. 『해석학과 인문사회과학』(서광사 역간). 하이데거는 해석학의 철저화를 다음과 같이 나타낸다. 즉, 그에게 해석은 우리가 이따금씩 시행하는 그런 것이 아니라 우리가 **존재**하기 위한 근본이 되고, 단지 텍스트 해석만이 아니라 **모든** 인식 방식의 특징인 어떤 것이다. 또는 달리 말하면, 실재 전체는 해석되어야 할 텍스트가 된다. Westphal, *Overcoming Onto-theology*, 3장을 보라.

4   그는 식료품 목록과 구매 광고에도 약간 관심을 가졌다.

5   1장의 묵상, 말, 글의 삼중구도 참조.

슐라이어마허 이론의 두 번째 독특한 특징은 해석학적 순환 (hermeneutical circle)이다. 그것은 부분이 언제나 전체를 통해서—또한 그 역으로—해석되어야 한다는 개념이다. 슐라이어마허에게는 두 가지 중요한 순환이 있다. 하나는 문법적-언어적인 것이고, 다른 하나는 심리적인 것이다. 첫 번째 경우에, 부분에서 더 큰 전체로 나아가는 운동은 (1) 문장에서 텍스트로, (2) 텍스트에서 장르로(또는 텍스트의 전통), (3) 장르에서 저자와 원래의 독자가 공유하는 언어 전체로, 그리고 마지막에는 (4) 인간 언어의 역사로까지 나아간다. 두번째 경우는 (1) 저자의 이 작품에서 저자의 작품 전체로, (2) 저자의 작품 전체에서 다른 자료를 통해 우리에게 알려진 저자의 삶 전체로, (3) 마지막으로는 우리가 알고 있는 저자가 속한 국가와 시대에까지 나아가는 운동이다. 첫 번째 순환은 텍스트에 집중하고, 두 번째 순환은 저자에 집중한다.

전체와 부분의 관계는 전체는 부분에, 부분은 전체에 비추어 해석된다는 점에서 순환이다. 즉, 해석은 전체와 부분이 각자 무관하게 변화하는 것이 아닌 상호적인 작용이다. 부분들에 대한 해석은 전체의 안내를 받고 전체에 비추어 수정되지만, 전체에 대한 나의 관점 또한 부분에 대한 나의 독해로부터 안내를 받고 그에 비추어 수정된다. 한 예로『걸리버 여행기』를 생각해보자. 나는 이 책에 대해 아는 것이 전혀 없지만, 우리 동네 도서관에서 이 책을 집어 든다. 왜냐하면 내가 여행기를 좋아하기 때문이다. 그리고 나는 이러한 전체에 대한 나의 투사(예취[anticipation])에 비추어 이 책을 읽으려 한다. 여행기로 예상하고 읽었더니 뭔가 안 맞아서, 나는 곧 여행기 대신 새로운 장르를 부과하여 어린이 소설로 이 책을 읽는다. 이제 각 부분의 내용이 더 잘 맞아떨어지고 이해가 된다. 하지만 아직도 어딘가 잘 안 들어맞는다. 텍스트를 여행기의 측면에서 읽을 때, 혹은 어린이 소설의 측면에서 읽을 때 책이 말하고자 하는 바가 무엇일까? 만일 나에게 충분한 배경지식이 있거나 혹은 외부의 도움을 받는다면, 나는 책 전체에 대한 세 번째 가정을 만들어낼 수 있을 것이다. 즉, 이것은 아동문학을 가장한 정치 풍자다. 이제 각 부분이 더 잘 이해되기 시작한다. 하지만 **내가 저자와 저자의 사회정치적 맥락에 대해 아는 수준만큼** 이해된다. 이렇게 순수한 텍스트적 맥락에서 자전적-역사적 맥락으로의 이행은 슐라이어마허가 기술한 두 가지 중요한 순환이 해석학적으로 순환하는 전체를 함께 형성하고 있다는 사실을 나타낸다. 우리가 단지 텍스트를 통해서만 저자에 대해 알고 있다 하더라도, 우리는 바로 그 저자에 비추어 텍스트를 해석한다.

낭만주의적 해석학: 심리주의와 객관주의

'낭만주의적' 해석학의 이 두 가지 특징—탈영역화와 해석학적 순환—은 20세기 철학적 해석학에서 널리 공유되는 바다. 그런데 그 다음 두 가지 특징〔심리주의와 객관주의〕은 널리 도전받고 있다. '낭만주의적' 해석학의 세 번째 중요한 특징은 **심리주의**다. 심리주의는 언어가 주로 내면의 심리적 삶의 외적 표현이라는 가정에서 시작한다. 이 해석학에는 종종 '낭만주의적'이라는 딱지가 붙는다. 왜냐하면 이 해석학은 낭만주의로 일컬어지는 보다 폭넓은 문화적 전통과 표현주의(expressivism)를 공유하고 있기 때문이다.[6] 이 경우 해석의 목적은 글쓰기의 과정을 거슬러 올라가서, 외적 표현에서 내적 경험으로 되돌아가는 작업이며, 저 내적 경험을 재구성하고, 재창조하며, 다시 느끼고, 다시 경험하고 회상하는 것이다. 슐라이어마허는 "모든 이해 작용은 말함이라는 작용의 이면이므로, 주어진 진술의 기저를 이루는 생각을 파악해야 한다"고 말한다. 다시 말해, "자기의 마음의 틀에서 나와서 저자의 마음의 틀로 들어갈 수 있어야 한다." 혹은 "해석의 기술이 행사되려면, 먼저 해석자는 객관적이면서 동시에 주관적으로 저자의 입장이 되어야 한다."[7]

딜타이가 해석의 목적을 "타자의 마음 상태를 느끼는 것"으로 기술할 때, 이와 동일한 심리주의가 드러난다. 이는 "타인과 다른 시대의 정신에 알맞은 감정을 이입하는 투사"이자 "문학 작품을 낳는 창조 과정에 대한 직관적 파악"이다. 딜타이는 오케스트라 지휘자들이 지휘를 하면서 마치 자신이 악보를 작곡하고 있는 듯한 감정을

6   Charles Taylor, *Hegel and Modern Society* (New York: Cambridge University Press, 1979), 1-3. 『헤겔철학과 현대의 위기』(서광사 역간). 이 주제가 테일러의 후기 저작의 핵심이다. *Sources of the Self: The Making of the Modern Identity* (Cambridge, MA: Harvard University Press, 1989), 21-25장. 『자아의 원천들』(새물결 역간).

7   Friedrich Schleiermacher, *Hermeneutics: The Handwritten Manuscripts*, ed. Heinz Kimmerle, trans. James Duke and Jack Forstman (Missoula, MT: Scholars Press, 1977), 97, 42, 113.

가끔씩 느낀다고 말하는 것을 보면 매우 반가워할 것이다. 해석자는 "삶에 대해 자신이 가지고 있는 느낌을 또 다른 역사적 환경에 잠정적[해석학적 순환을 기억하라]으로 투사하여 […] 이와 같이 자신의 내부에서 어떤 낯선 삶의 형태를 재창조할 수 있다." 달리 말하면, "그리하여 우리는, 우리에게 기호로 나타났지만 그 기호의 배후에 있는 심리적 실재를 인지하는 과정을 이해라고 부른다."[8] 리쾨르도 해석을 "상상 속에서의 공감적 재연" 내지 "공감적 상상 속에서의 재연"으로 기술할 때는 동일한 말을 하고 있는 것이다.[9]

감정 이입, 공감, 그리고 타자의 경험과 삶에 자기 자신을 투사한다는 개념과 더불어, 심리주의가 해석에 설정해 놓은 목표가 심리주의의 중요한 특징이다. 슐라이어마허는 [그 목표를] 다음과 같이 분명하게 말하고 있다. "예감적 방법은 해석자가 자기 자신을 옮김으로써, 말하자면 저자 안으로 옮김으로써, 한 개인으로서의 저자에 대한 직접적인 이해를 얻고자 하는 것이다."[10]

이것이 바로 가다머와 (후기) 리쾨르가 '낭만주의적' 해석학의 심리

8   Wilhelm Dilthey, "The Rise of Hermeneutics," in *Selected Works*, vol. 4, *Hermeneutics and the Study of History*, ed. Rudolf A. Makkreel and Frithjof Rodi (Princeton, NJ: Princeton University Press, 1996), 235, 246, 249, 236. 『해석학의 탄생』(지만지 역간).

9   Paul Ricoeur, *The Symbolism of Evil*, trans. Emerson Buchanan (New York: Haper & Row, 1967), 3, 19. 『악의 상징』(문학과지성사 역간). 리쾨르의 후기 해석학 이론은 이러한 심리주의를 포기한다. 일례로, *Interpretation Theory: Discourse and the Surplus of Meaning* (Fort Worth: Texas Christian University Press, 1976), 29-32. 『해석이론』(서광사 역간).

10 Schleiermacher, *Hermeneutics*, 150. 강조는 필자가 추가함.

주의로부터 스스로 거리를 둔 이유다. 이따금 우리는 텍스트의 저자에 대해 배우기 위해 텍스트를 읽는다. 하지만 통상적으로 우리는 텍스트의 주제(Sache), 또는 텍스트가 다루는 자연적 실재나 인간이나 신적 실재들에 대해 배우기 위해 텍스트를 읽는다.[11] 우리는 보통 셰익스피어 작품을 윌리엄 셰익스피어(혹은 셰익스피어의 작품으로 일컬어지는 훌륭한 희곡을 쓴 사람)에 대해 배우려고 읽는 것이 아니라, 인간의 본성, 가능성, 곤경에 대해 배우기 위해 읽는다. 마찬가지로, 대개 우리는 워즈워스(Wordsworth)를 그의 내면의 삶을 배우기 위해서가 아니라, (다른 여러 요소들 가운데서도) 자연을 대상화하는 근대의 과학에 대한 대안을 배우기 위해 읽는다. 또한 우리는 (다른 여러 요소들 가운데서도) 칭의, 세례, 그리고 '그리스도 안에' 있다는 말의 의미를 배우려고 바울을 읽는다. 분명 우리는 고린도서를 읽음으로써, 우리가 고린도의 그리스도인을 대해 알고자 하는 것 이상으로 바울에 대해서도 무언가를 배운다. 하지만 보통 우리는 이 텍스트를 통해 바울이 어떤 존재인지를 배우려는 것이 아니라 바울이 다양한 주제에 대해 말**했던** 바가 무엇인지를 배운다―그리고 우리는 바울이 쓴 글을 통해서 하나님께서 오늘날 우리에게 말씀**하시는** 바를 배운다.

'낭만주의적' 해석학의 네 번째이자 마지막 특징은 **객관주의**다. 딜타이는 특별히 해석의 결과가 '객관적'이고, '보편적 타당성'의 수준

---

11   슐라이어마허 스스로도 가끔 이런 식으로 말한다. 그래서 때로는 그가 심리주의를 지지하는 듯해 보이지만, 또 때때로 그는 저자의 내면으로 들어가는 것 그 자체가 목적이 아니라 단지 그것은 저자의 눈으로 **세계**를 보기 위한 수단인 것처럼 이야기한다. Westphal, *Overcoming Onto-theology*, 115-16.

에 이르기 위해서, 해석이 '과학적인' 것이 되어야 한다고 주장했다.[12] 자연과학이 명성과 힘을 얻게 되자, 자연과학적 태도가 이성적 태도의 척도처럼 간주되었다. 즉, 인간의 의미와 명백히 연관된 분과들(정신과학[Geisteswissenschaften], 인간성, 인문학)도 객관성에 필적하는 것을 열망해야 이성적 태도를 지닌 것으로 간주될 수 있다는 말이다. 이성적 태도는 특히 일종의 역사적 상대주의가 가능하다는 생각과 대조되는 것이었다. 딜타이는 역사 의식의 가치를 긍정했지만, 역사적으로 특수하고 우연적인 세계관과 전통에 뿌리내리고 있음이 '사태 전체—해석학적 순환 전체—에 대한 온갖 인간 이해의 상대성'을 함축한다는 점을 두려워했다. 다시 말해, 그는 우리의 해석이 보편적으로 공유되지 않은 전제, 따라서 주관적인 전제와 연관될까봐 우려했다. 전제들이 보편적인 것이 아닌 특수한 것에 머무르는 한, 그 전제들을 문화전반이 공유하고 있는가 여러 시대가 공유하고 있는가 여부는 중요하지 않다. 그는 다음과 같이 묻는다. "그런데 우리에게 들이닥쳐 우리를 위협하는 의견들의 무정부 상태를 극복하기 위한 수단들은 어디에 있는가?"[13] 딜타이는 의견의 바다 가운데서 진리가 사라져 버리는 '십인십색'의 철학을 우려했다. 지식사회학으로 알려진 분야 전체는 이러한 '상대성의 혼돈'을 다루기 위해 나타났다.[14]

12 Dilthey, "Rise of Hermeneutics," 235-38.

13 Dilthey, "Reminiscences on Historical Studies at the University of Berlin," in *Hermeneutics and the Study of History*, 389.

14 Peter L. Berger and Thomas Luckmann, *The Social Construction of Reality: A Treatise in the Sociology of Knowledge* (Garden City, NY: Doubleday, 1966),

이것은 이 시대에 해석학의 문제로 등장한다. 딜타이의 답변은 그가 주로 규칙의 측면에서 이해했던 방법이다. 해석은 과학의 방식으로 객관화될 수 있고 객관화되어야 한다. 즉, 개별 관점들은 그 본질상 개인별, 공동체별, 그리고 전통별로 각기 다른데, 해석은 그러한 개별 관점들의 주관성을 피해야 한다. 해석이 문제시되는 텍스트에 규칙을 적용하는 것일 경우에만, 해석은 이 목적을 성취할 수 있다.[15] 그리하여 딜타이는 우리에게 두 가지 정의를 선사한다. "삶을 고정적으로 그리고 비교적 영속적으로 객관화하는 그러한 규칙-지도적 이해가 [여기서는 표현주의를 유념하라] 바로 우리가 주해 내지 해석이라고 부르는 것이다." 해석학은 문자로 된 유물을 해석하기 위한 규칙 이론이다.[16] 해석은 규칙-통제적으로 이해하는 행위이며, 해석학은 규칙의 제정과 판결에 관한 것이다.

슐라이어마허는 과학으로서의 해석보다는 기술(art)로서의 해석을 더욱 자주 언급한다. 하지만 그 또한 방법을 통한 객관성을 열망한다. 그는 앞서 인용했던 구절에서 '예감적 방법'에 대해 말하지만, 예감이 그에게 가장 결정적인 방법은 아니었다. 슐라이어마허에게 예감은 우리가 앞 장에서 직관이라고 불렀던 것을 의미한다. 따라서

---

5. 『실재의 사회적 구성』(문학과지성사 역간); Peter Berger, *A Rumor of Angels: Modern Society and the Rediscovery of the Supernatura*l (Garden City, NY: Doubleday, 1970), 32.

15 딜타이에 대한 물음은 다음과 같다. 다양한 공동체와 전통은 법, 문학, 성서 텍스트를 해석함에 있어 상이한 규칙을 지니고 있지 않은가?

16 Dilthey, "Rise of Hermeneutics," 237-38.

그는 '직접적 파악'에 대해 말한다. 하지만 이것은 그에게 있어 방법
이라기보다는 방법의 목표였다. 예감적 방법은 '불현듯 깨닫거나'
'갑자기 이해될' 때, 그리고 우리가 텍스트가 의미하는 바를 '그저
볼' 때, 게슈탈트 전환(Gestalt switch)처럼 '갑작스레' 일어나는 것이
다.[17] 그런데 이러한 결과는 노력의 결실이다. 즉, 해석자가 (1) 문법
적-언어적 순환 속에서 작은 부분과 큰 전체를 오가며 작업하고 (2)
심리적-역사적 순환 속에서도 동일하게 오가며 작업하고 (3) 이 두
순환이 상호 관계하며 형성한 순환 속에서 오가며 작업하여 얻은 방
법적 노동의 결과다. 그리고 언제나 잠정적인 결과이자 수정 대상이
기도 하다. 다시 말해, 예감적 직관은 일종의 직접성을 띠고 있지만,
그 자체가 고도로 매개되어 있는 직접성이다. 인종 편견이라는 직관
이 어떤 세계(이 세계 자체도 다양한 역사적, 심리적 과정을 통해 매개된 세계다)
에 사회화됨으로써 매개된 것처럼, 해석학적 직관 역시 방법의 지도
아래 이루어지는 학문적 작업을 통해 매개된다. 전자의 매개가 어떤
특수하고 우연적인 사회 구성체에 의해 형성된 것인 반면, 후자의
매개는 바로 그러한 주관적 요소를 걸러내야 하는 것이다. 사회화를
통한 매개와 학술 연구를 통한 매개의 차이는 후자가 주관적 왜곡
(개인적이건, 심리적이건, 문화적이건, 사회역사적이건 간에) 없이 텍스트가 스
스로 말하게끔 하는 것이란 점이다. 해석학적 순환은 우리가 언제나
우리의 읽기를 지도하는 전제나 선이해를 가지고 텍스트에 접근함

---

17 Schleiermacher, *Hermeneutics*, 198.

을 의미한다. 그런데 전제나 선이해는 잠정적인 것으로 이해된다. 정량적 실험 과학에서의 가설처럼 말이다. 그러한 전제와 선이해는 유효한 증거들이 전제와 선이해를 뒷받침하는지를 보여 주는 방법적 절차에 따라 엄밀하게 검토되어야 한다. 이러한 이상(ideal)은 주관적으로 시작하지만 객관적으로 종결된다.

앞 장에서 우리는 상대주의의 유령에 대해 알레르기적 반응을 보이며 '해석은 필요 없다'는 말로 표현되는 순진한 직접성(sheer immediacy)에 호소하는 태도를 살펴보았다. 이제 우리는 저 두려움에 대응하는 두 번째 방식인 방법에의 호소가 무엇인지 살펴볼 것이다. 낭만주의적 해석학은 해석할 때 직접성의 순간이 있음을, 텍스트가 의도한 바를 우리가 '그저 보는' 순간이 있음을 인정한다. 하지만 '직관들의 갈등'을 충분히 고려한다면, 낭만주의는 이렇게 너무나도 주관적인 경험(다른 인종을 열등한 존재로, 동등하게 존중할 만한 가치가 없는 존재로 '그저 바라보는' 인종주의자를 상기해보라)에 의탁하여 객관성을 주장할 수가 없다. 오히려, 낭만주의는 해석을 주관적 오염으로부터 정화하여 보편적 타당성으로 이끌기 위해 방법에, 규칙-지배적 발견에, 검토 절차에 호소한다. 이런 것에 입각하여 모든 해석자들은 '이 텍스트가 의미하는 바는 무엇인가?'라는 질문에 동일한(아마도 옳은) 답변을 얻는다. 다시 말해 방법적 해석학은 빨대에 종이나 콩을 넣고 불어서 쏘는 아이들, 머리끄덩이를 잡아당기는 아이들, 욕하는 아이들로 인해 난장판이 될 수 있는 교실을 질서 정연하게 통제하는 엄한 선생님 노릇을 한다.

가다머의 해석학은 '낭만주의적' 해석학의 이 두 가지 특징을 벗어나고자 할 것이다. 가다머는 낭만주의 해석학의 심리주의를 버릴 것이다. 왜냐하면 (1) 그는 언어의 주요 기능을 내적 경험의 표현[18]으로 간주하지 않기 때문이며 (2) 따라서, 그는 저자와 같이 되는 것이 어떤 것인지를 이해하기보다는, 저자가 어떤 중요한 주제에 관해 말하는 바를 비자전적 맥락에서 이해하는 것을 해석의 목표로 삼기 때문이며 (3) 또한 그는 저자가 일방적으로 텍스트의 의미를 강제할 능력을 갖고 있다고 생각하지 않기 때문이다.

가다머는 '낭만주의적' 해석학의 객관주의, 특히 상대주의를 두려워한 딜타이의 해석학과 결별할 것이다. 그는 해석학적 순환으로부터 우리를 탈출시킬 방법이나 일련의 규칙이 존재한다고 생각하지 않는다. 이는 우리의 이해가 전제—현재 작동하면서 우리의 해석을 형성하는 전제—와 늘 관련된다는 의미다. 우리가 취하는 방법이나 규칙 그 자체가 우리가 나아가야 하는 방식에 대한 해석일 것이고, 이 자체가 이미 하나의 또 다른 해석학적 순환에 사로잡혀 있는 것이다. 해석의 규준 역할을 해줄 하나의 방법이나 일련의 규칙을 갖고 있다면 참 좋을 것이다. 하지만 다음과 같은 물음이 언제라도 제기될 수 있다. 이러한 규준은 대체 어떤 규준을 통해 정당화되는가?

가다머의 해석학에서 우리는 상대주의의 문제에 대한 세 번째 응답과 마주할 것이다. 단, 그 전에 고찰할 문제가 있다.

---

18 물론 이것이 고백시(confessional poetry)의 목적이 될 수는 있다.

3

낭만주의 해석학에 대항하여: 심리주의에서 벗어나기

해석학 전통에 토대를 놓은 선조들, 곧 하이데거, 가다머, 그리고 리쾨르를 깔끔하게 명명할 만한 호칭은 없다. 따라서 나는 울며 겨자 먹기로, 상대주의 해석학이라는 몇몇 독자들이 납득하기 힘든 악질적인 명칭을 이들에게 부여할 것이다. 이 삼총사들은 해석학적 순환에 대한 다음과 같은 해석을 공유한다. 첫째, 우리가 해석을 할 때 우리는 언제나 (사회적인, 문화적인, 역사적인, 언어적인) 어떤 자리에서 하는 것이지, 절대로 어디에도 발을 디디지 않은 채 하는 것이 아니다. 해석은 결코 전제 없이 하는 행위가 아니다. 해석은 언제나 해석자의 특수하고 우연적인 '위치'에 따라 상대적이다. 물론, 개인 또는 공동체로서 우리는 언제든지 우리의 전제를 의식하고 그 전제들이 면밀한 검토와 비판을 받게 하려 할 수 있다. 그러나 우리가 이런 일을 할 때에도, 언제나 우리는 어떤 장소에 서서 하는 것이지, 아무데도 발을 디디지 않은 채 하는 것이 **절대** 아니다. 즉, 우리는 우리가 속해 있는 또 다른 전통 혹은 우리가 진지하게 경청하고자 하는 어떤 다른 전통에 비추어서 우리가 속해 있는 해석의 전통을 평가한다.

둘째, 그러므로 우리는 언제나 우리 자신이 이미 그 속에 있음을 발견하게 되는 해석학적 순환성으로부터 결코 벗어날 수 없다. 물론, 우리는 다른 인종도 동등하게 존중하는 다양한 언어 놀이 중 하나로 회심하게 된 인종주의자처럼, 하나의 순환에서 다른 순환으로 이동할 수 있다. 그러나 우리는 모든 장소로부터 벗어나 어디에도 발을 딛지 않은 채 있을 수는 없다. 우리는 허물 하나를 버리고 나와 봤자 또 다른 껍질 속에 살고 있는 뱀과 같다.

하이데거는 텍스트 해석이라는 영역 너머로 해석 개념을 확장시키기 때문에,[1] 우리는 그에게 많은 관심을 기울이지 않을 것이다. 우리는 초점을 가다머와 리쾨르에게 맞출 것이며, 이 둘 중에서도 특히 가다머에게 초점을 맞출 것이다. 그들은 해석학의 '탈영역화'를 견지하고, 텍스트 해석에 관한 **일반적인** 이론을 추구하며, 이미 언급했던 것처럼 해석학적 순환 개념을 가지고 있다. 하지만 해석학적 순환에 관한 이해에 있어, 그들은 '낭만주의' 해석학의 심리주의와 객관주의를 모두 거부한다. 객관주의에 대한 거부로 들어가기 전에, 우리는 객관주의에 대한 거부를 위한 길을 요긴하게 예비하는 심리주의에 대한 거부를 살펴볼 필요가 있다. 또한 가다머와 리쾨르에게로 곧장 들어가기보다, 하이데거의 현상학이 아닌 화행 이론 (speech act theory)을 기반으로 삼아 해석학적 심리주의를 거부하는 니콜라스 월터스토프의 논박을 살펴보는 것이 몇 가지 이유에서 우리

---

1   2장, 각주 3을 보라.

논의에 도움이 될 것이다. 그 이유 하나는 그의 논박이 제공하는 개념의 명료화 때문이다. 또 다른 이유는 그것이 명백한 신학적 해석학이기에, 신학적 해석학과 (탈영역화된) 철학적 해석학이 서로 대화를 나눌 수 있고 대화를 나누어야 하는 이유를 보여주는 좋은 본보기를 제시한다는 데 있다.

화행 이론

우선, 화행 이론에 대해 짤막하게 개관해보자. 화행 이론은 존 오스틴(J. L. Austin)이 『말과 행위』(How to Do Things with Words)란 흥미로운 제목을 붙인 책에서 그 기원을 찾을 수 있다.[2] 우리는 언어를 사용할 때 말을 하거나 글을 쓴다. 즉, 우리는 문장을 말로 표현하거나 글로 나타낸다. 그런데 오스틴은 이러한 행위를 할 때 우리가 무엇을 행하는지를 묻는다. 철학자들은 종종 우리가 오직 주장만을 행하는 것처럼 보이게 말한다. 그런데 오스틴은 우리가 주장뿐만 아니라 다른 매우 다양한 행위도 한다고 지적한다. 우리는 위로를 전하고, 물음을 던지기도 하고, 요청하기도 하며, 약속하기도 한다. 또 우리는 비꼬거나 반어법을 사용하여 반감을 표현하기도 한다. 또한 그 외에도 많은 행위를 한다. 적절한 상황에서 '네'(I do)●라고 말한다면, 나는 말로써

---

2   J. L. Austin, *How to Do Things with Words* (Oxford: Claredon, 1962). 『말과 행위』(서광사 역간).

●   혼인서약 시, 결혼할 의사가 있을 경우 주례자의 물음에 대개 'I do'라고 답한다.

여러 가지를 동시에 하는 것이다. 나는 엄숙한 약속을 한다. 나는 혼인상태를 변경한다. 나는 나의 가족을 기쁘게 한다(또는 실망스럽게 한다). 오스틴은 이런 화행을 '수행적'(performatives)이라고 부른다. 왜냐하면 나는 짧은 문장을 발화하면서도 이러한 여러 가지 행위들을 수행하기 때문이다.

다음과 같이 화행을 주목하게 하는 여러 요소들이 있다.

- 다른 행위들처럼, 화행은 도덕적, 법적 규범에 종속된다. 만일 내가 엄숙한 약속을 하고 그렇게 약속한 바를 지킬 생각이 없다면 '네'라고 발화해서는 안 된다. 만일 내가 이미 다른 누군가와 결혼을 했다면 지금 이 사람과의 관계를 '혼인 상태'로 바꿔서는 안 된다. 나는 순전히 악한 의도로 나의 가족을 실망시켜서는 안 된다.
- 화행은 또 다른 방식으로 규범에 종속될 수 있다. 법규나 관습이 규정하는 정당한 상황 아래서만, 그들이 하는 행위는 의도된 수행으로 간주된다. 만일 내가 단 둘이 해변에서 '나는 당신을 내 아내로 맞이합니다'라고 말한다면, 또는 내가 이미 결혼을 했다면, 나는 나의 혼인 여부를 바꾸는 것이 아니다(적어도 국가와 교회의 시각에서는). 또는 만일 내가 '나는 당신을 사면합니다'라고 말했을 때, 내가 통치자나 대통령이 아니라 그저 갱단의 일원일 뿐이라면, 나는 죄수를 사면하는 행위를 수행한 것이 아니다.

- 앞에서 인용된 화행에서, 이러한 규범들은 사실이나 오류 여부에 관한 것이 아니라, 진심과 권한과 같은 것의 측면에서 적절한지 여부에 관한 것이다. 화행은 말하는 자의 의무와 권리를 수반한다. 우리는 '당신이 정말로 의미하고자 하는 바가 뭡니까?' 혹은 '당신은 그렇게 할 수 있는 권한을 가지고 있습니까?'라고 물을 수 있지만, '그것이 사실입니까, 거짓입니까?'라고 묻는다면 오해일 것이다.

- 이는 모든 화행이 곧 주장은 아니기 때문이다. 그러나 주장 또한 수행적인 것으로 보일 수 있다. 나는 말이나 글을 통해 무언가 다른 것을 했다. 즉, 나는 어떤 주장을 제시했다. 그리고 누군가 다음과 같이 내 주장에 대해 진심과 권한을 묻는다면, 그것은 적절한 물음이다. 당신은 정말로 당신이 주장한대로 믿습니까? 당신은 그렇게 말할 권리가 있습니까? 그러나 이 경우에는 사실이나 오류에 관한 물음 또한 적절한 것이 된다.

여기서 화행 이론에 관한 짤막한 논의를 마무리하자. 그렇다. 이제 퀴즈가 있을 것이다.

신적 담화의 해석학

니콜라스 월터스토프는 『신적 담화: 하나님께서 말씀하신다는 주장에 대한 철학적 반성』이라는 근사한 제목을 단 책에서, 화행 이론에 의존하여 명백히 신학적인 해석학을 전개한다.[3] 그는 화행 이론을 기반으로 삼아 성서가 하나님의 말씀**이며** 또 성서는 다양한 시대와 장소에서 계속 다시 하나님의 말씀이 **된다**는 주장을 해명하고자 한다. 우리가 성서를 읽거나 설교에서 선포되는 성서의 말을 들을 때, 우리는 여기에 개입되어 있는 어떤 인간 발화자 내지 기록자 너머에서 우리에게 말을 거시는 분으로 인해 말을 듣는다. 그리고 이때 우리에게 말을 거시는 분은 하나님이다.

월터스토프는 '저자의 담화 해석'이라는 해석학을 해명하고 방어하고자 한다. 이는 해석학적 심리주의를 단념하는 일과 관련될 것이다. 월터스토프는 세 가지 예비적인 주장으로 이 길을 준비한다.

첫째, 하나님은 말씀하신다. 하나님은 화행을 수행하신다. 물론 하나님이 말을 하거나 글을 쓰는 물리적인 혀나 손을 가지고 계시진 않다. 하지만 이것은 그저 하나님이 담화에 관여하심을 말하기 위한 순수 은유에 그치는 것이 아니다. 담화는 누군가가 어떤 것에 대한 무언가를 누군가에게 말하는 사건으로 여겨지는 것이며, 하나님은 바로 그렇게 누군가에게 무언가를 말씀하실 수 있는 분이다. 이것이 가장 중요한 형이상학적 주장이다. 이것이 없으면, '하나님' 내지 '성스러운 분'은 일종의 비인격적 힘 내지 이상에 지나지 않는다. 성서적 신앙과 관련해서, 하나님은 참으로 인격적 행위자이심이 틀

---

3   Nicholas Wolterstorff, *Divine Discourse: Philosophical Reflections on the Claim That God Speaks* (New York: Cambridge University Press, 1995). Merold Westphal, "On Reading God the Author," *Religious Stidies* 37 (2001): 271-91.

림없다. 하나님이 말을 할 만큼 충분히 인격적인 분이 아니라면, 그런 하나님은 사랑할 만큼 인격적인 분도 아닐 것 같다. 요컨대, 그러한 하나님은 성서의 하나님이 아닐 것이다. 이 경우 성서를 하나님의 말씀이라고 부르는 행위는 그저 순전히 은유인 것에 관여하는 행위일 것이다. 시인이 서풍이 저 멀리 높은 곳에서 자신에게 손짓하고 있다고 말할 때처럼 말이다.

둘째, 우리가 살펴본 것처럼, 모든 화행이 주장인 것은 아니다. 종종 철학자들이 마치 화행이 주장인 듯이 말하는 것과 똑같이, 신학자들도 신적 담화가 주로 주장—그 목적이 계시, 더 정확하게는 자기-계시인 주장—에 관한 것이라는 듯이 말한다. 월터스토프는 「말이 계시는 아니다」(Speaking Is Not Revealing)라는 도발적인 제목을 붙인 장에서 이러한 가정에 정면으로 도전한다. 그는 '난 피곤해', '내 왼쪽 무릎이 아파', '나는 널 사랑해'라고 말할 때처럼, 어떤 화행의 경우 그 주된 목적이 자기-계시임을 부인하지 않는다. 또한 그는 우리가 무언가 다른 것을 하려고 말하는 과정에서, 종종 부차적으로 우리 자신에 대한 것이 드러나기도 한다는 점을 부인하지 않는다. '난로를 켜주세요'라는 요청 내지 명령은 내가 춥다는 사실을 드러낸다. 오히려 월터스토프의 지적은 말하는 행위의 주된 기능이 반드시 인간 또는 신적 발화자에 대한 자기-계시인 것은 아니라는 점이다. 후자의 경우, 월터스토프는 성서 안에서 그리고 성서를 통해 우리에게 다가오는 신의 담화가 약속이나 명령(**화행이야말로 언약 관계에서 필수적이다**), 화행의 형식을 취하고 있다고 제안한다. 물론 여기에 다양한 종류의 주장이 전제되어 있을 수는 있겠지만, 이것들 자체가 주장은 아니며 발화자이신 하나님에 대한 주장은 더더욱 아니다.

셋째. 하나님께서 오래전 "선지자들을 통하여 여러 부분과 여러 모양으로"(히 1:1) 말씀하실 때, 인간의 혀와 손이 사용되었다. 성서는 인간의 손으로 새겨진 기록으로 되어 있으며, 종종 인간의 혀에서 나온 발화에 대한 기록을 포함하고 있다. 그럼에도 불구하고 성서가 하나님의 말씀이라고 말하는 것은 이중 담화라는 개념을 불러일으킨다. 이 생각은 매우 단순하다. 간혹 사람은 다른 사람의 말이나 기록을 사용하여 화행을 수행한다. 월터스토프는 아우구스티누스가『고백록』제8권 12장에서 자기 회심에 관해 이야기한 내용을 인용하면서 세 가지 사례의 이중 담화에 주목하게 한다. 여기에서 아우구스티누스는 한 아이가 반복해서 말하는 "집어 읽어라, 집어 읽어라"(tolle lege, tolle lege)라는 명령을 듣고, 이를 하나님이 자기에게 건네신 명령으로 받아들였다고 적고 있다. 그는 안토니우스가 교회에 들어가서 "집으로 가서 너에게 속한 모든 것을 팔아 가난한 자들에게 주라"라는 마태복음 19장 21절 말씀을 낭독하는 것을 들었을 때 어떻게 회심하게 되었는지를 기억했다.[4] 안토니우스는 인간의 손이 기록한 것을 읽고 있었던 인간의 목소리를 통해서 하나님이 그에게 말씀하시고 있다고 이해했다. 이와 유사하게, 아우구스티누스는 직접 로마서 13장

---

4   이 성서 본문과 다음 본문은 월터스토프가 파인-코핀(R. S. Pine-Coffin)의 영역본『고백록』에서 인용한 것을 재인용한 것이다. *Confessions* (Baltimore: Penguin Books, 1961).

13-14절을 즉시 읽어 나갔다. "방탕하지 말고, 술 취하지 말며 [···] 오직 주 예수 그리스도로 옷 입으라." 바울이 불러 주고, 그의 대필자가 받아쓰고, 수없이 많은 사람들이 필사하고, 결국에는 라틴어로 번역했고, 게다가 번역된 그것을 수많은 시대에 걸쳐 필사한 텍스트에서, 아우구스티누스는 그에게 직접적이고 개인적으로 전해진 하나님의 음성을 듣는다. 이러한 사례들에서, 들려진 인간의 음성과 읽혀진 텍스트는 하나님의 음성을 나르는 전달자가 된다. 여기서 **실체 변화**(transubstantiation)●를 어느 정도까지 말할 수 있을 것이다. 피조 세계 안에서 경험한 실재는 그 경험 너머의 신적인 것을 그저 가리키는 것이 아니라, 실제로 신적인 것이 **육화**(incarnation)된 것이다.

월터스토프는 일상생활에서 어떤 사람의 발화 내지 기록이 다른 사람의 언행으로 간주되는 두 가지 양상—위임된 말하기, 승인된 말하기—을 기술한다.[5] 그는 다음과 같이 위임된 말하기의 예를 제시한다. 한 나라의 대사가 대통령이나 수상을 대신하여 말하는 경우, 범죄 조직의 중간보스가 대부를 대신하여 보스가 허용한 어떤 제안을 하는 경우, 그리고 부모가 한 아이를 다른 아이에게 보내서 저녁 식사 시간이 되었음을 알리는 경우. 이런 메시지는 말을 그대로 전하는 것이 아니라 대리자의 권한에서 나온 것으로, 대리자가 권한을 가진 것으로 여기게끔 의도한 것이다(여겨야 하는 것이다).

승인된 말하기는 발화자가 다른 이(연설문 작성자나 대필 작가)가 이

●   보통 가톨릭에서는 성변화, 개신교에서는 화체설로 번역한다.

5   Wolterstorff, *Divine Discourse*, 38-51, 114-17, 186-87.

미 한 말에 대해 책임을 지는 경우다. 또는 영국의회 평의원들이 "동의합니다!"(hear, hear!)라고 외치는 경우, 또는 사장이 비서가 작성한 문서에 사인을 하는 경우도 그렇다.

어느 경우든 얼마나 관여했는지 여부가 중요한 것은 아니다. 사장이 승인한 문서가 구두점까지 정확히 받아 적은 것일 수도 있다. 반대로 사장이 필요한 시점에 멀리 출타 중이었고, 상황을 철저하게 알고 있는 비서가 사장의 생각을 담아 문서를 작성했는데, 그 사장이 돌아와서 "내가 직접 했어도 이보다 더 잘 썼을 수는 없겠군"이라고 말하며 그 문서에 서명할 수도 있다. 그 문서가 위협을 담고 있든 보증이나 계약을 담고 있든 간에, 두 경우 모두 사장이 서명을 함으로써 거기에 권한을 부여하는 것이다. 이와 유사하게, 한 나라의 대사가 발언 내용에 대해 상세하고 구체적인 지시를 받아 왔든 이런 지시가 필요 없을 정도로 정책을 잘 알고 있든, 그의 메시지는 대통령으로부터 비롯된 것으로 여겨진다(여겨져야 한다).

어떤 의미에서 성서 저자가 성서를 쓰기 전에 대리자가 될 수 있는지, 어떤 의미에서 성서를 쓴 후에 승인받을 수 있었는지를 정확히 말하기는 어렵다. 아마도 그런 일이 성서를 쓸 때에 한해서 단 한 번 일어나는 것이 아니라, 성령의 내적 증언이 말해진 내용의 신적 기원과 신적 소유권을 증언할 때마다 성서가 승인되는 것이다. 이는 월터스토프가 제시할 수 있는 것보다 더 많은 주의를 요하는 중요한 신학적 문제다. 그러나 그는 자신이 말한 것을 기반으로 삼아, 스스로 "저자의 담화 해석"이라고 부르는 해석학을 제시한다. 성서를 합당하게 해석한다는 것은 다음과 같은 물음을 던지는 것이다. 저자는 이 텍스트를 쓰면서 어떤 화행을 수행했는가?

성서의 이중 담화라는 사례에는 다음과 같은 물음을 던지는 이중 적 해석학이 필요하다. 디도에게 보낸 서신이나 이스라엘 왕들의 역 사를 쓰면서 인간 저자가 수행**했던** 화행은 무엇인가? 지금 우리에 게 이러한 저술들을 하나님의 말씀으로 주시면서 하나님이 수행**하시는** 화행은 무엇일까? 월터스토프는 신적 담화에 대해 말할 때 현재 시제를 자주 사용한다. 바울이 서신을 썼을 때, 그 서신은 그 당시의 "신적 담화의 매개"였을 것이다. 하지만 성서가 "**우리 시대의** 신적 담화의 매개, **지금 여기에서** 하나님이 당신과 나에게 말을 건네시는 매개일 수[매개가 될 수?] 있을까?" 성서가 "지금 우리가 텍스트와 마주함 혹은 **지금** 하나님이 우리에게 텍스트를 현전케 하시는 것과 같은 일이 발생하는 사건일 수[사건이 될 수?] 있을까?"[6]

우리는 지나가는 말로 이 두 가지 물음이 설교 준비에 중요하다고 말할지도 모른다. 두 번째 물음—**이** 본문 안에서 그리고 **이** 본문을 통해서, 지금 하나님은 우리에게 무엇을 말씀하시는가?—은 적당한 말로 설교하지 않도록, 즉 중요한 성서적 진리를 그날 읽은 성서 본문(들)과 가시적인 연결점도 없이 단언하지 않도록 지켜 주는 없어서는 안 될 경계 물음이다. 그런데 이 물음에 답하기 위해서는 화

---

6   *Ibid.*, 56. 또한 5, 7, 131 참조. 월터스토프는 안토니우스와 아우구스티누스가 "그 때, 거기에서", 즉 그들이 듣거나 읽었을 그 당시에 하나님이 그들에게 말을 건넸다는 점을 덧붙인다.

자 혹은 저자가 원래의 청중에게 무엇을 말하고 있었는지를 묻는 고된 예비적 작업을 수행해야 한다.

월터스토프는 텍스트의 의미를 규정하는 저자의 권위에 주로 강조점을 두면서, 해석에 있어 객관주의 대 상대주의 논쟁의 핵심이 되는 어떤 문제에서 한쪽으로 기운다. 우리는 적당한 시점에 이 논점에 이를 것이고, 그렇게 함으로써 신적 담화의 시제라는 쟁점으로 돌아갈 것이다. 하지만 지금은 저자의 담화 해석이 '낭만주의적' 심리주의에서 떠나는 방식에 주목해야 한다. 담화는 누군가가 어떤 것에 대한 무언가를 누군가에게 말할 때 일어난다. 여기에는 세 가지 요소가 있다. (1) 첫 번째 누군가는 (아마도 글을 씀으로써) 말하는 **이**(the who)다. (2) 어떤 것에-대한-무언가란 말해진 **것**(the what)으로, 우리는 이를 화행의 명제적 내용이라고 불러도 될 것이다. (3) 두 번째 누군가는 그 화행을 전달받은 **대상**(the to whom)이다.

월터스토프는 슐라이어마허와는 다른 이유로 신적 담화를 발화하는 **이**를 매우 강조한다. 그 목적은 하나님 내면의 심리적인 삶을 다시 느끼거나 다시 재연(reenact)하는 것이 아니다. 그런 식으로 이야기하는 것이 말이 된다 하더라도 말이다. 왜냐하면 말씀하시는 이가 바로 하나님이시기 때문에, 그 목표는 하나님이 제정하시는 명령과 약속(율법과 복음—이런 표현이 괜찮다면)이 무엇인지를 발견하는 것이다. 다시 말해, 월터스토프는 바로 어떤 **것**에 우리의 주의를 돌리게 하는 **이**의 중요성을 강조한다. 우리가 그 **대상**이며, 우리가 발견하기 원하는 것은 우리가 진지하게 여기는 어떤 **이**가 우리에게 건넨

것이다. 이것은 인간 저자에게도 마찬가지로 적용된다. 그래서 월터스토프는 다음과 같이 적고 있다.

> 저자의 담화에 관한 텍스트를 읽는 것을 저자의 정신이라는 미지의 세계로 들어가는 것으로 보는 신화는 좀처럼 사라지지 않는다. 텍스트를 읽는다는 것은 그런 식의 것이 아니다. 그것은 무엇을 주장하는지, 무엇을 약속하는지, 무엇을 요구하는지, 무엇을 명령하는지를 발견하기 위해 읽는 것이다. 그리고 이것들을 정확히 저자에게 귀속시키는 이유는 저자가 이것들을 정한 상황에서 저자가 했던 말이 무엇인지를 저자가 정해왔기 때문이다. 저자가 공개적으로 이런 입장을 취하게끔 한 것이 저자의 내면에 도사리는 어둠의 악마건 광명의 천사건 간에, 우리가 읽기를 통해 복원하고자 하는 것은 그러한 입장 자체지, 내면에 있는 것이 천사인지 악마인지 여부가 아니다.[7]

여기서 두 가지 사안에 주목해보자. 첫째, 해석학에서의 객관주의에 관한 20세기의 논쟁에서 '저자의 의도'라는 문구가 많이 회자되었지만, 이는 본래 애매한 것이다. 저자의 의도는 저자의 (숨겨진) 내면의 삶에서 벌어지는 사건을 의미하는 것일 수도 있다. 이런 경우, 저자의 의도에 특권을 부여하는 것은 '낭만주의적' 심리주의를

---

7   *Ibid.*, 93.

지지하는 것이다. 따라서 우리는 "그녀의 외교 능력이 탁월해서(또는 그녀가 포커 선수라서) 그녀가 무엇을 의도하는지 알기 어려워"라고 말할 수도 있다. 하지만 보통은 내가 실제로 말한 것과 내가 의도한 것이 같기 때문에, 즉 내가 수행하려고 의도한 화행은 내가 실제로 수행한 것이기 때문에, 저자의 의도를 특권화하는 것은 월터스토프의 저자의 담화 해석학과 같은 것을 지지하는 것일 수도 있다. 이 경우 그 목표 또는 목표물은 저자 내면의 삶("어둠의 악마와 광명의 천사")이 아니라 다음과 같이 담화에서의 **어떤 것**(the what)에 해당할 것이다. 어떤 주장, 어떤 약속, 어떤 명령이 여기서 발견되는가?

물론, 의도가 언제나 수행과 일치하는 것은 아니다. 우리는 '프로이트적' 말실수에 대해 잘 알고 있다. 비록 우리가 해를 끼치려고 하지 않았다 하더라도, 우리의 의도와는 다르게 우리가 말한 것이 상처를 주거나 불쾌하게 할 수 있다. 게다가 베르디의 《아이다》에 나오는 라다메스와 같은 경우도 있다. 이 이집트 영웅은 에티오피아 적들에게 중대한 군사기밀을 말할 의도가 없었다. 하지만 도망치면서 이집트 군대와 마주치지 않으려면 어느 길로 가야 하는지를 아이다에게 말하면서, 몰래 숨어 있던 에티오피아 왕, 아이다의 아버지 아모나스로에게도 그 사실을 말한 게 되었다. 그가 자신의 조국을 배반하길 의도한 것은 아니었지만, 그의 화행은 배신행위가 되었다. 이런 이유로 월터스토프는 저자의 의도에 대해 언급하지 않음에도 불구하고, 텍스트의 의미를 고정시키는 특권을 저자에게만 부여할 것이다. 이 후자의 언어를 사용하는 사람은 슐라이어마허보다는 월터스토프에게 더 가까울 것이다. 여기서 애매어 사용의 오류에 빠지지 않으려면 우리는 세심한 주의를 기울여야 한다.

둘째로, 심리주의에 대한 포기 자체가 객관주의의 문제를 해결하는 것은 아니다. 신이 아닌 인간 독자가 저자(인간 저자건 신이건)가 수행한 화행을 탐구하면 상대주의적으로 이해하게 될 수 있다. 월터스토프 자신은 객관주의에 강하게 기울어져 있다. 따라서 그는 저자의 담화 해석에 대해 다음과 같이 말한다. "쟁점은 누군가가 내린 결론이 맞는지, 그것이 참인지 여부다―담화자가 이 텍스트를 쓰거나 제시함으로써 말했던 내용이, 해석자가 담화자의 말이라고 주장하고 있는 내용과 실제로 같은지 여부다."[8] 이 경우 해석은 그저 옳고 그름의 문제가 되는 것 같다. 게다가 「성서는 밀랍 코●인가?」(Has Scripture Become a Wax Nose)라는 제목의 장에서, 월터스토프는, 만일 상대성이라는 낙타가 천막에 코를 들여 놓을 수 있게 허용하면, 흔히 말하는 것처럼 '어떤 것이든 다 좋다'는 태도가 만연하게 될 것이라는 흔한 불안감을 표현하고 있다. ●● 그러나 니체의 관점주의를 예

---

8   *Ibid*., 181.

●   원하는 모양으로 마음대로 주물러 만들 수 있는 것.

●● 여기서 낙타의 코를 조심하는 중동의 우화가 활용되고 있다. 추위를 피해 천막을 치고 잠을 자고 있는데, 낙타가 추위를 피해 코를 천막 안으로 들이밀고 있는 것을 보고서 나그네는 대수롭지 않게 여겼다. 하지만 결국에는 낙타가 천막을 점령해버려서 나그네가 천막 밖으로 밀려나 추위에 떨게 되었다는 것이다. 즉, 이 우화는 순간의 방심이 걷잡을 수 없는 결과를 초래하는 것을 우려할 때 활용된다. 이런 맥락에서 월터스토프는 해석의 상대성을 용인할 경우 극단적인 상대주의가 도래할 것이라는 해석의 놀이에 관한 통념적 우려를 표현하고 있다.

로 들어보면, 그것이 상대주의의 급진적인 형태임에도, 분명 니체는 플라톤주의나 그리스도교가 힘에의 의지라는 자신의 자연주의 사상만큼 좋다고 생각하지는 않았다. 그래서 나는 우리가 '어떤 것이든 다 좋다'는 식의 반대가 까닭 없는 근심이었음을 인정하고 해당 용어의 사용을 50년간 유예(moratorium)하자고 제안한다.

우리는 이제 객관주의와 상대주의에 대한 논쟁을 형성한 쟁점으로 논의를 전환하려 한다. 우리는 왜 우리가 '낭만주의적' 심리주의에서 벗어나야 하는지를 보여 준 월터스토프 덕분에 그러한 쟁점의 전환을 할 수 있게 되었다.

4
객관주의와 저자의 특권

문학비평가들은 문학비평이란 "그저 세련된 형태의 자서전일 뿐이다"라는 오스카 와일드의 주장을 정말 자주 인용하는 것 같다. 다시 말해, 문학비평은 "자기 영혼에 대한 기록"이다.[1] 신학에는 이와 비슷한 조지 타이렐(George Tyrell)의 주장이 있다. 그는 아돌프 하르낙(Adolf Harnack)의 저 유명한 『기독교의 본질』(*What is Christianity?*[한들출판사 역간])에서의 그리스도가 "깊은 우물 밑바닥에 비친 자유주의적 개신교의 얼굴[하르낙 자신의 얼굴]일 뿐이다"라고 말했다.[2] 이 각각의 주장에는 해석이 좋든(와일드) 싫든(타이렐) 그것은 텍스트보다 해석자 자신과 더욱 관련됨을 함축한다. 여기서 텍스트는 원하는 모

---

[1]   Oscar Wilde, "The Critic as Artist," in *The Portable Oscar Wilde*, ed. Richard Aldington and Stanley Weintraub, rev. ed. (New York: Penguin Books, 1981), 83. 『오스카 와일드: 거짓의 쇠락』(은행나무 역간)에 수록. 일례로, Geoffrey Hartman, "Passion and Literary Engagement," in *The Geoffrey Hartman Reader*, ed. Geoffrey H. Hartman and Daniel T. O'Hara (New York: Fordham University Press, 2004), 454.

[2]   George Tyrell, *Christianity at the Crossroads* (New York: Longmans, Green and Co., 1909), 44.

양으로 만들 수 있는 월터스토프의 밀랍 코처럼, 그저 순전히 구실 (pretext)일 뿐이다. [3] 문학비평가는 자신에 관하여 말하는 것이고, 신학자는 자신이 속한 전통에 대해 말하고 있는 것이다. 상대성에 현기증을 느끼는 이유는 이것이 정말 사실일지도 모른다는 두려움 때문이다. 수많은 해석자와 전통이 있기 때문에, 각각의 관점에 따라 상대적인 해석들의 "진정한 과잉"(a veritable plethora) [4]이 있을 것이다. 그 대가로 텍스트는 그 정체성을 희생하며 용해되거나 흩어질 것이다. 텍스트는 모든 것을 의미할 것이며, 따라서 아무것도 의미하지 않을 것이다. 그래서 딜타이가 다음과 같은 물음을 던진 것이다. "그런데 우리에게 들이닥쳐 우리를 위협하는 의견들의 무정부 상태를 극복하기 위한 수단들은 어디에 있는가?" [5]

허쉬의 객관주의

해석학에서의 객관주의는 해석이 이렇게 주관적인 것이 될 수 있는 한, 해석은 필요 없다는 믿음(희망, 주장, 독단)이다. 올바로 해석한다면, 해석은 특정 관점과 전제(인격적인 것이든 공동체적인 것이든)에서 자유로울 수 있으며, 우리는 텍스트가 지닌 바로 그 의미를 얻을 수 있

---

3   앞의 3장을 보라.

4   《먼데이 나이트 풋볼》(Monday Night Football)의 오랜 팬들은 하워드 코셀이 이 표현으로 '댄디' 돈 메레디스를 〔유머 조로〕 곡해했음을 기억할 것이다.

5   딜타이의 물음과 '상대성으로 인한 현기증'에 대해서는 본서 2장을 보라.

다. 이 경우 우리는 무정부 상태 대신 질서를, 한낱 의견 대신 지식을 소유할 것이다. 이제 딜타이는 밤새 편안히 잘 수 있을 것이다. 우리는 법리 영역에서 이러한 객관성이 요구된다는 점을 잘 알고 있다. 우리는 연방대법관들이 헌법을 제정하거나 개정하는 사람이 아니라 해석하는 사람이라고 들어왔다.● 대법관들은 판결문을 작성할 때 개인의 관점이나 가변적인 상황과 상관없이, 헌법제정자들(founding fathers)이 말했던 바를 그대로 모방하여 쓸 수 있어야 하고 또한 그렇게 써야 한다.

『해석의 타당성』(VI)[6]에서, 허쉬(E. D. Hirsch Jr.)는 해석학적 객관주의를 방어하는 데 열과 성을 다한다. 딜타이와는 달리, 허쉬는 보편적으로 타당한 해석에 이르기 위한 규칙으로서의 방법(VI 12), 즉 증거를 평가하는 원리(VI x)에 대해서는 거의 말하지 않는다. 그는 슐라이어마허의 방법에서 언어적 측면을 반향하고 있는, "엄격한 규율"(VI ix)과 "문헌학적 노력"(VI 57)에 대해 말한다.[7] 그는 또한 가설로서의 선이해에 대해 말하고, 그렇게 함으로써 해석을 자연과학의

●   미국에서는 대법관이 헌법재판까지 담당한다.

6   E. D. Hirsch Jr., *Validity in Interpretation* (New Haven, CT: Yale University Press, 1967). 앞으로 텍스트와 각주에서 이 문헌을 인용할 경우 *VI*라는 약어를 사용할 것이다. 객관주의의 또 다른 형태는 허쉬와 동시대 인물인 에밀리오 베티에게서 찾아볼 수 있다. Emilio Betti, "Hermeneutics as the General Methodology of the Geisteswissenschaften," in *Contemporary Hermeneutics: Hermeneutics as Method, Philosophy, and Critique*, ed. Josef Bleicher (London: Routledge and Kegan Paul, 1980), 51-94.

7   본서 2장을 보라.

가설-연역적 방법과 동일한 것으로 만든다(*VI* 261, 264).[8]

그런데 허쉬의 주된 관심사는 해석의 **목표**와 **대상**의 본질이다. 그 목표는 '보편적으로 타당한' 해석 또는 '절대적으로 타당한' 해석이며, 대상의 본질만으로도 해석의 저 목표를 충족시킬 수 있다(*VI* 12, viii). 이런 유형의 해석은 우리에게 '텍스트가 지닌 **바로 그** 의미'(*VI* 5)를 가져다줄 것이다. 이것이 절대적 확실성을 의미하는 것은 아니다. 자연과학에서와 마찬가지로, 여기서도 우리는 오류 가능성과 개연성의 영역 가운데 존재한다. 우리는 때때로 틀린 판단을 한다. 그리고 옳은 판단이라고 할 때조차도, 옳게 판단한 것인지를 절대적으로 확신할 수는 없다. 우리가 주장할 수 있는 것 대부분은 '이러저러한 것이 아마 최상의 해석일 것이다'라는 주장이다. 하지만 해석의 목표는 의견 일치다. 즉, 모든 해석자들이 동일한 의미에 이르는 것이다(*VI* 256, 33).

이러한 요구를 충족시키기 위해서, 텍스트의 바로 그 의미는 어떤 종류의 대상이어야 할까? 그것은 확정된 것이어야 한다. 즉 "하나의, 특정하고, 자기-동일적이며, 불변하는 의미의 복합체"(*VI* 47)여야 한다는 의미다. 이는 그것이 반복적으로 생산될 수 있고, 반복적으로 인식될 수 있음을 의미한다. 그것은 숫자 7과 같다. 내가 아침에 7을 생각했을 때와 점심에 7을 생각했을 때와 저녁에 7을 생각했

---

8   '가설-연역적'이라는 문구는 과학에 관한 대중적인 이해를 가리킴과 더불어 (1) 가설 형성, (2) 가설이 참일 경우 무엇이 경험을 거쳐 나올지에 대한 연역적 추론, (3) 예측한 결과가 실제로 일어나는지 여부를 확인하기 위한 실험 수행을 뜻한다.

을 때, 7은 완전히 동일하고 불변하는 대상으로 반복 생산될 수 있다. 내가 점심에 7을 떠올렸고 당신은 저녁에 7을 떠올렸을 때, 그것은 내가 아침에 떠올렸던 7과 동일하다. 적어도 원리상으로는 내가 점심에 이해한 것과 당신이 저녁에 이해한 것이 내가 아침에 이해한 것과 정확히 동일한 방식으로 이해된 것일 수 있다. 이해의 계기(의식의 작용)가 여럿이더라도, 이해의 내용이나 실체(의식의 대상), 즉 텍스트의 **바로 그** 의미는 오직 하나일 수 있다. 따라서 사막 교부, 제네바 칼뱅주의자, 미국 노예, 오늘날의 아미쉬 신도는 성서가 정확히 같은 말을 하고 있다고 생각할 수 있고 생각해야 한다. 이러한 관점이 지닌 함축 하나는 성서에 대한 나 또는 '우리의' 이해가 텍스트의 **바로 그** 의미라고 주장하는 동안, 그 나머지 그리스도교의 역사는 유감스럽게도 잘못된 해석이 된다는 점이다. 상대주의에 대한 불안은 오만의 변종이다.

허쉬는 월터스토프처럼, 그러한 하나의 의미를 제시하기 위해 저자의 특권에 호소한다. 텍스트는 저자가 의도한 바를 의미한다(*VI* 1, 8). 저자는 텍스트의 의미를 확정하는 바로 그 규정자다(*VI* 246, 248). 해석이라는 과업은 저자가 의미한 바를 재생산하는 것이다. 때때로 허쉬는 저자의 의도에 대해 말하지만(*VI* 17-18), 월터스토프와 같이 낭만주의적 심리주의는 거부한다. 저자의 의도에 대해 말하는 것은 저자의 내면의 삶, 사적 경험, 또는 정신적 과정에 대해 말하는 게 아니며, 하물며 저자의 인격에 대해 말하는 것은 더더욱 아니다. 저자의 의도는 저자가 우리에게 제공한 공적이며 공유 가능한 의미에 대한 것이다. 의미는 은행을 털겠다는 숨겨진 나의 의도 같은 것이 아니라, 숫자 7과 같은 것이다.

허쉬는 아마도 의도에 대해 말하는 것의 애매성을 피하기 위해서, 의미를 의식과 연결시키기를 선호하는데, 이는 또한 그가 의욕(will)의 측면에서 해석하는 것이다. 텍스트의 의미는 저자가 전달하려고 의욕하는 바다(VI 31, 46-49). 단어 그 자체로는 그저 귀에 들리는 소리나 눈에 보이는 무늬와 같이 아무런 의미가 없다. 그것들은 누군가가 어떤 것에 대한 무언가를 누군가에게 말할 때 연루되어 있는 의욕으로서의 인간 의식을 필요로 한다. 이러한 공식에서 의미는 어떤 것에 관한 무언가이며, 허쉬는 이러한 의미를 단일하고도 불변하게―객관적 지식에 적합한 대상으로―보존하기 위해서 이를 두 번째 누군가(여럿으로 존재하는 청자 혹은 독자)보다 첫 번째 누군가(저자)와 결부시킨다. 비록 허쉬가 화행 이론이라는 말을 사용하지는 않지만, 그의 전략은 저자를 의미의 그 원천(the source)으로 특권화함에 있어 월터스토프의 저자의 담화 해석과 매우 유사하다.

순전히 의견만 난무하는 무정부 상태를 염려했던 딜타이처럼, 그리고 십인십색의 해석학 속에서 성서가 밀랍 코처럼 될까봐 염려한 월터스토프처럼, 허쉬는 상대성으로 현기증을 앓았다. 이런 이유로 그는 텍스트의 자율성에 대한 모든 제안과 전투를 벌인다. 여기서 텍스트의 자율성은 텍스트의 의미가 저자의 의도, 의식, 의욕과 무관하며, 저자의 의식이 텍스트의 의미를 일방적으로 규정하지 않는다는 개념이다. 허쉬는 그러한 자율성의 위험을 다양한 방식으로 기술한다.

- 그는 "저자는 단어를, 독자는 의미를 가져온다"는 견해를 우려한다(*VI* 1).

- 그는 텍스트의 자율성이, 텍스트가 "저자의 삶과 완전히 단절된 채, 텍스트 단독의 새로운 삶(afterlife)을 살아간다"는 의미를 지님을 염려한다(*VI* 1).

- 그는 "저자가 텍스트의 의미를 확정하는 **바로 그** 규정자로서의 자리에서 무자비하게 추방당했을 때 발생하는 […] 저자와의 무관함"에 대해 염려한다(*VI* 3. 강조는 필자가 추가함. 또한 11-12 참조).

- 그는 비평가, 즉 독자가 "어떤 한 해석이 다른 해석만큼 타당하다"는 결론으로 저자를 대체할까봐 염려한다(*VI* 4. 또한 11 참조).

- 그는 "각각이 동일한 권위를 지니는" 가지각색의 의미가 나타날까봐 염려한다(*VI* 5).

- 그는 만일 독자가 천막에 코를 들여놓도록 허용하면 "텍스트의 의미가 아무렇게나 변할 수 있고, 잘못된 해석과 타당한 해석을 구별할 원리가 존재하지 않게 될 수 있다"는 점을 염려한다(*VI* 6).

- 그는 "**저자가 무엇을 의미했는지―저자의 텍스트가 오직 무엇을 말하고 있는지―가 중요하지 않을**"까봐 염려한다. 이 경우, "어떤 독해든 그 텍스트가 '말하고 있는' 것과 상응하기 때문에, 텍스트에 관한 어떤 독해든 '타당'하게 될 것이란 점"을 염려한다. 이때 저자에게는 잘못된 해석에 대해 불평할 권리가 없을 것이다(*VI* 10). 이 마지막 네 가지 우려는 '당신이 밀랍 코를 가지고 있다면, 어떤 것이든 다 좋다'는 슬로건으로 표현될 수 있다.

- 그는 독자가 "저자의 원래 의도에 대한 관심으로부터 홀가분하게" 해석을 진행할 권위를 얻었다고 느낄 것이라고 염려한다(*VI* 246).
- 그는 우리가 텍스트를 너무 무규정적인 것으로 여겨서, 텍스트가 "무엇이든 우리가 간주한 대로 의미"하게 될까봐 염려한다(*VI* 249).
- 그는 "법조문의 의미는 판사가 해석한 의미"라는 점을 따르는 법정적 형태의 텍스트의 자율성을 염려한다(*VI* 250).
- 그는 텍스트의 자율성이라는 체제 아래서는 "책을 써도 거의 의미가 없고", 특히 해석학적 문제에 대한 책은 무의미하다는 결론을 내린다(*VI* 251).

독자는 이러한 염려의 대부분이 허쉬의 책의 도입부에 위치하고 있다는 점을 알아챘을 것이다(도입부 외의 염려는 그의 가다머 비판에 나오는 것이다). 이 수사적 효과는 "테러리즘! 테러리즘! 테러리즘, 알 카에다! 알 카에다! 알 카에다!"라는 말로 시작하는 대통령 연설의 수사적 효과와 다르지 않다. 즉, 이어지는 내용에 동의하지 않는 사람은 모조리 테러리즘에 무신경하며 알 카에다를 동정하는 사람이라는 별로 교묘하지도 않은 함축을 담고 있는 대통령의 수사적 효과와 같은 것이다. 그래서 우리는 경계해야 한다. 다만 테러리즘이 실제로 위협인 것처럼, 다양한 형태의 상대주의도 진정한 문제이면서, 또한 골치 아픈 문제를 제기한다. 이에 우리는 '충격과 공포'라는 수사적 전략에 우리의 비판적 기능이 압도되지 않게 하면서, 사격 개시 후에 이어지는 것을 주의 깊게 검토할 필요가 있다. 우리가 명심해야 할 것은 특정한 생각, 신념, 관습, 해석이 문화적 지평 내지 역사적 지평에 따라 상대적이라는 말은 곧 그러한 것들이 맥락에 따라 조건적이므로, 맥락이 달라지면 그러한 것도 달라지거나 심지어 불가능해질 수 있다는 말이다. 따라서 사막 교부들의 성서 해석은 그들의 수도자적 삶의 양식에 상대적인(relative〔관련된〕) 것이다. 오직 신만이 절대적이고 우리는 상대적이기 때문에, 이런 식의 상대성은 도처에 나타난다. 하지만 상대성은 '어떤 것이든 다 좋다'고 말하는 상대주의, 즉 각기 모든 해석이 서로 동일하게 좋다고 하는 것과는 전혀 같지 않다. 이 둘을 동일시하는 것은 엉성한 사유에 굴복하는 것이다.

허쉬의 문제

나는 해석학에서의 객관주의 전통에 대한 최상의 응답이 '어떤 것이든 다 좋다'는 함의를 갖지 않는 상대주의적 형태의 철학적 해석학을 자세히 살펴보는 것이라고 생각한다. 만일 독자들이 인내심을 가진다면(혹 그렇지 않다 하더라도), 다음 장에서 우리는 이 작업에 착수할 것이다. 그런데 이미, 허쉬의 설명에서 직접 발생되는 문제가 적어도 네 가지가 있다.

첫 번째 문제: 나쁜 사람은 누구인가?

허쉬가 풍차에 돌진하는 것은 아닌지 허수아비를 공격하고 있는 것은 아닌지 여부는 늘 불분명하다. 그는 자신이 염려하는 어떤 특정한 관점을 주장하는 이가 누구인지를 거의 밝히지 않는다. 하지만 가끔은 밝히기도 한다. 위에서 제시한 허쉬의 염려 가운데 첫 번째 것은 노스롭 프라이(Northrop Frye)의 말이기도 하지만, 허쉬가 자신의 넋두리를 시작하면서 인용하는 허쉬 자신의 말이기도 하다. "뵈메(Boehme)에 대해 말할 때, 그의 책은 저자는 단어를 가져오고 독자는 의미를 가져오는 소풍놀이 같다고들 한다. 이 말이 뵈메를 조롱하려는 의도일 수는 있으나, 예외 없이 모든 문예 작품에 해당하는 정확한 묘사이기도 하다"(VI 1). 이것은 문화적으로 중요한 텍스트에 적용되는 일반적인 해석학이 분명 아니다. 프라이가 틀린 것인지도 분명치 않고, 하물며 틀려서 위험한 것은 더욱 아니다. 소설을 읽음에 있어, 그리고 특히 시를 읽음에 있어서 독자마다 다른 분위기와 이미지가 떠오르는데, 해당 작품이 속한 장르와 마찬가지로 텍스트의 의미가 너무 본래적인 것이어서, 각자가 느낀 분위기와 이미지를 추상해서 텍스트의 의미를 말하는 것은 애당초 텍스트를 오해하는 것인가? 텍스트가 은유와 그 밖의 비유적 표현에 크게 의존하고 있는 경우, 여기서 텍스트의 바로 그 의미를 묻는 것이 이치에 맞는가?『모비딕』(Moby-dick)이나「눈 내리는 저녁 숲가에 서서」(Stopping by Woods on a Snowy Evening)●의 의미가 'e=mc²'나 '고양이가 담요 위에 있다'는 명제의 의미와 정말로 같은 종류의 의미로 동화되길 원하는

● 『모비딕』은 미국 작가 허먼 멜빌의 장편소설이고,「눈 내리는 저녁 숲가에 서서」는 미국 작가 로버트 프로스트의 시이다.

가? (다양한 해석으로부터) 환자(텍스트)를 구원하기 위해 환자(텍스트)를 죽여야 한다'는 식의 사례가 정말 있는가?

이와 비슷하게 허쉬가 생각한 것처럼, 엘리엇, 파운드, 하이데거, 융의 텍스트에서, 실제로 텍스트가 "저자의 삶과 완전히 단절된 채 텍스트 단독의 새로운 삶을 살아간다"(VI 1-2)라는 식의 텍스트의 자율성이 긍정될 수 있는지를 알아보기 위해, 만약 그렇다 해도 그 텍스트들이 의미하는 바가 정확히 무엇인지를 알기 위해, 그 텍스트들을 면밀히 살펴볼 필요가 있다. 기초 논리학(Logic 101)에서 낙제한 학생만이 다음과 같이 생각할 수 있을 것이다. 텍스트에서 저자만이 의미의 유일한 원천임을 인정하지 않으면, 텍스트가 저자로부터 '완전히 단절된다.'

허쉬(와 월터스토프)의 주 공격 목표인 신비평가들이 이런 주장을 할 때, 그들이 의도하는 바는 다음과 같을 것이다.

> 우리는 종종 '호메로스'나 히브리서의 경우와 같이 텍스트의 저자가 누구인지 모른다. 우리가 저자에 대해 알고 있는 일반적인 사항은 모두 우리가 이해하려고 하는 텍스트 자체에서 배운 것이다. 그래서 우리는 저자의 삶에 대한 어떤 외부 정보에도 의존하지 않은 채 텍스트를 해석해야 한다. 우리가 자전적인 지식을 별도로 가지고 있을 때조차도, 그러한 지식을 괄호치고 텍스트의 의미를 텍스트 자체에 제한하여 탐구하는 것이 제일 좋다. 이것은 꼼꼼한 독해라는 '엄격한 규율'을 요구하는 것이지, 각기 모든 독해가 다 동일하게 좋다고 제안하는 것이 절대 아니다.

이것이 문학 텍스트를 읽으며 결실을 맺는 유일한 독법은 아니라는 자기-부정적 규정을 수반할 수도 있지만, 신비평의 영향 아래서 시 읽기를 배운 사람이라면 그것이 무정부 상태로 유인하는 것이 아님을 알고 있다. 해석이 텍스트에 입각한 증거의 지지를 받아야 함도 알고 있다. 우리가 '저자와의 무관함'을 주장하고 있는 것도 아니다. 심리주의를 거부한 고전이자 신비평의 표준 교과서라고 할 수 있는 글이 바로 윔샛과 먼로 비어즐리의 「의도론의 오류」(The Intentional Fallacy)다.[9] 허쉬는 윔샛과 비어즐리가 "세 가지 유형의 의도적 증거를 신중하게 구별하여 그 가운데 두 가지 유형이 적절하여 받아들일 수 있다고 인정한 점"에는 수긍했지만, "이것의 대중적 형태는 저자가 의도한 바가 텍스트의 의미와 무관하다는 안이한 독단이자 그릇된 독단을 특징으로 하고 있어서, 그들이 신중하게 구별하여 제한한 점은 이제 사라졌다"고 한탄한다(VI 11-12). 하지만 그는 이러한 한탄을 뒷받침하는 어떤 사례도 제시하지 않는다.

두 번째 문제: 무의식적 의미란 무엇인가?

허쉬는 저자가 염두에 둔 모든 것을 텍스트가 표현하고 있지는 않

---

9   W. K. Wimsatt and Monroe Beardsley, "The Intentional Fallacy," *Sewanee Review* 54 (1946). 이 글은 다음 문헌에 수록되어 재출간되었다. Reprinted in William K. Wimsatt Jr., *The Verbal Icon: Studies in the Meaning of Poetry* (Lexington: University of Kentucky Press, 1954). 이 글은 여러 선집에 빈번하게 수록되었다. 「의도론의 오류」, 『현대문학 비평론』(한신문화사 역간).

지만, 저자가 의식하고 있는 것 이상을 말하고 있다고 주장한다. 이런 점에서 텍스트에는 무의식적 의미가 존재하지만, 그럼에도 불구하고 허쉬는 의식적인 의욕이라는 뜻으로 의도와 의미를 연결시키자고 주장한다. 어떻게?

우리는 그가 무의식을 프로이트적인 억압의 의미로 이야기하고 있지 않다는 점을 인식해야 한다. 해석학에서 제기될 수 있는 어떤 쟁점도 이 논의의 일부가 아니다.[10] 허쉬에게 있어 '무의식적인'이란 그저 '실제로 생각하고 있지 않은'이란 의미다. 즉, '나는 그 방정식을 풀면서 작년 로즈볼 퍼레이드(Rose Bowl Parade)에 얼마나 많은 장미가 사용되었는지를 생각하고 있지 않았다'라는 문장에서의 생각하고 있지 않다는 의미다. 당연히 그 장미들이 저 방정식에 대한 내 담화의 무의식적 의미의 일부가 될 만한 개연성은 없다. 허쉬가 염두에 두는 것은 다음과 같은 것이다. 내가 '나는 강아지를 좋아해'라고 말할 때, 나는 어린 시절 내가 좋아했던 티피와 온 집안을 자기 집처럼 생각하고 있는 내 아들의 강아지 멀린을 생각할 것이다. 나는 수지 아주머니가 전에 길렀던 시추나 내년에 입양할 예정인 바이마라너를 생각하고 있지 않다. 그러나 내가 '나는 강아지를 좋아해''라고 진술할 경우에는, 수지 아주머니의 개들도 그 진술의 의미에 들어간다. 만일 내가 시추를 못 견뎌 하고 바이마라너를 무서워한다는 점이 드러난다면, 내 진술은 잘못된 것이거나 적어도 오해의 소

지가 있다는 점이 입증될 것이다. 이는 **강아지**라는 말의 의미가, 어떤 특정 시점에 내가 염두에 두고(둘 수) 있는 것보다 더 많은 종류들을 포함하는 의식적으로 의욕된 **유형**(보편적 개념이라고 말할 수 있는 것)이기 때문이다(VI 17-18, 48-52).

허쉬는 이러한 유형들에 대해 다음과 같이 세 가지를 말한다. (1) 유형들은 범위를 갖는다(그렇지 않으면, 의미는 사유의 명확한 대상일 수 없다). (2) 유형은 다수의 사례를 갖는다. 그리고 (3) 유형들이 표현하는 의미는 "어떤 유일하고 구체적인 내용으로 절대 제한될 수 없다"(VI 49-50). 이것은 이 유형들이 다소 규정적이면서도 다소 무규정적임을 의미하는 것처럼 보인다. 만일 그렇다면, 허쉬가 자신의 해석학적 천막 안에 낙타가 반갑지 않은 코를 들이밀도록 허용하는 것일 수도 있다. 명왕성은 행성인가? 식물과 동물의 경계는 생물학자에게 왜 그다지 선명하지 않은가? 아마도 행성과 식물에 대한 나의 담화는 허쉬가 원하는 만큼 완전히 규정된 것이 아닐 것이다. 아마 헌법이나 성서 텍스트도 마찬가지일 것이다.

세 번째 문제: 왜 하필 독자의 추방과 무관함을 이야기하는가?

허쉬는 단순한 물리적 대상, 사건, 소리, 표시로서의 단어들이 유의미하지 않다고 말한다. "특히 누군가 단어를 가지고 무언가를 의미하거나, 혹은 단어로부터 무언가를 이해하기 전까지 단어 나열은 아무런 의미가 없다. 인간의 의식 바깥에 의미가 존재하는 마법의 땅은 없다"(VI 4). 당연히 무언가를 의미하는 사람은 저자고, 무언가를 이해하는 사람은 독자(해석자)다. 담화 이론의 언어를 빌리자면, 저자와 독자는 '누군가가 어떤 것에 대한 무언가를 누군가에게 말한다'는 공식에서 각각 첫 번째와 두 번째 누군가를 의미한다.

이렇게 의미가 인간의 의식 내부에 위치한다는 점을 가정하고, 허쉬는 두 번째 주장을 덧붙인다. "독자에 의해 현실화된 의미는 저자와 공유하는 의미이거나 독자 혼자만의 의미다"(VI 23). 전자는 허쉬가 요구하는 것이며, 후자는 그가 두려워하는 것이다. 우리는 그가 생각하는 독자와 저자가 **공유하는** 의미라는 말이, 저자에 의해 일방적으로 규정되어서 독자들에 의해 보편적으로 복제되는 의미, 즉 모든 독자들이 아무런 변화 없이 동일하게 재생산한 의미임을 알고 있다. 또한 우리는 허쉬가 생각하는 독자 **혼자만의** 의미란, 딜타이가 두려워한 의견의 무정부 상태임을 알고 있다. 왜냐하면 해석하는 개인에 따라, 공동체에 따라, 전통에 따라 각기 다른 다양한 독자들이 존재하기 때문이며, 그래서 이른바 각각 다 똑같이 좋다는 식의 해석의 '진정한 과잉'이 늘 있을 것이기 때문이다.

여기서 우리는 허쉬의 해석학을 시종일관 형성하고 있는 철저한 이것이냐/저것이냐(either/or〔양자택일〕)와 마주친다. 이는 저자 혼자만 의미를 규정하거나, 아니면 독자 혼자만 의미를 규정하는 것을 말한다. 첫 번째 경우, 객관성과 보편적 타당성이 원리상 가능하다. 두 번째 경우, 우리는 견고한 토대가 없는 '어떤 것이든 다 좋다'는 식의 상대주의에 빠진다. 상대성의 현기증은 아무런 원칙이 없는 급진적 관점주의, 다원성, 특수성의 소용돌이에 반응하며 나타난 증세다.

그런데 오직 두 가지 선택지만 존재하는 것일까? 한 텍스트의 의미(들)는 저자와 독자가 공동 생산한, 상호작용의 산물일 수 없는가? 저자와 독자가 각각 의미의 규정에 기여할 수는 없는가? 의미를 절대적으로 규정할 것을 요구하지 않으면서 말이다. 저자가 독재자가 아니더라도 적법한 역할을 갖는다면, 독자가 어떤 것을 텍스트의 의미로 여긴다고 해서 그 모든 것이 텍스트의 의미일 수는 없다. 허쉬가 요구한 것처럼 범위가 있을 것이다. 그런데 만일 독자 또한 어떤 역할을 한다면, 이 범위는 주어진 텍스트가 서로 다른 환경에서, 서로 다른 사람들에게, 다소 상이한 것들을 적법하게 의미할 수 있도록 허용하는 충분한 관용도를 지니게 된다. 더 나아가, 이런 식으로 이해를 바라보는 방식은 문학, 법, 신학에서 해석의 차이들은 예외가 아니라 규칙이라는 명백한 사실을 이해하는 데 도움이 될 것이다.

허쉬가 이러한 가능성에 맞서서 완고한 이것이냐/저것이냐의 해석학, 즉 자기만의 길(의미의 절대 군주인 저자 vs 텍스트의 테러리스트인 독자)을 주장하는 이유를 묻는다면, 그 답은 매우 분명하다. 오직 이런 방식으로만, 허쉬는 해석에서 객관주의가 지니는 보편적(실제로는 절대적) 타당성을 들어서 자신의 브랜드인 객관주의를 지켜낼 수 있다. 우리는 터무니없는 이야기를 하는 소년의 말을 우연히 듣게 된 아버지를 생각해볼 수 있다. 아들은 이렇게 말했다. "우리 집 작은 강아지는 화가 난 큰 개에게 쫓기고 있었어요. 큰 개가 바싹 쫓아와서 거의 붙잡힐 뻔하다가, 나무에 올라타서 안전하게 나뭇가지 위에 앉

앉어요. 『피터와 늑대』(*Peter and the Wolf*)에서 작은 새가 크고 못된 고양이에게서 도망친 것처럼 말이에요." 아버지는 단호하게 말했다. "아들아, 그런 이야기를 하면 안 된단다. 강아지가 나무에 올라갈 수 없다는 건 너도 잘 알잖니." 그러자 소년이 대답했다. "하지만 아빠, 강아지가 정말 나무에 올라가지 않으면 안 돼요." 이것은 가끔씩 철학에서 일어나는 일이다. 어떤 사람이 우리가 어떤 식의 지식을 정말 갖지 '않으면 안 된다'고 결정해버린다. 그것도 재빠르게! 불현듯 우리는 우리가 그런 지식을 갖고 있음(또는 적어도 가질 수 있음)을 확신시키는 이론 하나를 얻었다.

하지만 우리가 정말 그래야 할까? 허쉬의 이상이 가능하다거나 심지어 바람직하다는 것이 자명한가? 혹시, 위험한 것은 아닐까?[11] 그 자체가 플라톤과 데카르트를 비롯하여 주로 수학으로 지식의 이상을 규정하는 어떤 특정한 전통의 산물이 아닌가? 성서 해석에 관심 있는 사람들은 성서 텍스트를 일련의 방정식과 동일시해야 하는가? 성서는, 우리에게 다양한 저자들이 그리스도 사건을 해석한 서간들이

---

11 폴 리쾨르가 그렇게 생각했다. 그는 한 인터뷰에서 다음과 같이 말했다. "어떤 공통적인 역사 또는 동일한 역사에 다다를 수는 없다―그리고 그런 시도도 하지 말아야 한다. 왜냐하면 갈등이 있다는 사실은 [해석들의 갈등을 포함해서] 삶의 일부이기 때문이다. 우리의 도전은 갈등을 담론의 차원으로 가져가서 갈등이 폭력이 되지 않게 하는 것이며, 우리가 우리 자신의 말로 우리의 역사를 말하는 것처럼 그들도 그들 자신의 말로 그들의 역사를 말하는 것을 받아들이는 것이다. […] 때로는 의견의 일치가 위험한 놀이일 수 있다"(*Debates in Continental Philosophy: Conversations with Contemporary Thinkers*, ed. Richard Kearney [New York: Fordham University Press, 2004], 46-47. 또한 108-9 참조).

필요하다고 말할 뿐만 아니라, 우리에게 예수의 삶, 죽음, 부활에 대한 네 가지 해석이 필요하다고 말하면서 우리에게 다양한 방향을 가리키고 있지 않은가? 우리는 이 각각의 복음서가 다양한 해석에 의존하고 있음에 놀라워해야 하는가, 경악해야 하는가? 우리는 우리의 해석만이 유일하게 옳은 것이며, 그리스도교 역사에서 우리와 노선이 다른 모든 신자들이 그저 틀렸다고 가정해야만 할까?

네 번째 문제: 공유된 관습이 함의하는 바는 무엇인가?

우리는 허쉬가 말의 의미를 의식적으로 의욕된 형태로서의 저자의 의도와 결부시키는 것을 살펴보았다. 그런데 더 나아가 다음과 같은 두 가지 중요한 주장이 있다. (1) "의사소통이 일어나려면 의욕된 형태는 공유된 형태여야 한다." (2) 이것은 곧 다음과 같은 것을 의미한다.

> 의욕된 형태가 공유되기 위해서는 알려진 관습에 속해야만 한다. [···] 누군가의 말이 담는 의미의 본질에 관한 사전 추측을 바로잡을 기회는 문화적 규범과 관습을 통해 저 의미에 부과된 한계에 의해 크게 증대된다. 단일한 언어적 기호는 서로 다른 두 사람에게 동일한 의미를 표상할 수 있는데, 왜냐하면 그 기호를 통해 가능한 의미는 관습에 의해 제한되기 때문이다(*VI* 66-67, 262).

우리는 허쉬가 가정하고 있는 가장 큰 문제, 즉 두 사람이 성공적으로 소통할 때 그들이 '동일한 의미를' 공유한다는 가정은 일단 넘어가보자. 일단 눈여겨볼 점은 공유된 의미와 문화적 관습 사이의 관련성이다. 문화적 관습은 언어적 관습을 포함하지만, 언어적 관습을 훨씬 넘어선다. 만일 동일한 의미가 나타나야 한다면, 그리고 만일 의미와 문화적 관습이 연결되어 있다면, 나의 이해 속에서 작동하고 있는 문화적 관습은 당신의 이해 속에서 작동하고 있는 문화적 관습과 동일해야 할 것 같다. 하지만 이것이 같은 나라, 같은 시대를 살아가는 이들에게조차 과연 가능할지 의심스럽다. 성공적 사회화는 중산층 백인 남성에서부터 상류층 백인 여성, 중산층 소수자, 시골의 가난한 남성, 도시의 가난한 소수자 등에 이르기까지 서로 문화적 관습이 다름에도 서로 함께 살아가는 것을 가능하게 하는 것이다. 계층, 성, 인종의 차이와 마찬가지로 종교적 차이에 따라서도 문화적 관습이 변할 수 있다. 게다가 매년 끊임없이 변하는 세대 차이도 있다. 우리가 있는 곳에서 다른 대륙으로 다른 시대로 이동하면, 우리가 무언가를 의미하고 이해하는 방식을 지배하는 문화적 관습들 사이에 얼마나 많은 차이가 존재하는지가 훨씬 더 명확해진다. 이 지점에서 이러한 논증은, 우리가 오직 타인의 내면의 삶의 심리로 들어감으로써, 그리고 우리 자신의 눈이 아니라 우리와는 상당히 다른 문화적 관습으로 형성된 눈을 통해서 세계나 텍스트를 바라봄으로써 타인을 이해할 수 있다고 말하는, 아마도 부정되어야 할 심리주의로 빠질 위험이 있다. 여기서 다시, 허쉬의 고유한 의미 이론은 그가 단언하려고 하는 객관성 및 보편성과는 꽤 다른 어떤 것으로 들어가는 문을 열기에 이른다.

스포츠에서 도전자도 없이 누군가를 넘어설 수 없으며, 정치에서 그저 '반대'만 할 수는 없고 무언가를 지지해야 한다고들 한다. 만일 당신이 현 정부의 정책을 좋아하지 않는다면 대안을 제시해야 한다. 나는 허쉬의 이론이 안고 있는 어떤 문제점을 지적했지만, 진정한 검증은 내가 실행 가능한 대안을 제시할 수 있느냐 하는 것이다. 나는 이제 그러한 과업에 착수할 것이다.

5

저자의 특권 폐기하기

저자의 죽음

저자를 절대화하는 허쉬의 주장이 나온 시기와 거의 비슷한 때에, 세 명의 프랑스의 포스트모던 저술가는 텍스트의 유일한 규정자로서 텍스트를 완전히 확정하는 저자의 특권을 폐지하려고 했다. 롤랑 바르트(Roland Barthes)는 1968년에 「저자의 죽음」이라는 글을 출간했다.[1] 그리고 미셸 푸코(Michel Foucault)는 1969년에 「저자란 무엇인가?」라는 글을 내놓았다.[2] 그리고 자크 데리다(Jacque Derrida)는 1960년대 후반부터의 몇몇 텍스트에서 이들과 함께 삼총사의 지위를 구축하였다.[3]

[1] Roland Barthes, "The Death of the Author," in *Image-Music-Text*, trans. Stephen Heath (New York: Noonday, 1977), 142-48. 아래 각주 3을 보라. 「저자의 죽음」, 『텍스트의 즐거움』(동문선 역간).

[2] Michel Foucault, "What Is an Author?" in *The Foucault Reader*, ed. Paul Rabinow (New York: Pantheon, 1984), 101-20. 아래 각주 3을 보라. 「저자란 무엇인가?」, 『미셸 푸코의 문학비평』(문학과지성사 역간).

[3] 데리다의 문헌을 포함해서, 이 세 사람에 관한 논의로는, Merold Westphal, "Kierkegaard and the Anxiety of Authorship," in *The Death and Resurrection of*

마크 트웨인(Mark Twain) 식으로 말하면, 우리는 우리 프랑스 삼총사의 수사법과 그들 텍스트에 대한 부주의한 독해로 저자의 죽음에 대한 평가가 과장되어 왔다고 말할 수 있다. 그들은 허쉬 식으로 추측해서 저자가 텍스트의 의미와 완전히 무관하다고 주장한 것이 아니라, 저자만이 텍스트의 의미를 낳는 유일한 생산자는 아니라고 주장한 것이다. "X만이 Y에 대한 책임이 있는 것은 아니다"라는 말을 "X는 Y에 대해 전혀 책임이 없다"는 말과 논리적으로 동일하게 다뤄야 한다고 주장하는 사람이 있다면, 아마 그 사람은 기초 논리학을 이수하면서 고된 시간을 보냈을 것이다. 한 예로, '독일만 제1차 세계대전에 책임이 있는 것은 아니다'라는 말은 '독일이 제1차 세계대전에 아무런 책임도 없다'는 말과 동일하지 않다(전자의 의미가 후자의 의미를 수반하지도 않는다). 따라서 저자만이 텍스트의 의미를 가져오는 **일방적인 원천**이라는 점을 부정하는 것이 저자가 중요한 역할을 한다는 것 자체를 부정하는 것은 아니다.

이 프랑스 텍스트들에는 저자의 특권의 제한에 관한 보다 약한 주장이 제기되어 있으며, 삼총사는 자신들의 주장을 밝히기 위해 신학적인 언어를 사용하는 일에 하나가 되어 있다. 잘 알려진 유신론적 논지에 따르면, 하나님은 창조주이시고, 세계에 있는 모든 특성은 하나님이 (의도적으로) 세계에 부여하신 것이며 세계에는 오직 그러한 특성

the Author? ed. William Irwin (Westport, CT: Greenwood, 2002), 23-43을 보라. 바르트와 푸코의 논고도 이 책에 수록되어 있으며, 여기서 인용할 내용도 이 책에서 비롯된 것이다.

만 존재한다. 만일 피조물의 자유로 인해 어떤 무규정성이 존재한다면, 그것은 오직 하나님이 세계 안에 피조물적인 자유를 (의도적으로) 부여하셨기 때문이다. 이와 유사하게, 우리의 삼총사가 이의를 제기한 견해에 따르면, 저자는 텍스트의 창조자다. 또한 텍스트의 모든 의미는 저자가 (의도적으로) 텍스트 안에 부여한 것이며, 텍스트에는 오직 그러한 의미만 존재한다. 다시 말해, 인간 저자는 죽음이 선고되고 있는 매우 특수한 존재다. 즉, 애당초 결코 존재한 적이 없었다. 현실의 저자는 하나님이 세계를 창조하신 방식으로 의미를 창조해내지 못한다. 저자들은 의미의 알파요(순수한 무제약적 기원) 해석의 오메가(궁극적 목표)가 아니다. 이런 이유로 해석이 해독으로 이해될 수는 없다. 왜냐하면 해독한다는 것은, 비록 암호화되어있더라도, 고정된 최종적 의미가 존재한다는 것이고(알파로서의 저자), 해독의 과제는 저자의 의미를 찾아내서 재생산하는 것이기 때문이다(오메가로서의 저자).[4]

물론, 무신론자들과 마찬가지로, 이 저자들은 세계의 창조자로서의 신을 믿지는 않는다. 이 경우 그들은 니체적 어조의 목소리로, "인식자로서 우리는, 더 구체적으로 저자로서 우리는 절대적인 존재가 아니다. 우리는 신과 같은 능력으로 진리와 의미를 배열하는 자가 아니다"라고 말하고 있는 듯하다. 물론, 그들이 신을 믿지 않는 것은 논리적 추론의 결과가 아니며, 기초 논리학에서 좋은 점수

---

4   의미가 외부와의 의사소통을 위해 언어로 부호화되기 이전의 내적 경험에 고정되어 있다는 생각은 '낭만주의적' 심리주의와 관련해서 논의된 표현주의적 언어관에 해당한다. 본서 2장을 보라. 우리의 삼총사는 이러한 언어관을 부인하고, 언어를 경험 외부가 아닌 경험 내부에 있는 것으로 본다는 점에서 일치한다.

를 받는 데 도움이 되지 않을 내용이다. 우리가 하나님이 아니라는 사실로부터 하나님이 존재하지 않는다는 사실이 따라 나오지는 않는다. 하지만 이 점을 기꺼이 지적하면서 믿음의 영혼(believing soul)은 중요한 논점을 놓치고 있다. 간혹 무신론적 포스트모더니즘은 다음과 같이 (오류를 범하는) 말을 하는 것 같아 보인다.

나는 하나님이 아니다. 그러므로 하나님은 존재하지 않는다. [5]

신자들은 말한다.

다른 누군가가 하나님이다. **그러므로 나는 하나님이 아니다.**

여기서 중요한 논점은 우리가 하나님이 아니라는 점과 우리는 상대적일(보편적이지도 불변하지도 않는 요소들로 조건 지어진) 뿐 절대적이지 않다는 점 사이에 깊은 일치점이 있다는 것이다. 다만 하나님의 고유한 실재성에 대한 믿음을 동반하고 있는지는 각자 다를 수 있다. 다양한 철학자들, 심지어는 무신론 철학자들이 어느 정도 현상학에 기반을 두고 주장하는 인간 담론의 유한성은 신자들이 신학적인 기반 위에서 주장하고자 하는 유한성과 매우 비슷하다.

---

5   혹 어쩌면 "내가 익숙한 유일한 인지적 활동은 유한하고 상대적이며, 그래서 그러한 모든 활동은 유한하고 상대적이다." 물론 후자가 전자에서 비롯된 것이라고 주장하지 않는 한 '유일한'과 '모든'이란 단서를 전부 고수하는 것에 모순은 없다.

우리의 프랑스 삼총사에게 있어, 텍스트와 관련된 저자의 유한성은 이중적인 상대성으로 표현된다. 일차적으로, 인간 저자는 자신이 쓸 수 있는 언어, 즉 자신이 그 안에서 살며 기동하며 존재하는 언어와 관련하여서만〔상대적으로만〕 의미를 '창조해낸다.' 그들은 기껏해야 의미의 공동창조자가 될 뿐이다. 왜냐하면 (비록 위대한 저자가 언어를 변형할 수는 있겠지만) 저자들이 이러한 언어를 창조하는 것은 아니기 때문이다. 오히려 이 언어는 저자들이 자각하지 못한 방식으로, 그리고 그들이 주도하지 않은 방식으로 사고를 형성하고 조건 짓는다. 롤랑 바르트는 전형적인 수사학적 과장을 사용하여, "말하는 것은 언어이지 저자가 아니다"[6]라고 주장하며 이를 표현한다. 자신의 생각의 상대성을 인정하기 두려워하는 이들의 너무나도 일반적인 습관, 즉 저자를 고립시키는 이들에겐, 이것이 완전히 '저자와의 무관함'(허쉬)을 선포하는 행위로 간주될 수 있다. 그런데 만일 그 진술을 문맥을 따라 읽는다면(이는 매우 강조되어야 하는 습관이다), 위 진술에 해당되지 않는 저자는 언어의 주인인 (가상의) 저자다. 즉 신과 같은 통치권이 있는 저자는 언어의 창조자로, 저자의 작업보다 앞서고 저자의 작업을 가능케 하면서 동시에 제한하기도 하는 언어에 조건 지어지지 않는 저자이다.

'글쓰기 행위와 글을 쓰는 저자의 존재보다도 늘 선행하면서 글쓰기 행위와 저자의 존재를 앞서-형성하는 언어'와 '저자의 의미'의 관

---

6   Barthes, "Death of the Author," 4. 다시 말해, "글쓴이는 언제나 앞에 있는 몸짓을 모방만 할 수 있을 뿐, 결코 원본일 수 없다"(*ibid*., 6).

런성〔상대성〕을 너무 좁게 생각할 필요는 없다. 우리는 저자의 언어를 통해서 저자를 낳은 시대의 문법, 구문, 어휘를 이해할 수 있을 뿐만 아니라, 저자가 성장한 시대의 텍스트들과 문화적 관습들까지도 이해할 수 있다. 이런 넓은 의미에서조차도, 의미의 상대성이 그 자체로 '어떤 것이든 다 좋다'는 식의 해석학으로 이어지지는 않는다. 허쉬에게서와 같이, (해석자보다) 앞서 존재하는 의미를 해독하는 것이라는 해석 개념은 여전히 유지될 수 있다. 허쉬는 '관습'의 중요성을 인정한다.[7] 다만 저자를 형성한 역사적, 문화적 차원을 포괄해내기 위해 슐라이어마허의 언어적, 심리적 탐구 방식을 확장시켜, 의미의 생산을 조건 짓는 맥락적 요소를 탐구함으로써, 텍스트의 고정된 (해석자에) 선행하는 의미를 해독하기를 여전히 희망하고 심지어 그것을 요구하는 한에서만 인정한다. 저자가 무로부터(ex nihilo)가 아니라 우리가 발견할 수 있고 고려할 수 있는 조건하에 의미를 창조한다 하더라도, 지금 텍스트의 **바로 그** 의미로 간주되고 있는 것은 저자가 (의도적으로) 부여한 의미다. 신학자들이 성서의 역사적-문법적 해석에 대해 말할 때, 그들은 바로 그러한 발견과 고려를 가리키고 있는 것이다.

'저자의 죽음'이 제시하는 저자의 의미에 관한 두 번째 상대성은 허쉬와 딜타이와 같은 사상가들(그리고 많은 신학자들, 학자들, 목회자들, 성도들)이 견지하고 있는 객관주의를 위협하는 프랑스인들의 사상이다. 이는 저자의 의미가 독자에 대해 지니는 상대성이다. 바르트는

---

7   본서 4장을 보라.

다음과 같은 사실을 우리에게 알려주면서 자신의 논고를 마무리 짓는다. "저자의 죽음이라는 대가를 치러야만 독자가 탄생한다."[8] 이제 우리는, 이 말이 '신적인 존재로 추정되는 저자' 대신 '마찬가지로 무로부터 의미를 창조하는 신적인 독자'—"저자의 원래 의도에 좌우되지 않으며" 따라서 "모든 해석은 동일하게 타당하다"[9]고 말하는 독자—로 대체해야 한다는 의미를 내포하고 있지 않음을 깨달아야 한다. 우리에게는 저자의 유한성이 독자의 유한성(독자는 의미의 순전한 기원이 아니며, 독자 자신의 고유한 문법적-역사적 위치에서 유래한 의미와 마찬가지로 저자에게서 유래하는 의미를 포함하는 선행 의미에 의해 조건 지어진다)에 반영되어 있다고 기대할 만한 충분한 이유가 있다.

여기서 저자와 독자는 텍스트의 의미의 공동창조자다. 이것이 바로 해석학적 객관주의에 대한 진정한 위협이다. 왜냐하면 수많은 독자(한 독자가 다른 때 다른 상황에서 읽는 경우도 포함하여)와 수많은 읽기의 전통이 존재하기 때문이다. 그래서 텍스트의 **바로 그** 의미라는 개념은 굉장히 문제의 소지가 있는 개념이 된다. 텍스트가 저자와 독자 간의 대화의 장소에서 의미가 발생하는 것으로 이해된다면, 상이한 대화들이 존재함에 따라서 상이한 의미도 존재할 것이다.

바르트는 독자의 중요성을 긍정하고 있지만, 우리가 계속해서 살펴볼 미셸 푸코와 자크 데리다가 도입한 주제에는 더욱 세심한 주

---

8   Barthes, "Death of the Author," 7.

9   여기서 인용은 허쉬에게서 비롯한 것이다. 4장을 보라.

의가 요구될 것이다. 푸코는 반심리주의에 과장법을 섞어서, 우리 사회가 변화하면서 "저자의 기능은 사라질 것"이라고 주장하였고, "실제로 말한 자는 누구인가? […] 저자는 자신의 담화에서 자기 자아의 심연의 어떤 부분을 표현했는가?"라고 묻는 대신, 우리가 "누가 자신에게 알맞게 담화를 전유할(appropriate) 수 있는가? […] 누가 말한들 무슨 차이가 있겠는가?"[10]와 같은 물음을 던질 것이라고 주장한다. 물론 이것은 연애편지를 받은 경우나, 성서(하나님의 연애편지로 생각한다면)의 경우에는 해당되지 않을 것이다. 하지만 '호메로스' 내지 '셰익스피어' 또는 (인간적인 글의 측면에서의) 히브리서를 누가 썼는가 하는 물음은 다음과 같은 적절한 전유에 관한 물음보다 훨씬 덜 중요해 보인다. 우리는 이 텍스트에서 무엇을 배울 수 있으며, 이 텍스트가 우리의 삶을 어떻게 변화시킬 수 있을까?

데리다는 텍스트가 기록에 앞서 의미가 충만하게 현전해 있는 절대적 기원을 가진다는 생각을 포기할 때, 해석이 해독에 상응한다는 생각을 포기할 때, 우리가 스스로 "능동적 해석"을 할 수 있을 것이라고 주장한다.[11] 이미 그 자체로 완성된 의미를 순전히 재생산하는 것을 목표로 하는 해독 행위를 넘어서는 독자의 **능동적** 역할은, **전유**라는 개념과 더불어, 앞으로 우리가 전개해나가면서 신중하고 섬세

---

10 Foucault, "What Is an Author?" 22.

11 Jacques Derrida, "Structure, Sign, and Play in the Discourse of the Human Sciences," in *Writing and Difference,* trans. Alan Bass (Chicago: University of Chicago Press, 1978), 292. 「인문과학 담론에서의 구조, 기호, 게임」, 『글쓰기와 차이』(동문선 역간).

하게 검토할 필요가 있는 것이다.

독자가 낙타처럼 천막에 코를 들이밀게 놓아둔 다음, 이제 우리가 상대주의로 미끄러져 내려가는 비탈길 위에 서 있는지를 한번 물어보자. 즉, '어떤 것이든 다 좋다'는 곳으로, 텍스트가 아무에게나 아무것이든 의미할 수 있는 밀랍 코가 되는 곳으로 우리가 미끄러져 내려가고 있는지 확인해보자. 만약 저자가 의미의 절대 군주가 되거나 저자가 결정된 의미를 내놓는 신적 지급기(Divine Dispenser)가 되는 대신, 할 수 있는 유일한 선택지가 밀랍 코 식의 상대주의뿐이라면, 확실히 우리는 그런 상대주의로 미끄러질 것이다. 하지만 우리는 저자의 주권을 부정하는 것에서 저자와의 무관함이 추론되지 않는다는 점을 기초논리학을 통해 이미 배웠다. 정치에 비유하자면, 미국 대통령이 무조건적인 권위를 갖는 신적 권리를 행사하지는 못한다. 대통령은 입법부와 사법부의 제약을 받는다. 정신 나간 군주제 지지자만이 미국에서 법을 제정하고 집행함에 있어서 대통령이 완전 무관하게 추방당했다며, 아무런 중요한 역할도 하지 못하고 있다며 불평할 것이다.

해석학적으로 이것은 절대적인 저자의 죽음이 저자의 절대적 죽음은 아니라는 것을 의미한다. 저자의 의미는 여전히 중요하다. 비록 해석이 선행하는, 고정된, 암호화된 의미를 재생산하는 해독은 아니더라도, 해석에 재생산의 측면은 있을 것이다. 데리다는 재생산의 측면이 이야기의 전부라는 점을 부정하면서도, 이 측면의 중요성과 제한된 역할을 강조한다.

이 이중 주석의 순간[재생산의 측면]은 분명 비판적인 독해 속에 자리매김해야 한다. 고전적인 읽기의 필수 요건들을 모두 인정하고 존중하기란 쉬운 일이 아니며, 그것은 전통적인 비평[예: 문법적-역사적 주해]의 도구를 전부 필요로 한다는 것이다. 이러한 인정과 존중이 없는 비판적 생산[능동적 해석]은, 아무 방향으로나 발전할 위험이 있고, 스스로에게 거의 모든 것을 다 말할 수 있는 권한을 부여할 것이다[데리다가 '어떤 것이든 좋다'는 입장의 지지자가 아니라는 점에 주목하라]. 하지만 이 없어서는 안 될 난간은 언제나 읽기 행위를 **보호하기만** 했을 뿐, 결코 읽기 행위를 **열어** 준 적이 없다.[12]

가다머는 동일한 논점을 더 간략하게 진술한다. "텍스트의 의미는 가끔 저자를 넘어서는 것이 아니라 언제나 넘어선다. 그렇기 때문에 이해는 단지 재생산이기만 한 것이 아니라 또한 언제나 생산적인 활동이다."[13] 허쉬는 가다머를 위험한 인물로 보게끔 하고 싶은

---

12 Jacques Derrida, *Of Grammatology*, trans. Gayatri Chakravorty Spivak (Baltimore: Johns Hopkins University Press, 1976), 158. 『그라마톨로지』(민음사 역간). "난간"이 필수적인 것이 되어야 한다고 해서, 해석의 충분한 지침이 되어야 하는 것은 아니다. "해석이라는 과업은 그 자신의 해석을 점검할 수 없는 경우 자의적인 것이 되고 만다"(Michael Root, "The Joint Declaration on the Doctrine of Justification," in *Rereading Paul Together: Protestant and Catholic Perspectives on Justification*, ed. David E. Aune [Grand Rapids: Baker Academic, 2006], 72).

13 Hans-Georg Gadamer, *Truth and Method*, trans. Joel Weinsheimer and Donald G. Marshall, 2nd ed. (New York: Crossroad, 1989), 296(2004년판 같은 면). 『진리와 방법 1, 2』(문학동네 역간). 독일어 원문은 다음과 같다. "Daher ist Verstehen kein nur reproductives, sondern stets auch ein produktives Verhalten." 7장

나머지, 이 구절에서 '단지'와 '또한'이란 말을 빼버리고 잘못 인용하고 있다. 그렇게 해서 (잘못된) 인용은 가다머의 말을 이렇게 표현하고 있다. "이해는 재생산이 아니라 언제나 생산적인 활동이다." 그는 이 말을 "텍스트가 **어떤** 규정적 의미를 갖는다"는 점을 부정하는 말로 여긴다. 하지만 텍스트가 "무엇이든 우리가 부여한 대로 의미"하도록, 실제적으로 텍스트와 무관하도록 저자를 추방시킨 이는 다름 아닌 허쉬인 것 같다.[14]

텍스트의 자율성

폴 리쾨르의 해석학 이론에서 핵심적인 것은 텍스트의 자율성 논제이다. '저자의 죽음'을 이야기하는 것보다는 수사학적으로 덜 화려하지만, 이 주장은 세 명의 프랑스 동료들의 주장과 사실상 동일한 저자의 권위 폐기에 관한 것이다. 그것은 "삼중적 자율성이다. 곧, 저자의 의도로부터의 자율성, 텍스트가 나온 문화적 상황과 모든 사회적 조건으로부터의 자율성, 그리고 원래의 첫 번째 수신자로부터

에 나올 이 대목에 대한 더 자세한 인용구를 보라. 리쾨르는 생산적 차원에 관해 다음과 같이 강조한다. "언어의 해석학에 관한 문제는 완전히 새로운 것 같은 직접성[텍스트 배후에 숨겨진 저자의 정신]을 발견하기 위한 것이 아니다"(Paul Ricoeur, *Debates in Continental Philosophy: Conversations with Contemporary Thinkers*, ed. Richard Kearney [New York: Fordham University Press, 2004], 106).

14 E. D. Hirsch, *Validity in Interpretation* (New Haven, CT: Yale University Press, 1967), 249.

의 자율성이 바로 그것이다."¹⁵

이 자율성은 완전한 독립성을 뜻하지 않는다. 이 자율성은 저자를 무관함으로 추방하지 않으며, 원래의 맥락과 원래의 청중이 있음을 함축하고 있다. 리쾨르는 다음과 같이 이에 대해 분명하게 말한다.

> 하지만 우리는 저자 없는 텍스트를 생각할 수 없다. 화자와 담화 사이의 연결은 폐기되는 것이 아니라, 더 넓어지고 복잡해지게 된다. [⋯] 텍스트의 이력은 저자가 살았던 유한한 지평을 벗어난다. 이제 텍스트가 말하는 것이 저자가 말하고자 했던 것보다 더 중요하며, 모든 주해는 의미를 저자의 심리에 묶어두는 계류장치를 풀어버린 의미의 경계 안에서 주해 절차를 전개한다(*HHS* 201).

실제로, "텍스트의 **세계**는 저자의 **세계**를 깨트릴 수 있다." 우리는 분명 '낭만주의적' 심리주의와 표현주의에 대한 또 다른 논박을 다루고 있다. 월터스토프처럼(3장을 보라), 리쾨르는 다음과 같이 글쓰기를 담화가 대상화되는 것으로 이해한다. 담화는 "누군가가 어떤 것에 관한 무언가를 누군가에게 말하는 것이다. 나는 해석학이 여전히 작품 안에서 담화를 식별하는 기술로 남아 있다고 말해야 한다"(*HHS* 138). 말하는 누군가가 사라지지는 않는다. 그러나 "어떤 것에 관한

---

15 Paul Ricoeur, *Hermeneutics and the Human Sciences: Essays on Language, Action, and Interpretation*, ed. and trans. John B. Thompson (New York: Cambridge University Press, 1981), 91. 『해석학과 인문사회과학』(서광사 역간). 이하 *HHS*로 표기한다.

무언가"에 초점이 맞춰진다. 이는 읽기에서 "우리가 이해하기 원하는 것이 **텍스트 배후에 은폐되어 있는 어떤 것**[저자의 내면의 삶이나 월터스토프의 '어둠의 악령과 광명의 천사']이 아니라, 텍스트 앞에서 탈은폐되는 어떤 것, 즉 '텍스트가 다루고 있는 것'"(*HHS* 218, 강조는 필자가 추가함)이기 때문이다. 그것은 배후에 감추어져 있는 세계가 아닌, 텍스트 '앞에' 존재하는 것, 즉 텍스트에 의해 '개방되는'(*HHS*, 53, 93, 111, 139) 의미와 진리의 복합체이며, 이를 통해서 우리가 '거주할' 수 있는 일종의 세계-내-존재의 존재 방식이 '제안된다'(*HHS* 112, 142).

이것이 월터스토프가 제시한 방식은 아니겠지만, 양자가 그렇게 다르지는 않다. 리쾨르는 특별히 성서 텍스트와 관련하여 어떤 언약, 명령 등이 발견될지를 알고자 한다. 그는 작품 속의 담화를 살핀다. 종합해 보면, 우리는 약속과 명령이 우리가 살아가는 세계, 성서적 신앙의 세계를 구성하고 있다고 말할 수 있다. 아마 월터스토프는 "좋다. 그런데 왜 원맥락에서의 저자의 화행이, 텍스트가 담고 있으면서 '텍스트 앞의 세계'를 구성하는 약속, 명령 등이 무엇인지를 규정하면 안 되는가?"라고 응할 것이다. 우리는 이미 이중 담화라는 개념에서 월터스토프 자신이 인간 저자의 특권을 제한하기 위한 문을 열었다는 점을 살펴본 바 있다. 성서에 대한 이중 담화 방식을 고려하는 이중적 해석학은 맨 먼저 "인간 저자는 원 청중에게 무엇을 말**했는가?**"라고 묻고, 그런 다음 "성서에 기록된 이러한 인간의 화행을 통해 하나님께서 여기 그리고 지금 우리에게 말씀하시는 것은 무엇**인가?**"라고 묻는다. 여기서의 가정은 두 물음이 필연적으로 동일한 답을 갖지는 않는다는 점이다. 그렇지 않으면 이중적 해석학이 필요 없을 것이다.[16] 분명 아우구스티누스가 들었던 '집어 읽어라'라는 노래를 불렀던 아이는 이중 담화를 사용하여 어떤 어른에게 로마서를 읽으라고 명령한 것이 아니다. 하지만 아이와 함께 놀던 친구들 사이에서 가능한 맥락과는 다른 맥락에 속한 청자인 아우구스티누스에게, 그것은 하나님이 그에게 행하도록 말씀하고 계신 것이었다.

저자의 죽음을 부르짖은 프랑스 삼총사와 같이, 리쾨르에게 저자의 통치를 제한하는 것이 곧 독자의 역할이다. 독자의 전유, 응답, 심지어 맹종도 의미를 생산하고 규정하는 데 도움이 된다(HHS 112-13, 158, 161). 또한 상이한 맥락 속에 상이한 독자들이 존재하기 때문에, 거기에는 텍스트의 바로 그 의미가 아닌 여러 상이한 의미들이 존재할 것이다. 리쾨르는 최종적인 것이 아닌, 수많은 상이한 독자들이 텍스트를 해석하는 수많은 상이한 맥락들을 고려한 '읽기의 무제한적 계열'에 관해 말한다(HHS 139). 우리의 친구들인 사막 교부들, 제네바의 칼뱅주의자, 미국의 노예, 그리고 오늘날의 아미쉬 신도를 기억해보자.

글쓰기를 통해서, "담화는 얼굴과 얼굴을 마주함이라는 제한을 벗어난다. 담화는 더 이상 가시적인 청자를 갖지 않는다. 알려지지 않은, 비가시적인 독자가 담화의 비특권적인 수신자가 된다"(HHS 203). 텍스

---

16   그러므로 일례로, 체드 마이어스는 자신의 마가복음 독해가 "복음서가 그 복음서 자체의 사회-역사적 맥락에서 무엇을 의미하는지, 우리 안에서 무엇을 의미하는지에 관한 공관복음서의 관점을 고수하려고" 하지만, "해석의 이 두 가지 필연적인 과제는 동일한 것도 아니고, 동시에 수행될 수 있는 것도 아니다"(Ched Myers, *Binding the Strong Man: A Political Reading of Mark's Story of Jesus* [Maryknoll, NY: Orbis Books, 1988], xxvii) 라고 쓰고 있다.

트에 자율성, 저자의 의도로부터의 독립성을 부여하는 것이 바로 이 비가시성이다. 저자는 신적 존재, 의미의 무한한 창조자가 아니다. (저자와 원래의 청중들에게는 보이지 않는) 이러한 각각의 독자들이나 읽기 공동체와 전통들을 '비특권적'이라고 부르는 것은 절대적 저자를 그저 절대적 독자로 대체하지 않고, 다만 저자의 경우와 마찬가지로 어떤 특수한 맥락에 따라 상대적이고 제한적인 권위를 갖는 독자로 대체한다는 말이다.

만일 왜 의미가 저자와 원래의 청중의 직접적 맥락을 '벗어나는지'를 리쾨르에게 묻는다면, 그는 법률적, 문학적, 종교적 텍스트가 상이한 상황에서 상이한 해석자들에 의해 상이하게 해석된다는 어김없이 명백한 경험적 사실을 넘어서 두 가지 이유를 우리에게 제시할 것이다. 하나는 언어, 심지어는 일상 언어의 다의성이다. 리쾨르가 의미하는 다의성은 단순하다. 의미는 맥락과 관련되며, 단어는 상이한 맥락에서 상이한 의미를 가진다는 뜻이다. 텍스트의 의미는 그저 직관을 반영하는 수동적인 것을 통해서가 아닌 능동적 해석을 통해서만 규정될 수 있다(HHS 44, 106-8). 저자의 맥락의 역할은 '폐기된' 것이 아니라, 독자의 맥락의 역할에 의해 '복잡해진'(앞의 내용을 보라) 것이다. 여기서 독자의 맥락은 불가피하게 해석이 일어나는 해석학적 순환의 일부가 된다. 이것은 일상적 담화에 대해서 참이면서, 특히 은유적 언어에 대해서 참이다(HHS 211).[17]

---

17   Paul Ricoeur, *The Rule of Metaphor: Multi-disciplinary Studies of the Creation of Meaning in Language*, trans. Robert Czerny (London: Routledge and Kegan Paul, 1978)를 보라.

두 번째 이유는 적어도 첫 번째 이유만큼이나 중요하다. 두 번째 이유는 우리가 슐라이어마허를 살펴보며 이미 접했던 전체론(holism)을 반영하고 있다. 텍스트의 부분들의 의미는 전체 의미에 의존적이고, 또 전체 의미는 그것이 속해 있는 더 크고 다양한—언어적이고 문화적인—전체들에 의존적이라는 뜻에서, 의미는 맥락적(contextual)이다. 저자나 독자나 다른 어떤 누구도 완전히 최종적이고 확정적인 의미를 부여할 수 있는 전체를 실제로 소유하지 않았다는 단순한 이유로, 해석은 직관이기보다는 구성적 이해다. (HHS 109, 211). 리쾨르는 이렇게 쓰고 있다. "이제 직관적 토대의 이상(ideal)은 어느 순간에 총체적 전망(full vision)이 되어버릴 수 있는 해석의 이상이다. 이것이 바로 가다머가 '총체적 매개'의 가설이라고 부른 것이다"(HHS 109. 또한 211 참조). 우리의 프랑스 삼총사처럼, 가다머와 리쾨르는 저자와 독자의 역사적 유한성이 '절대적 지식'에 대한 이러한 '허세'를 막아준다고 본다. 성서적 신앙은 이와 일치하는 신학적 근거를 갖고 있다. 우리는 피조물이지 창조주가 아니다.

어떤 경우든 텍스트에 내포된 의미와 진리 전체를 본다는 그러한 총체적 전망의 결실 그 자체가 상이한 의미들로 이루어진 복합적 다원성을 가질 것이다. 우리는 여섯 명의 힌두스탄 시각 장애인을 상기해볼 수 있다. 그들은 각기 코끼리의 부분을 파악하지만, 그들 가운데 아무도 코끼리 한 마리의 복잡한 전체를 파악할 수 없다. 코끼리의 **바로 그** 의미는, 어디에도 발을 디디지 않은 관점을 따라서 모든 상이한 관점을 제거하는 것이 아니라, 그 여섯 명의 관점을 정합적으로 조화시킨 것이다.

월터스토프의 예를 고려해보자. 이 예는 하나의 발화가 상이한 청자들에게 상이한 의미를 적절하게 갖는 방식을 보여준다. 저녁 식사 시간에 엄마가 "크리스마스까지 이틀밖에 안 남았네"라고 말했다. 엄마의 화행은 크리스마스가 절대 오지 않을 것만 같았던 아이에게 위로와 희망의 말이다. 하지만 그녀의 남편에게는 "남편이 늦게 들어오면 안 되고, 또한 선물을 사와야 한다는 말을 아주 전략적으로 재치 있게 넌지시 던진 것"일 수 있다. 하나의 발화행위[음성적 발화]가 여러 가지 발화수반행위(illocutionary acts)[위로와 희망의 말, 경고, 심지어는 명령의 말]로, 다양한 수신자에게 다양한 것을 전달하고 있다."[18]

월터스토프의 이야기에서 보듯이, 엄마는 신적 저자로서 엄마가 내놓은 단어들은 바로 엄마가 그 단어에 부여한 의미를 갖는다. 엄마가 내놓은 단어들은 상이한 청자들에게 상이한 것을 의미하기에, 엄마의 담화의 **바로 그** 의미는 상이한 의미라는 다수성을 갖는다. 엄마는 신적 주권으로 모든 청자들을 알고 있고 각 청자가 받아들일 의미를 통제하고 있다. 그런데 그 청자들 중 한 명이 식탁 앞에 오지 않은 상황을 가정해 보자. 아빠는 엄마의 말이 들리는 위치에 있었지만, 엄마는 그 사실을 모른 채 말했다. 아빠는 엄마의 화행을 상기, 경고, 어쩌면 심지어 명령으로 정확히 받아들였을 것이다. 그것이 엄마가 (의도적으로) 자신의 담화에 부여한 의미가 아니었음에도

---

18 Nicholas Wolterstorff, *Divine Discourse: Philosophical Reflections on the Claim That God Speaks* (New York: Cambridge University Press, 1995), 55.

말이다. 그 상황은 마치 아이다의 아버지 아모나스로가 듣고 있다는 사실, 따라서 자신이 인지하지 못했던 청자가 최소 한 명 이상임을 몰랐던 라다메스의 상황과 비슷한 것이다(3장을 보라). 바로 최소 한 명 이상의 추가적인 청중이 있음을 보지 못했기 때문에, 라다메스의 발화의 의미는 저자와 원래 의도된 청중(아이다)의 지평을 벗어나고 만다. 이 상황이 곧 일반적 경우든, 성서의 경우든, 다른 어떤 경우든지 간에 인간 저자들이 처해 있는 상황이다.

이것이 어떤 것이든 다 좋음을, 즉 텍스트는 독자가 받아들인 의미라면 아무것이나 다 의미할 수 있음을 뜻하는가? 전혀 그렇지 않다! 리쾨르는 이미, 저자의 역할이 "폐기되는" 것이 아니라 다만 보이지 않는 독자들의 다원성에 의해서 "복잡해질" 뿐이라고 주장했다. 리쾨르의 분석은 "크리스마스까지 이틀밖에 안 남았네"라는 엄마의 말을 아빠가, '엄마가 복권에 당첨되어 아빠가 오랫동안 갖고 싶어 했던 포르쉐를 곧 몰게 될 것을 알리는 말'로 마땅히 들어도 된다고 주장하는 것이 아니다. 리쾨르는 명백히 허쉬와 관련하여 다음과 같이 말한다.

> 한 텍스트를 해석하는 방식이 언제나 하나 이상이라는 것이 참이더라도, 모든 해석들이 동등하다는 것은 참이 아니다. [⋯] 텍스트는 있을 수 있는 해석으로 제한된 장이다. [⋯] 설사 우리가 합의에 이르지 못한다 하더라도, 한 해석에 대한 찬반 논쟁을 벌이는 것, 다양한 해석들과 대결하는 것, 그 해석들을 중재하는 것, 그리고 합의를 추구하는 것은 언제나 가능하다(HHS 213).

리쾨르의 해석학은 귀속성(belonging)과 거리두기(distanciation)의 변증법을 전개한다. • 귀속성을 통해서 그가 의미하는 바는 (인간) 저자와 독자 모두 우연적이고 특수한 지평, 맥락, 관점—저자가 텍스트에 부여한 의미나 독자가 발견한 의미에 따라 상대적인 관점—에 뿌리내리고 있다는 점에서 마찬가지란 것이다. 여섯 명의 시각장애인들이 (1) 코끼리에게 접근하여 어떤 식으로든 코끼리를 통찰한 것과 (2) 그들의 접근이 유한하고 불완전한 것은, 그들이 자신들의 입장에 '귀속'되어 있었기 때문이다. 거리두기를 통해서 리쾨르가 의미한 바는 독자를 가능한 객관적이 되게 하고 텍스트를 설명할 대상(object)으로 취급하는, 해석들을 검토하는 방법의 채택이다. 수학과 물리학의 방법은 '해석자'가 보편적, 초문화적 객관성을 위해서 주변 영향 가운데서 개인적인 관점의 중립화를 추구하는 방법이다. 이러한 방법들은 데리다가 '이중 주석'이라고 일컬은 것과 가다머가 해석의 '재생산적' 차원이라고 일컬은 것을 가능하게 한다.[19] 거리두기에 대한 리쾨르의 논의의 상당 부분은 그가 살아 있을 때 프랑스 사상 전반에 큰 영향을 끼친 구조주의를 중심으로 한다. 유감스럽게도 그는 때때로 구조주의적 독해 전략과 거리두기를 거의 동일시하는 것으로 보인다. 다행히 우리는 더 이상 프랑스 지성계를 지

• 이 두 개념은 본래 가다머가 제시한 것으로 belonging은 *Zugehörigkeit*의 영어 번역어고, distanciation은 *Verfremdung*의 영어 번역어이다. 이 개념들이 가다머에게서 온 것이라고 하더라도 양자 간의 변증법을 추구한 것은 리쾨르의 고유한 성과이다.

19 *HHS* 43, 60-61, 74, 92, 116, 131, 154, 209-10, 217을 보라.

배하지 못하며, 영미권에서도 큰 영향력이 없는 구조주의 이론에 별로 관심을 둘 필요가 없다. 신학자들에게는 문법적-역사적 주해가 더 친숙할 것이다. 문법적-역사적 주해는 성서 해석자들이 자신들이 '귀속된' 전통의 특수성에서 한 발 물러나 거리를 두고자 노력하는 학술적 규범을 포함하고 있다.

데리다와 마찬가지로, 리쾨르에게 객관화하는 방법은 해석에서 없어서는 안 될 '난간'이며, '어떤 것이든 좋다'는 태도에 빠지지 않게 보호하는 필수적인 장치이다. 다만 리쾨르는 본말이 전도되지는 말아야 한다고 생각한다. 해석에서의 객관주의를 얻기 위해서 어떤 방법의 도움을 받아 텍스트를 설명의 대상으로 만드는 것, 이를 해석학 전체의 과업과 동일시하는 것은 텍스트를 "부검을 위해 양도된 시신"처럼 다루는 것이며, "마치 살아 있는 사람에게 장례식 추도사를 읊어주는 듯한" 행동이다. "추도사의 내용 자체는 정확하고 적절할 수도 있겠지만, 그럼에도 추도사를 건네는 것은 마크 트웨인이 말한 것처럼, '시기상조'다."[20]

---

20 Andre LaCocque and Paul Ricoeur, *Thinking Biblically: Exegetical and Hermeneutical Studies*, trans. David Pellauer (Chicago: University of Chicago Press, 1998), xii. 『성서의 새로운 이해』(살림 역간). 또한 성서에 대한 역사 비평적 해석은 "'먼지와 재'만 남기는 일"이라고 한 디트리히 본회퍼의 주장을 보라. Eberhard Bethge, *Dietrich Bonhoeffer: Theologian, Christian, Contemporary*, trans. Edwin Robertson et al. (London: Collins, 1970), 56-57. 『디트리히 본회퍼: 신학자-그리스도인-동시대인』(복있는 사람 역간). 물론 본회퍼도 부차적인 것이긴 하지만, 객관화하는 방법들의 역할을 인정했다.

6

전통을 복권해내기

이제 20세기 철학적 해석학에 가장 큰 영향을 끼친 『진리와 방법』에서 전개된 한스-게오르크 가다머의 해석학을 다룰 차례다. 이 책은 쉽지 않다. 이런 책을 적어도 한 번 이상 읽기 전까지는 진중한 철학적 텍스트를 읽을 준비가 되지 않은 것이라는 말이 있다. 또한 물리학처럼 철학도 진지하게 잘 훈련된 준비가 필요하다는 점을 상기시키는 소리도 여러모로 진실이다. 지혜에 대한 사랑이 지배하고 있는 싸구려 좌석 같은 것은 존재하지 않는다. 지금 이 경우에도 분명 최소한의 준비가 필요하기에, 우리는 앞서 슐라이어마허와 그 이후 벌어진 해석에 관한 근래의 논쟁을 약술함으로써 철학적 해석학의 발전을 간략하게 개괄했다. 가다머의 이 대표작도 포괄적이고 비교적 체계적인 방식으로 우리가 다룬 것과 동일한 영역을 다룬다. 그러므로 우리는 이 책과 만날 준비가 전혀 되어 있지 않은 채로 이 책에 들어가는 것이 아니다.

슐라이어마허처럼, 가다머는 '탈영역화된' 해석 이론을 전개하려고 한다. 그는 문학적, 법률적, 그리고 신학적 해석을 명시적으로 언급하면서도, 자신의 이론을 문화적으로 중요한 모든 텍스트의 독해에 적용하고자 한다. 또한 가다머는 자신의 해석 이론이 규범적이라기보다는 기술적임을 강조한다. 가다머의 텍스트는 어떻게 '해석의 타당성'을 판별할 것인지에 대한 규칙을 상술하는 방법 설명서가 아니라, 우리가 '작품'을 이해하기 위해 해석할 때 어떤 일이 일어나는지를 분명하게 보여주려는 시도다.[1] 『진리와 방법』은 방법에 대한 담론이 아니다. "나의 실질적 관심은 전에도 지금도 다음과 같이 철학적인 것이다. 그것은 우리가 무엇을 하고 무엇을 해야만 하는가의 문제가 아니라, 우리가 원하고 행할 때 그에 더하여 우리에게 일어나는 일이 무엇인지를 묻는 것이다."[2]

우리에게 일어나는 일은 한 마디로 전통이다. 이는 곧 우리가 전통에 '내던져져 있음'(throwness),[3] 우리가 전통 속에 몰입되어 있

---

1   가다머는 텍스트를 너머 모든 인식의 '대상들'로 확장되는 하이데거의 작업을 우호적으로 언급한다. 그러나 가다머는 우선적으로 '작품들', 즉 텍스트들과 문화적으로 중요한 의의를 담고 있는 공적이면서도 비교적 영구적인 비언어적 예술작품들에 초점을 맞춘다.

2   Hans-Georg Gadamer, *Truth and Method*, trans. Joel Weinsheimer and Donald G. Marshall, 2nd ed. (New York: Crossroad, 1989, 2004), xxi-xxiii/xxii, xxviii/xxvi. 크로스로드 출판사의 2004년판 면수는 이전 판과 차이가 있는데, 독자 친화적이지 않다. 이에 해당 작품에 대한 텍스트와 각주의 인용은 다음과 같이 표기할 것이다. *TM* x/y에서 x=1989년 판, y=2004년 판이다.

3   인간 실존 형식의 특징으로서 내던져져 있음에 관해서는 다음을 보라. Martin Heidegger, *Being and Time*, trans. John Macquarrie and Edward Robinson (New York: Harper, 1962), 38. 『존재와 시간』(까치글방 역간). 기본 요점은 우리가 선택하지 않은 전통 속에 몰입되어 있으며 그런 전통에 의해 형성되어 있는 우리 자신을 발견한다는 것이다.

음, 그리고 우리가 전통에 의해 형성되어 있음을 뜻한다. 만일 '형성'(formation)이란 용어가 영적인 형성(진행 중인 과정으로서의 변화)이라는 개념을 환기시킨다면, 이는 매우 훌륭한 것이다. 왜냐하면 형성에 대해 물을 때의 논점은, 우리가 확인한 목록에서 어떤 명제를 더하거나 빼는 식의 단순한 것이 아니기 때문이다. 형성은 오히려 우리가 보게 되고 느끼게 됨으로써, 그에 따라 우리가 믿고자 하는 것과 조화를 이루어 행동하게 되는 과정이다.

전통에 관한 기초적 논제: 귀속성

이 논제는 이미 진술된 바 있다. 우리는 전통에 내던져졌고, 전통 속에 몰입되었으며, 전통에 의해 형성되었기 때문에 전통에 속해 있다. 이것은 우리의 존재에 대한 존재론적 주장이고, 우리 자신과 세계 이해에 대한 인식론적 주장이다. 우리는

> 전통 속에 처해 있고 [⋯] 역사가 우리에게 속한 것이 아니라, 우리가 역사에 속한 것이다. 우리가 자기-검토의 과정을 통해 우리 자신을 이해하기 오래전부터, 우리는 우리가 살고 있는 가족, 사회, 그리고 국가[우리는 여기에 교회를 더할 수 있다]를 통하는 자명한 방식으로 우리 자신을 이해한다. [⋯] **이것이 바로 개인의 선입견**[Vorurteile]**이 개인의 판단**[Urteile]**보다 훨씬 더 많이** 〔관어하여〕 **자기 존재의 역사적 실재성을 구성하는 이유다**

(*TM* 276-77/277-78). [4]

여기서 주목해야 하는 것은 세 가지다. 첫째, 전통은 이중적인 역할을 한다. 그것이 우리가 서 있는 위치를 제공함으로써, 해석과 이해를 가능하게 한다. 칸트적인 언어로 말하자면, 전통은 '가능한 경험의 조건'이다. 우리는 그런 특수하고 우연적인 장소에 서 있지 않은 신이나 죽은 자가 될 수 없으며, 그런 경우에서는 인간의 이해가 가능하지 않다. 이와 동시에, 우리의 위치는 우리를 제한하여, 그렇게 제한된 관점에서만 무언가를 볼 수 있게 한다. 우리가 코끼리의 꼬리를 잡을 수 있는 자리에 위치하게 되면, 이는 우리가 코끼리의 코를 볼 수 없는 자리에 위치하게 됨을 뜻한다.

둘째, '전통'은 복수형이다. 즉 '전통들'이다. 우리는 단일하며, 일관성 있는 일의적 전통에 의해 형성된 것이 아니다. 오하이오 강이 머논가힐라 강과 앨러게니 강의 합류에 의해 형성되는 것처럼, 우리는 다양한 전통의 흐름이 합류하면서 영향을 받아 태어나고 양육된다. 또한 이러한 복수성은 신학 전통과 세속 전통 모두에 적용되며, 그 전통들을 통해 받은 양육은 우리의 제2의 본성이 된다. 예를 들어, 내가 미국에서 독일, 네덜란드, 영국 혈통으로 태어났기 때문에, 내 초기 종교적 형성이 루터파, 칼뱅주의, 침례교, 회중교회, 경건주

---

4 우리에게 종종 자명하고 직접적인(해석이라기보다 직관인) 것으로 나타나는 것이 여기서 선행하는 해석들에 풍부하게 매개된 것으로 간주된다는 점에 주목하자. 1장에서 언급한, '우리'와 다른 것을 '그저' 열등하다고 '보는' 인종주의를 기억해보자.

의, 그리고 세대주의적 전통에 의지했던 것처럼 말이다.

셋째, 우리가 전통에 소속된 결과는 선입견이다. 가다머는 이 용어를 어원적 의미로, 즉 선-판단(pre-judgment)이란 의미로 사용한다. 우리의 소속 덕분에, 전통이 우리 안에 해석의 선험적(a priori) 요소를 만들어내는 것이다. 그로 인한 이중적 결과는 모든 해석이 관점적이라는 것과 전제 없는 해석은 없다는 것이다. 여기서 우리는 우리의 오랜 친구인 해석학적 순환과 다시 만나게 된다. 이 해석학적 순환 속에서 모든 해석은 어떤 선이해의 인도를 받는다. 가다머가 '선입견'이란 무시무시한 단어를 사용하는 용기를 내주었기 때문에, 우리도 용기를 얻어 이것이 곧 상대주의적 해석학이라고 말할 수 있다. 즉, 모든 해석은 해석을 인도하는 관점과 전제를 형성해온 전통에 따라 상대적이다.[5] 하지만 당연히 이것은 '어떤 것이든 좋다'는 말이 아니며, 모든 관점이 동등하게 우리의 이해를 돕는다는 말도 아니다. 망원경을 통해 아메바를 보는 것이 매우 만족스러운 것으로 판명나지는 않을 것이다.

이런 선입견과 상대성에 관한 담론에 대해 우리는 여전히 뭔가 두려움을 느낀다. 그래서 딜타이는 다음과 같은 물음을 제기했다. "그런데 우리에게 들이닥쳐 우리를 위협하는 의견들의 무정부 상태를

---

[5] 해석을 출현시키는 관점 및 전제가 되는 장소들은 20세기 철학에서 다양한 명칭으로 회자되었다. 지평(horizons), 생활세계(life-worlds), 언어 게임(language games), 실천(practices), 세계-내-존재의 존재 방식(modes of being-in-the-world), 세계관(*Weltanschauungen*), 사회(society), 그리고 문화(culture)가 바로 그러한 명칭들이다.

극복하기 위한 수단들은 어디에 있는가?"(본서 2장을 보라) 우리가 그
런 선입견을 의식함으로써 선입견의 힘에서 벗어날 수 있다는 식
의 평안을 주는 생각이 나올 수도 있겠다. 하지만 가다머는 그런 제
안을 거부한다. "**역사적으로 존재한다는 것은 자기 자신에 대한 인
식이 결코 완성될 수 없다는 것을 의미한다. 모든 자기-인식은 역사
적으로 미리 주어진 것에서 나온다. [⋯] 우리는 반성의 전능성을 제
한하기도 하고 넘어서기도 하는 어떤 현실을 품는 일에 관심이 있
다**"(*TM* 302/301, 342/338. 강조는 가다머).

우리가 전통에 몰입되어 있다는 것은 모네(Monet)나 잭슨 폴록
(Jackson Pollock)의 그림을 50센티미터 정도 떨어진 채로 응시하고 있
는 것과 비슷하다. 우리는 우리가 보고 있는 것을 실질적으로 파악
할 수 없고, 그 큰 그림의 일부는 우리의 시선의 지평 너머에 존재한
다. 물론 해결책이 있다. 우리가 전체를 파악할 수 있는 거리까지 몇
발자국 물러서서 그림을 보는 것이다. 그렇게 하면 그림의 작은 물
감 덩어리들이 너무 작아져서 일본식 둥근 다리 모양으로 변하거나,
혹은 분위기, 움직임, 색이 훨씬 더 추상적인 표현으로 변하게 된다.
객관주의적 이념은 우리가 저렇게 뒤로 물러나서 반성하고, 원래의
관점이 지닌 한계들을 해제하여 그러한 한계들에서 벗어나서 전체
를 파악하는 것이다.

가다머의 주장은 이런 일이 불가능하다는 것이다. 다시 말해 우
리는 이 과정에서 하나의 관점에서 다른 관점으로 이행할 수 있고,
뒤로 물러서서 우리의 지평들을 확장할 수도 있지만, 이 과정 자체

는 끝나지 않는 항구적 과제다. 딜타이의 언어로 표현하자면, 우리가 이해하고자 하는 것은 삶(또는 역사)이다. 하지만, 가다머에 따르면, 우리는 삶(또는 역사)에 몰입되어 있고, 삶(또는 역사)으로부터 한 발짝도 물러설 수 없으며, 그것을 전체로 조망할 수도 없다. 총제적 거리두기는 결코 가능하지 않다.

우리는 반성을 통한 완전한 투명성이 가능하지 않다는 주장을 이중적 어려움으로 이해할 수 있다. 우리는 우리의 선입견을 절대로 완전히 의식할 수가 없다. 왜냐하면 자기-검토와 같은 모든 노력들 자체가 아직 반성적 투명성에 가져가지 않은 전제들의 인도를 받게 되기 때문이다. 또 심지어 우리가 우리를 형성한 국면들을 자각하게 되는 순간에도, 그 요소들은 작동을 멈추는 것이 아니라 (대개 우리 배후에서) 계속 작동한다. 예를 들어, 나는 내 일상 경험의 일부인 매개들을 통해서 내가 형성되어 왔음을 (관점적으로 따라서 부분적으로) 인식하고 있다. 그러나 내가 그 점을 인식하고 있기 때문에 내가 모르는 사이 또는 내 승인 없이 그러한 매개들이 내 삶을 형성하지 못하도록 막을 수 있다고 주장할 수는 없다.

가다머는 딜타이의 물음과 이 물음에 대한 허쉬의 대답에 일련의 흥미로운 반응을 보인다. 다만 우선 우리는 가다머가 전통에 관해 무슨 말을 했는지를 더 면밀하게 살펴볼 필요가 있다. 남아 있는 논지들은 귀속성에 관한 핵심 논지의 당연한 귀결, 부연 설명, 혹은 맥락화로 볼 수 있다.

95개조에는 훨씬 못 미치는 전통에 관한 당연한 귀결 논제

타자성 논제

전통이 우리에게 전해준 텍스트와 그 밖의 작품들은 우리가 장악해야 할 대상이라기보다 우리가 경청해야 하는 목소리다. 그것들은 우리에게 말한다. 우리에게 말을 건넨다. 우리에게 요구한다. 이런 이유로 타자성(alterity, the otherness)은 그저 우리가 정의한 세계의 일부가 아니라, 그 세계와 우리를 문제로 삼기에 충분할 정도로 다른 것이다. '세계 휘둘러. 넌 칠 수 있어'라고 말하는 리틀 야구단의 코치처럼, 가다머는 말한다. "주의 깊게 들으라. 당신은 무언가를 들을 수 있다. 당신이 듣는 목소리는 당신의 것이 아니라, 다른 관점으로부터 당신에 대한 진리 주장을 하는 것이다."[6] 저널리스트 월터 크롱카이트(Walter Cronkite)의 목소리가 울려온다. "세상 이치가 그런 겁니다"(And that's the way it is). ●

물론, 우리의 들음과 그에 따른 해석은 우리를 형성해온 전통의 틀로 그 형태를 이룰 것이다. 전통이 우리 **앞에** 설정한 것이 무엇인

---

6   가다머에 대한 최고의 책이 다음과 같은 제목을 달고 있는 것은 우연이 아니다. James Risser, *Hermeneutics and the Voice of the Other* (Albany: SUNY Press, 1997). *TM*, 14/12, 17/15.

●   월터 크롱카이트는 미국 텔레비전 저널리스트의 방향을 제시했다고 평가받는 미국 CBS TV에서 오랫동안 활동한 저명한 앵커이다. 2009년 92세를 일기로 세상을 떠났다. 여기서 웨스트팔이 인용한 말은 그의 트레이드 마크와도 같은 뉴스 클로징 멘트다.

지는 전통이 우리 **안에서** 무슨 일을 해왔는가라는 측면에서 이해될 것이다. 그러나 이러한 전통들 자체는 비인격적인 부동의 원인이라기보다 대체로 목소리에 더 가깝다. 전통은 우리의 부모님 및 선생님과도 같다.[7] 우리는 사회화 과정에서 부모님과 선생님의 믿음, 태도, 실천을 내면화할 수 있다. 하지만 사회화는 결코 완성되는 것이 아니며, 믿음, 태도, 실천은 끊임없이 우리 자신의 것과는 다른 목소리로 다가온다. 그래서 이런 것들의 총체적 영향력을 약화시키려는 노력은 그 자체가 전통들의 합류 지점인 두 목소리 — 전통과 텍스트 —의 타자성을 잠잠하게 만들려는 노력이다. 이 경우 우리는 우리를 놀라게 하거나 우리에게 도전하는 그 어떤 것도 들을 수 없다. 다만 우리는 이미 자명한 것으로 받아들인 것만 들을 수 있다.

권위 논제

여기서의 주장은 매우 단순하다. 전통은 우리가 생각하고, 이해하고, 보는 일 안에서 또는 그 위에서 권위를 행사한다. 이것은 사실상의(de facto) 주장이자 권리상의(de jure) 주장이다. 관찰 가능한 사실의 문제로서 전통은 우리의 해석들과 그 결과로 발생한 이해를 형성한

---

7   Plato, *Crito*, 50d-51e. 『크리톤』(이제이북스 역간). 소크라테스는 아테네의 법을 부모와 교사로 묘사한다. 보통 '윤리적 삶'으로 번역되는 *Sittlichkeit*에 대해, 헤겔은 이 개념을 우리 인간의 법과 관습을 포함하는 것으로 확장시킨다. 이것은 부모들이 "우리는 그렇게 하지 않는다", "우리는 그런 식으로 하지 않는다"고 말하면서 이따금씩 금지를 정당화하는 배경이다.

다. 우리는 **영향사 의식**(wirkungsgeschichtliches Bewusstsein)이다. 이 용어는 논쟁 중에 달리 무슨 말을 해야 할지 모를 때, 다음과 같은 말로 반대자를 침묵시킬 수 있는 수단이다. "그런데 당신은 영향사 의식으로서의 당신의 상태를 충분히 심각하게 고려하지 않고 있다." 단순히 이 용어는 "역사적으로 야기된 의식"을 의미한다.[8] 나의 의식은 내가 의식의 '대상'과 직접적으로 접촉하게 하는 투명하고 자기-정초적인 수단이 아니라, 의식의 '대상'과 깊이 매개된 접촉을 가능하게 하는 [매개에] 정초된 불투명성(혹은 기껏해야 반투명성)이다.

만일 우리가 여기에서 시사하고 있는 사실을 의심한다면, 우리는 그리스도교 교리의 역사와 우리의 친구인 사막 교부, 제네바 칼뱅주의자, 미국 노예, 그리고 오늘날의 아미쉬 신도를 잘 상기해보는 것이 좋을 것이다. 만일 성령이, 매개되지 않은 상태로, 순수하게, 객관적으로 그 **진리**에 접근하는 특권을 오직 '우리'에게만 부여했고, 다른 사람들을 각자의 관점에 따라 상대적인 '진리', 따라서 자기 관점에 의해 제한된 진리로 인도한다면, 하나님은 (확실히 신비한 방식으로 일하시긴 하지만) 대단히 이상한 존재가 될 것이다. 하나님이 계시로 우리에게 말씀하신다는 주장이 있다. 그러나 하나님이 우리에게 계시의 의미를 보는 신적인 눈을 주시고, 이를 통해 우리를 인간에서 신적 인식자로 탈바꿈하신다는 주장은 그와는 완전히 다른 주장이다. '저자의 죽음'에 대해 말한 프랑스 작가들처럼, 가다머도 역사적으로 야

---

8   *TM* 300-307/299-306, 341-79/336-71에서 전개된 분석을 보라.

기된 의식의 유한성에 대해 말하면서 다소 신학적인 언어를 사용한다. 우리에게 필요한 것은 "인간의 한계들에 대한 통찰, 즉 인간과 신을 구분 짓는 장벽의 절대성에 대한 통찰"(TM 357/351)이다.

　권위 논제는 또한 권리상의 주장이기도 하다. 우리를 형성해온 전통들은 우리의 존중을 받을 권리가 있다. 이미 전통은 항상 부모님과 선생님처럼 기능해왔다. 자기 부모님께 이제까지 배운 모든 것 또는 지금 부모님이 자녀에게 말하고 있는 것으로부터 해방되길 원하는 십대 청소년들에 대해 생각해본다면, 우리는 전통에 전혀 의존하지 않은 채 스스로를 반성해보려는 시도가 어째서 오만한 일이자 은혜를 모르는 일인지를 이해할 수 있을 것이다. 다시 기초 논리학으로 돌아가보자. 부모의 전통이 유한하고 오류에 빠질 수 있다는 점을 발견했다고 해서 (1) 전통이 언제나 잘못되었다거나 (2) 우리 자신이 왠지 무한하고 오류가 없다는 점을 발견한 것은 아니다.

오류 가능성 논제

　문제가 그렇다면, 전통의 권위는 실질적인 것이긴 하지만 절대적인 것은 아니다. 사실상의 권위라는 측면에서, 타 전통들의 영향에 우리 자신을 개방하여 다시 자리매김함으로써 우리 자신이 재-형성되는 일은 언제나 가능하다. 가다머의 관점에서, 〔우리를〕 자리매김시키는 전통의 힘으로부터 완전히 도피하려고 하는 계몽주의의 이상—근대성의 탄생기에 데카르트와 로크가 자신 있게 피력한 것—

을 우리가 결코 실현시킬 수 없음에도, 우리는 영향사 의식으로서, 어떤 특정한 자리에 갇히지 않는다. 권리상의 권위라는 측면에서, 우리는 전통의 오류 가능성을 인식할 수 있고, 또한 인식해야 한다. 왜냐하면 전통은 유한하며 인간적이어서, 너무나 인간적이어서 비판으로부터 면제될 수 없기 때문이다.

우리가 전통으로부터 물려받은 선입견들은 가능한 경험의 조건이자 동시에 그 경험의 한계이다. 여기에는 "정당한 선입견들"(*TM* 277/288)과 〔이해를〕 "가능케 하는 선입견들"(*TM* 295/295)이 있다. 그런데 우리는 비판적 물음, "즉 **오해**의 원인이 되는 거짓된 선입견으로부터 **이해**를 가능케 하는 참된 선입견을 구별하는 방식"에 대한 물음을 피해갈 수 없다. 실제로 가다머의 관점에서 이 문제는 그리 단순한 것이 아니다. (정당하고, 가능케 하는) '참된' 선입견과 (부당하고, 오도하는) '거짓된' 선입견 간의 차이는 이것이냐/저것이냐로 나뉘는 깔끔한 양자택일의 문제가 아니라, 정도상의 문제에 더 가깝다. 다양한 전제들은 어느 정도 이해를 돕는 것이면서 또한 어느 정도 맹목적인 것이다. 슐라이어마허에게서와 마찬가지로, 해석학적 순환 속에서 오가며 하는 작업은 언제나 "잠정적이며 끝나지 않는다"(*TM* 190/189). 바라는 것은 오해에서 더 큰 이해에 항상 이르는 일이지만, 단순히 참된 선입견이 최종적이고 결정적인 이해로 귀결되는 안식처란 없다.

가다머는 이렇게 말한다.

텍스트를 이해하고자 하는 사람은 계속 투사한다. 그는 텍스트에서 어떤 의미가 처음 떠오르자마자 텍스트 전체에 어떤 의미를 투사한다. [···] 그는 의미를 간파해가면서 드러나는 것에 비추어 앞서-투사했던 것(fore-projection)[선입견]을 계속해서 **개정**해 나가는데, 이 앞서 투사했던 것을 헤아리는 일이 텍스트에 있는 것을 이해하는 일이다. [···] 하이데거가 [해석학적 순환의 측면에서] 기술한 과정은 다음과 같다. 앞서-투사했던 것을 **개정**할 수 있기에, 새롭게 의미를 투사하기에 앞서서 투사가 가능하다. 의미의 통일성이 무엇인지가 명확해질 때까지 여러 투사들이 경쟁하며 나란히 나타날 수 있다. 해석은 선-개념들과 더불어 시작되며, 선-개념들은 더 적합한 개념들로 **대체**된다. 이러한 지속적인 새로운 투사의 과정이 이해와 해석의 운동을 구성한다(*TM* 267/269. 강조는 필자가 추가함).

개정. 개정. 대체. 이것이 인간 이해의 유한성 및 오류 가능성이며, 전통이 가진 권위의 한계다. 개정과 대체의 영향을 받지 않는 절대적 토대의 역할을 할 수 있는 (데카르트식의) 알파점은 존재하지 않는다. 또한 그 과정이 개정과 대체의 영향을 받지 않는 명확한 결론에 이르게 하는 (헤겔식의) 오메가점도 존재하지 않는다. 가다머에 따르면, 과정은 '지속적인' 것이다. 우리는 언제나 사태 한가운데(*in medias res*) 있다. 혹은 가다머가 선호했던 말처럼 도상에 (*unterwegs*) 있다.

다시 한 번 우리는 헌법, 셰익스피어, 그리고 성서에 대한 해석이 계속해서 이루어지는 작업이라는 분명한 사실을 상기하게 된다. 가다머가 예술작품에 대해 말한 것이 해석 전반으로 확장된다. "여기에 절대적 진보는 존재하지 않으며, 예술작품에 담겨 있는 것을 완전히 규명하는 것도 가능한 일이 아니다"(*TM* 100/86). 우리는 적절한 시점에 예술작품이 왜 가다머의 해석 이론에서 그토록 중요했는지를 살펴볼 것이다. 다만 지금 우리에게는 돌아가야 하는 보다 더 직접적인 관심사가 있다.

선입견에 대한 선입견에 집착하지 않기

저자가 독자의 상대성으로부터 우리를 구해내지 못하는 이유

전통에 관한 가다머의 논고는 역사적 영향을 받은 관점(이는 상대성의 혼란 및 무정부상태에 대한 딜타이의 불안감을 자아낸다)에서 비롯된 독자의 상대성을 강조한다. 왜냐하면 상이한 독자들(과 독자들의 공동체)이 상이한 전통에 속해 있고, 또한 그러한 독자들은 상이한 전통에 따라 형성된 존재이기 때문이다. 이것은 4, 5장에서 우리의 주목을 끌었던 저자의 특권이라는 쟁점으로 다시 돌아가게 한다. 저자의 (의도된) 의미는 해석학에 **규정된 대상**(텍스트의 바로 그 의미) ─ 직관(슐라이어마허가 제시한 예감)과 **방법적 정당화**를 통해, 해석의 보편적 타당성이라는 의미로 객관성을 보존할 수 있는 대상─의 자리를 마련해줄 수 있는가?

가다머는 이것이 가능하지 않다고 생각한다. 이런 식으로 생각하는 것은 가다머가 선입견에 대한 선입견이라고 부른 것에 집착하는 것이다. 가다머가 이해한 바와 같이, "계몽주의[현대적인 용어로는 근대성]가 가지고 있는 한 가지 근본적인 선입견이 있다. 계몽주의의 본질을 이루는 이것은 [사실상의 또한 권리상의] 전통이 갖는 힘을 부정하는 선입견 자체에 대한 선입견이다"(*TM* 270/272-73). 리쾨르처럼, 가다머는 이러한 선입견에 대한 선입견을 움켜쥐는 집착에서 벗어나서, 그가 신기루로 여긴 희망, 즉 저자의 권위에 호소함으로써 전통의 영향력을 무력화시킬 수 있다는 희망을 잠재우고자 한다. 그는 대뜸 이렇게 말한다.

> 모든 세대는 자기 고유의 방식으로 전승된 텍스트를 이해해야만 한다. [⋯] 해석자에게 말을 건네는 텍스트의 진정한 의미는 저자와 원래의 독자가 지닌 우연성에 의존하지 않는다. 텍스트의 의미는 확실히 그런 것들과 동일하지 않다. 왜냐하면 텍스트의 의미는 해석자가 처한 역사적 상황에 의해서도 규정되며 [⋯] 언제나 **함께-규정되기**[강조는 필자가 추가함] 때문이다. [⋯] 그저 이따금씩 그런 것이 아니라 항상 텍스트는 저자를 넘어선다. 이것이 바로 이해가 순전히 재생산적인 것이 아니라 언제나 그 자체로 생산적인 활동인 이유다. [⋯] 적어도 우리가 이해하고 있다면, [저자와는] 다른 방식으로 이해하고 있다는 정도만 말해도 충분하다(*TM* 296-97/296. 또한 395/396-97 참조).

그리고 또 이렇게 말한다.

우리의 다음 세대가 다른 방식으로 이해할 것이라는 점을 자각하고 있다는 것이 바로 우리 존재가 역사적 유한성의 일부임을 나타낸다. 동일한 역사적 사건이 늘 새로운 의미로 해석되는 것과 마찬가지로, 동일한 작품이라 하더라도 이해의 과정이 변화함에 따라서 의미의 풍성함이 달라지는 것도 여전히 동일하게 분명하다. 따라서 저자의 의미로의 해석학적 환원은 역사적 사건을 그 사건의 주창자들의 의도로 환원시키는 것과 똑같이 부적절한 것이다(*TM* 373/366).

이 장을 쓰고 있는 이 시점에도 역사적 사건들에 관하여 이러한 점이 예시되고 있다. 이라크 전쟁의 의미는 전쟁이 시작된 2003년 당시 조지 W. 부시와 네오콘 지지자들이 의도한 것과 무척 달라졌다. 우리는 그들이 의도했던 것 이상의 것이, 그리고 의도치 않았던 것이 모두 일어났다고 말할 수 있을 것이다. 저자의 권위에 대한 가다머의 한계 설정을 탐구한 한 편의 유용한 논문을 보면, 가다머가 역사적 행위와 저자의 생산물 사이에서 유추한 유비의 장점이 잘 드러나 있다. 그 논문에는 "텍스트에서 저자가 의도한 바에 미치지 못한 것"과 "텍스트에서 저자가 의도한 바를 넘어서는 것"이라는 소제목이 붙은 항목이 있다.[1]

---

1   David Weberman, "Gadamer's Hermeneutics and the Question of Authorial Intention," in *The Death and Resurrection of the Author?* ed. William Irwin (Westport, CT: Greenwood, 2002), 45-64.

월터스토프와 리쾨르처럼, 가다머는 슐라이어마허[2]와 딜타이의 심리주의를 거부한다. 가다머는 표현주의적 언어관 및, 해석이 재창조나 재구성을 통해 저자의 작품 생산 과정을 되짚어가는 것이라는 개념을 거부한다. 즉 우리 자신이 저자의 마음속에 들어가서 저자의 작품 창조 활동을 반복해봄으로써 창작 과정을 되짚어서 이해한다는 해석 개념을 거부한다(TM 133/129, 159/152). 그것이 불가능해서라기보다 대부분의 경우 그것이 우리가 구하는 것이 아니기 때문이다. 우리가 저자의 전기문을 쓰고 있는 상황이 아니라면, 우리는 텍스트를 저자의 자서전처럼 읽지 않는다. 만일 텍스트가 들려지는 목소리(당신[a Thou])이고 통달할 대상(그것[a It])이 아니라면, 우리가 이해하려고 하는 것은 "당신이 아니라 당신이 우리에게 말하는 것의 진리다"(TM xxxv/xxxii). 심리주의와 심리주의의 표현주의적 언어관은 해석자가 다음과 같은 입장을 취한다고 주장한다. 즉, 그런 입장은 "텍스트를, 진리에 대한 주장과 무관한, 순수하게 표현적인 현상으로 간주한다. [···] 성서의 구원적 진리와 고전이라는 예시 모두, 모든 텍스트를 삶의 표현으로 파악하는 절차 및 말해진 것의 진리를 무시하는 절차에는 어떤 영향도 미치지 않았다"(TM 196-97/194-95). 가다머는 또한 이렇게 말한다.

---

2   적어도 가끔씩은 해당된다. 2장 각주 11을 보라.

우리가 어떤 텍스트를 이해하려고 할 때, 우리는 저자의 정신으로 몰입하려 하지 않는다. 굳이 이 몰입이라는 표현을 쓰자면, 우리는 저자가 자신의 생각을 형성해온 관점 속으로 우리 자신을 몰입시키려는 것이다. 그런데 이것은 단순히 그가 말한 것이 얼마나 옳은지를 우리가 이해하려고 시도한다는 것을 의미한다. [⋯] 해석학의 과제는 이해의 기적을 해명하는 것이다. 이해의 기적은 영혼들의 신비로운 교감이 아니라, 의미를 공적으로 공유하는 것이다(TM 292/292).

우리는 이를 담화 이론의 언어에 다시 적용해볼 수 있다. (말해지거나 쓰여진) 담화는 누군가가 어떤 것에 관한 무언가를 누군가에게 말할 때 일어난다. 해석에서 우리가 이해하려고 하는 대상이 첫 번째 누군가라는 가정에 반대하는 가운데, 월터스토프와 리쾨르처럼 가다머는 전형적으로 우리가 이해하고자 하는 것이 어떤 것에 관한 무언가라고 주장한다. 가다머는 그것이 텍스트의 진리 주장에 관한 것, 즉 텍스트가 그 주제에 관한 진리로 제시하고 있는 것이라는 점을 강조한다. 다시 말해, 우리는 어떤 것(진리)에 대해 이해하기 위해서 말해진 무언가(의미)를 이해하려고 한다.

이 지점에서 우리는 심리주의에 대한 거절에도 불구하고 살아남아 있는 객관성을 지지하기 위해, 저자의 권위에 호소하는 입장이 있다는 점을 재차 상기할 필요가 있다. 다시 상기해보면 이러한 발상은, 여러 상이한 맥락에 속해 있는 여러 독자들로 인한 상대화 효과를 무력화하기 위해서 저자가 텍스트의 의미를 고정시키게 하는 것이다. 그런데 해석학적 초점을 저자의 내면의 삶에서 저자의 화행이라는 공적인 내용으로 옮기는 경우에도 이런 일이 가능할까? 만일 어떤 것에 관한 무언가가 이해되어야 할 '대상'이 된다면, 그 **내용**이 충분히 고정되고 규정될 수 있는가? 해석학에서의 객관성이나 보편적 타당성을 유지시킬 수 있을 만큼 그 내용에 대한 우리의 **접근** 방식이 충분히 방법적이거나 규칙-지배적일 수 있는가?

혼한 형태의 피그 라틴(pig Latin)●의 경우를 고찰해보자. 엄마는 아이가 이해하지 못하는 말로 아빠에게 물어보려고 한다. "Allshay eeway ohgay ootay acmay onaldsday?" 아빠는 이 물음이 "우리 맥도날드나 갈까요?"(Shall we go to McDonald's?)라는 뜻임을 문제없이 이해한다. 그의 해석은 해독 행위로, 생산적인 것이 아니라 재생산적인 것이다. 우선, 그 의미는 충분히 규정되었기에〔해독 과정이 아닌〕의미 자체에 아빠의 개입을 필요로 하지도 않고 허용하지도 않는다. 엄마는 하나의 고정된 의미를 부여했고, 본 장의 독자를 포함하여 이런 식의 피그 라틴 언어를 알고 있는 사람들은 엄마가 의도하고 아빠가 해석한 것과 똑같이 엄마의 말을 이해할 것이다. 이 만장일치의 근거는 이 해석자들(다양한 '독자들') 모두 엄마가 이미 고정시킨 의미를 해독 내지 복호화하기(decoding or deciphering) 위한 하나의 방법, 하나의 규칙-지배적 절차를 가지고 있다는 점이다. 해석학

● 어두의 자음을 어미로 돌리고 거기에 [ei]를 덧붙이는 일종의 은어. 보통 자신의 말을 특정인이 알아듣지 못하게 하려는 의도로 사용한다.

적 객관성의 이상은 (1) 그 내용이 저자에 의해 규정된 것으로 (충분히) 규정되기 때문에 (2) 독자들이 자신들 사이의 차이를 무관하게 만드는 방법 내지 접근 방식을 소유하고 있기 때문에 비로소 실현되는 것이다.

어떤 '독자들'은 맥도날드의 열혈 팬일 것이다. 어떤 이들은 웬디스(Wendy's)●●의 패스트푸드를 더 좋아할 것이다. 그러나 어떤 이들은 패스트푸드의 트랜스지방과 심장병에 미치는 영향 때문에 패스트푸드를 전반적으로 반대할 것이다. 또 어떤 이들은 단지 패스트푸드가 허리둘레에 미치는 영향 때문에 패스트푸드를 반대할 것이다. 하지만 이러한 차이는 해석학적으로 무관할 것이다. 그들 모두 엄마의 물음을 동일한 의미로 파악할 것이다.

다시금, 가다머는 이러한 해석학 모형을—단호하게—반대한다. 두 가지 이유에서 해석하는 것은 해독하는 것이 아니다. 하나는 **내용**과 관련한 이유고, 다른 하나는 **접근** 방식 내지 방법과 관련한 이유다. 내용과 관련하여 가다머의 주장은 저자만으로는 텍스트를 충분히 규정할 수 없다는 것이다. 왜냐하면 저자는 의미의 창조를 충분히 담당할 수 없기 때문이다. 가다머가 텍스트를 비텍스트적인 예술작품과 동질화한다는 점을 기억하면서 다음과 같은 그의 말을 들어보자. "예술작품은 그 기원으로부터 분리되어 있고, 바로 이 때문에 예술작품이—어쩌면 **작품의 창작자들도 놀라워 할**—말을 건네

●● 맥도날드, 버거킹에 견줄 만한 미국의 대표적인 패스트푸드 브랜드 중 하나.

기 시작하는 것이다."[3]

이런 식의 사유에는 최소한 두 가지 근거가 존재한다. 첫째, 저자의 의식 역시 영향사 의식으로, 작품이 말하는 바를 절대적인 방식으로 인식해내는 자기-투명성을 결여하고 있다(TM 133/29). 텍스트를 창작함에 있어, 저자가 세상을 창조하는 신 같은 존재는 아니므로, 텍스트는 저자가 부여(하려고 의도)한 모든 것을 담고 있지도 않으며, 부여(하려고 의도)한 것만을 담고 있지도 않다. 텍스트는 저자의 의도보다 더 많은 것을 담고 있으면서도, 동시에 더 적은 것을 담고 있다. 둘째, 가다머는 칸트와 독일 낭만주의자들이 발전시킨 천재(genius) 개념에 호소한다. 천재 개념은 하나님께 영감을 받은 선지자나 여신에게서 영감을 받은 시인이라는 관념을 이론으로 전환시킨 것이다. 이 이론은 유한한 저자의 창작 활동 가운데, 저자 자신이 그 작인과 영향을 결코 충분히 자각하지 못하는 힘—가다머에게는 전통의 힘이다—이 있다는 것이다. 그러니까 이 두 번째 근거는 첫 번째 근거를 약간 다른 방식으로 표현한 것이다.[4]

이런 식의 사유에는 허쉬가 제시한 것(4장)보다 훨씬 더 강력한 저자의 작품의 무의식적 차원이 존재한다. 이는 저자도 텍스트의 독

---

3   Hans-Georg Gadamer, "Hermeneutics and Logocentrism," in *Dialogue and Deconstruction: The Gadamer-Derrida Encounter*, ed. Diane P. Michelfelder and Richard E. Palmer (Albany: SUNY Press, 1989), 123. 강조는 필자가 추가함.

4   가다머는 프로이트의 정신분석학 모형, 마르크스의 이데올로기 모형, 그리고 니체의 계보학 모형에 의거함으로써, 저자의 의식이 불투명하다는 자신의 논거를 강화할 수 있을 것이다. Merold Westphal, *Suspicion and Faith: The Religious Uses of Modern Atheism* (New York: Fordham University Press, 1998)을 보라.

자이며, 또한 필연적으로 특권화된 존재가 아니라는 점을 함축한다. 천재 이론의 맥락에서, 가다머는 저자에 관해 다음과 같이 말한다.

> 한 사람의 해석자로서의 예술가는 그저 예술가의 작품을 수용하고 있는 사람에 대해 자동적인 권위를 갖고 있지 않다. 예술가는 자신의 작품을 숙고하는 한에 있어서 자기 작품의 독자다. [···] 따라서 천재에 의한 생산이라는 관념은, 그것이 해석자와 저자의 구분을 붕괴시킨다는 점에서, 한 가지 중요한 이론적 과제를 수행하고 있는 것이다(*TM* 193/192).

이것은 해석자와 저자의 구분이 완전히 사라진다는 말이 아니다. 다만 고정된 최종적 의미를 생산해내는 신적인 능력을 저자에게서 박탈하기 위해서, 의미를 해독하는 과제를 독자에게만 남겨 두면서 저자와 독자의 차이가 절충된다는 말이다. 성가신 독자가 조용히 사라지지는 않을 것이다.

독자의 본질적 역할은 본 장의 첫 부분에 인용한 구절에 나타나 있는데, 의미가 저자와 독자를 통해 "함께 규정된다"고 말하고 있다. 가다머에게 이것은 작품에 대한 존재론적 주장이다. 텍스트나 예술작품은 그 자체로는 무규정적이고 불완전하다. 다시 말해, "이해는 이해되는 것에 속해 있다"(*TM* xxxi/xxviii. 또한 164/157 참조). 작품은 "종결되지 않은 사건"(*TM* 99/85)이다. 만일 우리가 연극에 관해서 말한다면, 관객은 본질적으로 연극에 귀속되어 있다(*TM* 116, 128,

130/115, 125-26). 만일 우리가 텍스트에 관해 말한다면, 본질적인 것은 독자이다. "[저자가 생산한] 텍스트는 어떤 주제를 언어로 가져가지만, 그렇게 하는 것은 궁극적으로 해석자의 일이며, 텍스트와 해석자 모두 이 일에 관여한다"(TM 388/390).

(가다머 해석학에서 귀속성에 관한 결정적이지만 상이한 두 가지 의미가 있다는 데 주목하자. 해석자는 해석이 일어나는 곳이자, 해석이 그에 따라 상대적인[해석이 관련되는] 고향과 지평을 형성하는 전통에 속해 있다. 해석자는 또한 그 의미의 공통 규정자로서, 해석되는 텍스트 내지 작품에 속해 있다.)

아무도 그 소리를 듣지 못한 채 나무가 숲에서 넘어진 경우에 관한 오래된 난제가 있다. 거기에 소리가 있었는가? 가다머는 "아무 소리도 없었다!"고 말할 것 같다. 다만 거기에는 대기의 파동의 진동(이나 그와 비슷한 것)만 있었을 뿐이다. 대기 중의 파동을 이 소리 또는 저 소리라고 해석할 수 있는 청력을 가진 누군가가 존재해야만 소리도 있는 것이다. 물론, 대기의 파동이 없다면 소리도 없을 것이다. 듣는다는 것은 재생산과 생산이 결합된 일이다. 그러므로 독자의 탄생은 저자의 절대적인 죽음을 의미하지 않는다. 다만 절대적인 저자, 즉 일방적으로 의미를 고정시킬 수 있는 존재의 죽음을 뜻할 뿐이다.

왜 방법은 우리를 독자의 상대성으로부터 구원해줄 수 없는가?

만일 저자의 담화의 **내용**이 객관주의 해석학에 적합하지 않다면, 방법이나 **접근** 방식에 호소하는 것도 객관주의 해석학에 이바지할 수 없다. 그 첫 번째 근거는 이미 주어져 있다. 허쉬가 명확하게 제시한 것처럼, 객관주의 해석학은 고정된 최종 대상을 요구하며, 그러한 대상의 후보자는 당연히 저자가 의도한 의미다. 그런데 만일 텍스트에 드러나듯이 저자가 불완전한 의미만을 생산할 수 있다면, 방법은 객관주의자들이 바라는 규정성을 제공할 수 없을 것이다.

그런데 가다머는 방법에 대해 이보다 더 많은 것을 말한다. 가다머의 주저의 제목이 **진리 대 방법**(*Truth against Method*)이었어야 했다는 말이 자주 회자된다. 이는 매우 일리가 있다. 왜냐하면, 우리가 앞으로 보겠지만, 가다머는 방법의 접근과 통제 너머에 있는 진리를 긍정하기 때문이다. 하지만 이것 또한 오해의 소지가 있는데, 왜냐하면 가다머가 방법의 접근과 통제 안에서 진리를 추구하여 '과학적인' 방향으로 나아가는 일에 대해 무조건적인 적개심을 보이고 있는 것은 아니기 때문이다. 해석이 재생산적인 한에 있어서, 방법의 여지가 존재한다. 그러나 해석이 생산적인 한에 있어서, 그는 방법 너머에 진리가 존재한다고 주장한다. 그래서 아마도 그 책의 제목을 **방법 너머의 진리**(*Truth beyond Method*)라고 해도 될 것이다. 이 책의 첫머리에서 가다머는 이렇게 말한다. "해석학의 문제는 심지어 그 역사적 시작점에서부터 근대 학문에 의해 설정된 방법 개념의 한

계를 **넘어선다.**" 해석학은 '**순전히**' 학문만의 문제가 '**아니다.**' 해석
학은 "**기본적으로** 방법의 문제가 전혀 아니다. […] 해석학은 과학의
방법론적 이상을 만족시킬 실증된 지식을 축적하는 일과는 **그다지**
관계가 없다"(TM xxi/xx, 강조는 필자가 추가함). 수식어, '순전한', '기본
적으로', 그리고 '그다지'란 말들은 방법이 부차적인 역할을 할 공간
을 열어둔다. 그런데 이는 부차적인 것이 주된 것을 지배하는 하극
상이 될 수 없다. 그래서 가다머는 자신의 책이 방법에 대한 논고가
아니라고 주장한다(TM xxiii/xxii, xxxvi/xxxiii).

자연과학의 방법론적 이상에 관한 가다머의 가장 중요한 논평 중
에 헤르만 헬름홀츠(Hermann Helmholtz)와 우리의 친구 빌헬름 딜타이
에 관한 것이 있다. 헬름홀츠는 1862년에 자연과학과 인문과학[5]의
관계에 대한 저명한 강의를 한 바 있는 해부학자이자 물리학자이며
또한 생리학자다. 그는 인문과학이 인식론적으로 열등한 것이라고
주장했다. 왜냐하면 인문과학에 속하는 것들은 자연과학의 방법론
적 객관성에 부응하지 못했기 때문이다. 이에 대해 가다머는 다음과
같이 답한다. "헬름홀츠는 자연과학의 방법론적 이상이 역사적으로
도출될 필요도 인식론적 제약이 따를 필요도 없다고 생각했다. 이것
이 바로 헬름홀츠가 인문과학의 작동 방식을 논리적으로 달리 이해
해볼 수 없었던 이유다"(TM 6/5).

---

[5]   '인문과학'(Human sciences)은 자연과학과 구별되는 것으로서의 정신과학인
    *Geisteswissenschaften*의 표준 번역이다. 그것은 법이론, 문학비평, 그리고 신학을 비
    롯하여 우리가 사회과학과 인문학이라고 부르는 것을 구성하는 것이다. 딜타이의
    기획은 인문과학에 있어서의 '구별되지만 동등한' 객관성을 발견하는 것이었다.

딜타이와 허쉬가 해석학으로 편입시키려고 했던 이 방법론적 이상이 "역사적으로 도출된다"고 말하는 것은 곧 헬름홀츠가 간과한 두 가지 사안을 말하는 것이다. 첫째, 그 이상은 어떤 역사를 가지고 있다. 이 이상은 하늘에서 떨어진 것이 아니라 특정 시기와 장소에, 그리고 특정한 상황 아래 출현했다. 방법론적 이상은 인류가 가진 지식과 진리에 대한 유일한 이해 방식이 아니다. 그런 적은 없었다. 그것은 다른 여러 이해 방식 가운데 하나에 불과하며, 그 이해 방식이 다른 모든 이해 방식에 대한 식민 통치식의 패권을 갖고 있다는 점도 전혀 자명하지 않다. 둘째, 이것이 다른 모든 인식 방식을 판단하는 인식 방식이라는 믿음을 포함하는 이러한 역사 자체가 일종의 전통으로, "[사실상의 그리고 권리상의] 전통의 힘을 부정하는"(TM 270/272-73) 전통이다. 그 아이러니는 명백하다. 근대성은 이런 식의 전통(우리를 전통으로부터 자유롭게 한다는 전통)에 호소하지만, 그 자체도 하나의 전통에 불과하며, 그러한 전통이 담고 있는 그 고유의 열망을 과소평가하고 있다.

더 나아가, 이 이상에 '인식론적 제약'이 따른다는 말은 곧 이러한 인식 방식을 통해서 비로소 볼 수 있는 것이 있지만, 동시에 다른 인식 방식을 통해서만 발견할 수 있는 것들을 우리에게서 단절시킨다는 말이다. 이는 여섯 명의 힌두스탄 시각 장애인들의 인식 방식(1장), 또는 현미경을 사용하여 보는 것, 아니면 모네나 잭슨 폴록의 그림을 30센티미터 떨어진 곳에서 바라보는 것과 같다(6장). 다른 방식으로는 알 수 없는 진리들을 주목하여 발견할 수 있지만, 이로 인해 다른 관점들로만 알 수 있는 진리를 보지 못할 수도 있다. 따라서 '인식론적 제약'에는 다음과 같은 두 가지 의미가 있다. 방법론적 객관주의의 태도는 이 태도가 확장되는 바로 그만큼 우리의 시야를 제한한다. 그래서 우리는 그러한 태도로 할 수 있는 것과 할 수 없는 것이 무엇인지를 충분히 고려하여, 그에 따라 이러한 태도의 중요성에 관한 주장을 제한할 필요가 있다.

 방법에 관한 또 다른 중요한 논평은 가다머가 빌헬름 셰러(Wilhelm Scherer)에 대한 딜타이의 추도사를 인용할 때 나온다. 빌헬름 셰러는 역사적 연구와 관련하여 자연과학이 갖는 객관성에 크게 매혹된 사람이다. 딜타이는 이렇게 말한다. "그는 **현대**인(*modern* man)이었고, 우리 선조들의 세계는 더 이상 그의 정신과 마음이 거주하는 **집**이 아니었으며 다만 그의 역사적 연구 **대상**이었다"(강조는 필자가 추가함). 이에 대해 가다머는 다음과 같이 답한다. "이 반정립은 딜타이에게 있어서 과학적 지식이란 삶과 엮지 않기, 즉 자기 자신의 역사로부터 거리두기를 요구하는 것이며, 바로 이러한 거리두기를 통해서만 역사가 연구 대상이 될 수 있다는 점을 보여준다"(TM 7/6).

 다시 말하자면, 가다머는 두 가지 주장을 제시하고 있는 것이다. 첫째, 그는 어떤 특정한 거리두기나 대상화의 가능성 내지 유용성을 부정하지 않고 있다. 이것은 '재생산적인 것'으로서의 해석에 관한 가다머 자신의 설명에 덧붙여, 데리다의 이중 주석에 이바지하는 '전통적인 비평의 도구들'(방법들―이렇게 표현해도 괜찮다면)이 '난간'(5장) 역할을 하게 되는 지점이다. 그러나 둘째로, 가다머는 우리가 전통

속에 가장 직접적으로 몰입하지 않은 채 한 걸음 뒤로 물러설 수 있는 태도와 방법을 도입할 수 있다고 주장하면서도, 이 거리두기 또한 어떤 특정한 전통의 자리 안에서 일어나기 때문에 결코 완성될 수 없다고 주장한다. 거리두기는 우리의 역사에 귀속되어 있어서, 우리는 가능한 **정도**까지만 스스로 역사로부터 거리를 둘 수 있을 뿐이다.

이 가능한 정도는 제한적이다. 왜냐하면 우리에게 "역사[또는 특정한 역사에 속해 있는 텍스트]가 하나의 대상이 될 수 있게 하는 것"도 결국 우리 자신의 역사일 뿐이기 때문이다. 그 이유 하나는 우리가 우리 자신의 선입견들로부터 완전히 자유로울 수 없다는 점이다. 성서학계의 논의들을 따라가는 사람들은 이 점을 쉽게 이해할 수 있을 것이다. 다른 이유는, 이미 언급했던 것처럼 객관성을 얻기 위해 방법으로 나아가는 것 자체가 역사의 일부인 하나의 전통에 불과하다는 점이다.[6] 리쾨르는, 자신이 적잖이 긍정한 거리두기가 텍스트와 그 주제를 "부검을 위해 건네진 시신"(5장)으로 전환시키는 위험을 무릅쓰는 일이기에, 우리가 귀속성과 거리두기를 결코 따로 떨어뜨려 **놓지 말아야** 한다고 경고했다. 이와 달리 거리두기에 대한 가다머의 입장은 우리가 그런 일을 시도해봤자 **할 수 없다**는 것이다. 그럼에도 우리가 그런 일을 해냈다고 스스로를 납득시키려 한다면, 그것은 결국 "아직 살아 있는 사람에게 장례식 추도사"를 건네는 일에 지나지 않을 것이다.

---

6 따라서 성서학에서, 이를테면 양식비평, 편집비평, 비교인류학 등의 방법 자체도 특정한 전통으로, '역사적으로 도출된' 전통이며 또한 '인식론적 제약이 따르는' 전통인데, 특히 이러한 방법들을 사용함에 있어 상정하고 있는 전제들 때문에 그렇다.

방법론적 거리두기가 결코 완성될 수 없다고 말하는 것은 정당한 것인가? 여기서 딜레마는 방법론적 거리두기가 텍스트를 우리의 해석 절차에 종속시킴으로써 텍스트를 지배하려고 하는 문제적인 관계에 우리를 봉착시킨다는 점이다. 이는 "텍스트의 보다 우월한 주장에 우리 자신을 열고, 텍스트가 건네는 말에 응답하며 [⋯] 텍스트의 지배적인 요구에 우리의 정신을 종속시키기"(TM 311/310. 또 360-61/354-55 참조)보다 텍스트를 우리에게 종속시키는 것이다. 이는 우리가 대하는 텍스트에 맹종하며 항복하자는 말이 아니다. 텍스트의 '우월한 요구'라고 말하는 이유는 단순한데, "주의 깊게 들으라. 그러면 무언가를 배울 수 있을 것이다"(6장)라는 권고를 따르자는 것이다. 그것은 텍스트가 우리가 아직 지녀본 적 없는 어떤 관점으로부터 텍스트의 주제를 우리에게 조명해줄 것이라고 희망하는 것, 심지어 기대하는 것이다.

우리는 어떻게 해야 딜타이의 절망과 허쉬의 히스테리를 덜어낼수 있을까? 가다머에 따르면, 객관주의자들의 희망사항에 집착하는 것으로는 그러한 절망과 히스테리를 덜어낼 수 없다. 즉, 이것은 일방적으로 규정적 의미를 만들어낼 수 있는 저자에게 의지한다고 해서, 중립적 객관성이라는 어떤 (무)관점으로부터 이미-고정된 최종의미를 해독하려고 하는 유사-과학적 방법에 의지한다고 해서 가능한 일이 아니다. [7]

---

[7] 해독으로서의 해석과 표현으로서의 언어 사이의 연관성에 대해서는 TM 241/234를 보라.

에밀리오 베티도 딜타이 및 허쉬와 동종의 정신을 가지고 있다. 따라서 이 지점에서 베티의 주장이 만족스럽지 못하다는 점을 알게 되는 일도 그리 놀랍지 않다. 베티가 볼 때 가다머의 문제는 "이해의 정확성이 **보장**되지 않은 채" 의미가 발생하도록 했다는 점이다.

> 왜냐하면 이해는 정신이 객관화된 것으로서 밑바탕을 이루고 있는 텍스트의 의미와 완전한 일치에 이르러야 하기 때문이다. 오직 그러한 경우에만 신뢰할 만한 해석 과정을 기반으로 삼아 결과의 **객관성**이 **보장**될 수 있다. 제시된 방법으로는 객관성의 성취를 주장할 수 없다는 점이 쉽게 입증될 수 있다. [8]

매우 주목할 만한 대목은 이 짤막한 구절에서 베티가 보장성에 대한 요구를 두 번이나 제기했다는 점이다. 의심의 여지없이 우리 모두는 가끔씩, 그리고 어떤 이들은 항상 자신이 옳았음을 보장받기를 원한다. 하지만 그런 보장을 원한다고 해서 우리에게 그러한 보장이 반드시 필요하다거나 그러한 보장이 가능하다는 결론이 따라 나오지는 않는다. 물론 베티의 주장도 우리에게 도움이 되는 측면이 있다. 즉 우리는 베티의 주장을 통해서 가다머의 해석학을, 그러한 보장성이 우리에게 필요하지도 않으며 또한 우리가 소유할 수도 없음

---

[8] Emilio Betti, "Hermeneutics as the General Methodology of the *Geistes-wissenschaften*," in *Contemporary Hermeneutics: Hermeneutics as Method, Philosophy, and Critique,* ed. Josef Bleicher (London: Routledge and Kegan Paul, 1980), 79. 강조는 필자가 추가함.

을 지속적으로 논증하는 텍스트로 이해할 수 있다. 물론, 가다머가 과학적 객관성에 이르는 확실한 길로서의 방법의 가능성에 반대한 것이 아니라 단지 또 다른 방법을 제시한 것이었다면, "제시된 방법 으로는 객관성의 성취를 주장할 수 없다"고 한 베티에 말에 곧바로 동의했을 것이다.

하지만 가다머는 자신의 입장, 곧 방법 너머의 진리라는 것이 미 완의 주장이라는 점을 알고 있었다. 가다머는 저자의 특권과 방법론 적 보장에 호소하는 객관주의의 주장에 반대하며, 독자의 본질적 역 할과 독자가 처한 상대성에 대해 논증했다. 그러나 이것은 객관주의 적 해석학의 핵심 주장을 반대하는 부정적이고 소극적인 논변이다. 스포츠와 정치에서는 이길 선수가 없이는 상대방을 이길 수가 없다 고 말한다. 우리는 가다머가 대안으로 제시한 것보다 더 완전한 긍 정적이고 건설적인 그림이 필요하다. 가다머도 이를 인지하고 있었 기에 『진리와 방법』의 도입부에서 다음과 같은 물음을 제기했고, 그 것은 이제 우리가 당면한 문제다. "전통을 이해함에 있어, 텍스트만 이해되는 것이 아니라, 통찰도 획득되고 진리도 인식된다. 그런데 어떤 인식인가? 어떤 진리인가?"(TM xxi/xx) 우리는 이제 다른 사람 의 물음이 아닌 가다머 자신의 물음에 대한 가다머 자신의 답변으로 돌아갈 수 있다.

8

방법 너머의 진리의 자리로서의 예술

인문주의 전통

가다머는 언어로 표현하는 과정을 되짚어서 저자의 내면적 삶을 재창조하거나 재구성하는 시도인 '낭만주의적' 해석 이념에 반대하여, 저자가 **사태**(Sache)—담론의 주제—에 대해 말한 것에 관한 진리를 탐구하는 것으로 해석 이념을 수립한다. 또한 가다머는 진리에 이르는 유일한 길이 객관적인(즉, 보편적으로 타당한) 결과를 목표로 하는 어떤 과학적인 방법이며 원리상으로 그러한 결과에 이르는 것이 가능하다는 이념에 반대하여, 방법 너머의 진리가 있다는 이념을 수립한다. 우리는 이미 언급했던 내용을 통해 해석이 이러한 진리에 접근하는 방식이 될 것이라는 점을 알고 있다. 그러나 이것이 대체 무엇을 의미하는지 이해하기 위해서는 가다머의 고유한 물음에 답해야 할 것이다. 이는 어떤 진리인가?

이 물음에 대한 가다머의 첫 번째 대답은 예술의 진리이다. 그래서 가다머는 고전 텍스트와 예술작품을 해석함으로써 방법 너머의 진리를 추구한 인문주의 전통에 주의를 기울인다(TM xxii/xxi). 가다머는 인문주의 전통을 현재 지배적인 전통인 과학적 전통과 대조시킨다. 가다머는 그러한 과학적 전통을 순수한 자연과학, 즉 코페르니쿠스, 갈릴레이, 뉴턴 이래로 서구 문화에 헤아릴 수 없을 만큼 큰 영향[1]을 미친 자연과학으로만 생각하지 않는다. 그는 전통과 전통의 '선입견'이 개입되지 않도록 과학적 방법을 인문 '과학'(Geisteswissenschaften)[2]에까지 확장시키려는 시도에 특히 주목하고 있다. 우리는 이것이 딜타이의 기획임을, 즉 보편적 타당성을 산출하는 역사적 연구를 위한 방법을 개발하는 것이었음을 이미 살펴본 바 있다. 이런 점에서, 딜타이는 19세기 독일의 역사기술학(historiography)의 발전에 응답하고 있는 것이다. 과학적 객관성에 대한 19세기 독일의 역사기술학의 주장은 역사가의 이야기가 실제 일

---

1   이런 점에서 알렉산더 포프(Alexander Pope)는 뉴턴에 대해 다음과 같은 유명한 평가를 썼다.
     자연과 자연법칙은 어둠 속에 감추어져 있었다.
     하나님이 이르시되 '뉴턴이 있으라!' 하시니, 모든 것이 밝아졌다.

2   어떻게 언어가 그 자체로 하나의 전통인지 주목해보자. 이 독일어 용어(문자적 의미는 '정신과학')는 우리가 사회과학이라고 부르는 것뿐만 아니라 심지어 인문학이라고 부르는 것까지도 과학으로 여겨야 한다고 제안(아마 '과학적'이어야 한다는 제안)함으로써, 중요한 논점을 미리 가정하고 있다. 그러한 정신과학의 일부와 우리가 사용하는 '사회과학'이라는 용어는 동일한 방식이다. 그래서 대학에서의 경제, 정치, 사회적 관계에 대한 연구가 가능한 한 물리학과 같이 양적이고 실험적인 방식을 압도적으로 많이 쓰는 현상은 그리 놀라운 일이 아니다. 이 기획이 미시경제학에서 수행되면 미시경제학은 합리적 선택 이론을 위한 모형이 될 것이며, 따라서 자신의 이익에 이바지하는 측정, 계산, 예측의 측면에서 합리성을 재정의하기 위한 모형이 될 것이다.

어난 그대로(*wie es eigentlich gewesen*)³의 과거를 가져다준다고 한 레오폴트 폰 랑케(Leopold von Ranke)의 개념으로 잘 요약된다. 다시 말해, "부인, 정확히 사실만을요"라고 말했던 영화《드라그넷》(*Dragnet*)●의 프라이데이 경사처럼, 역사가는 역사적 사건들을 그대로 반영하는 거울 이미지를 추구한다. 원리상으로는 성공한 것이다. 이제 해석은 필요 없다! "의견들의 무정부상태"(2장)를 걱정할 필요도 없다. 딜타이의 기획은 바로 이것이 어떻게 가능한지를 보여주는 것이었다.

   이미 18세기에, 데이비드 흄이 대담하게 이 길을 걷고 있었다. 그가 쓴『인간 본성에 관한 논고』(*A Treatise of Human Nature*, 『인간이란 무엇인가』[동서문화사 역간])의 부제 — 실험적 추론 방법을 도덕적 주제들에 도입하기 위한 시도(*BEING an Attempt to Introduce the Experimental Method of Reasoning* INTO MORAL SUBJECTS) — 는 놀라운 영감을 준다. 그가 염두에 둔 실험적 방법은 코페르니쿠스, 케플러, 갈릴레오, 그리고 특별히 뉴턴이 근대성의 핵심이 된 과학혁명을 일으켰던 것과 관련한다. 흄이 계속 논했던 '도덕적' 주제에는 인식론, 심리학, 그리고 윤리학이 포함된다.

   이러한 과학주의에 반대해서, 가다머가 호소하는 인문주의는 고전 텍스트와 예술작품을 관찰되고 설명되어야 할 대상이 아니라 우리가 들어야 할 목소리로 여기며, 고전 텍스트와 예술작품 안에서

---

3   독일어 문법은 이 문장을 *ist*로 끝내기를 요구하지만 랑케는 그 스스로 그 말을 생략하고 시적(이지 않은) 허용을 문장에 부여한다.

●   1987년 상영된 톰 맨키비츠 감독, 톰 행크스 주연의 코미디 영화.

방법 너머의 진리를 찾으려 하는 것이다. 데이비드 트레이시의 고전 텍스트에 관한 정의는 가다머의 이해와 완전히 맞아떨어진다. 고전이란 다음과 같은 것이다.

〔고전은〕 어떤 특수한 문화를 발견하는 데 도움이 되어왔거나 특수한 문화를 형성하는 텍스트들 [⋯] 의미의 과잉과 영속성을 담고 있는 텍스트들이지만, 그럼에도 확정적인 해석에는 언제나 저항하는 텍스트들이다. 고전의 산물에는 다음과 같은 역설이 있다. 고전은 그 발생과 표현에 있어 매우 특수한 것임에도, 그 영향에 있어 보편적일 수 있는 가능성을 담고 있다.[4]

가다머는 특별히 르네상스 시대에 출현해서 계몽주의 시대를 거쳐 (계몽주의의 과학 숭배의 증가와 나란히) 이어져와서 가다머 자신을 형성해낸 고대 그리스-로마의 문헌 유산이 갖는 문화적 중요성에 대해 생각한다. 인문주의 전통은 아이스킬로스와 소포클레스의 비극, 호메로스와 베르길리우스의 서사시, 헤로도투스와 투키디데스와 타키투스와 율리우스 카이사르의 역사, 플라톤과 아리스토텔레스와 스토아학파의 철학 저술과 같은 자리에서 방법 너머의 진리

---

4   David Tracy, *Plurality and Ambiguity: Hermeneutics, Religion, Hope* (San Francisco: Harper & Row, 1987), 12. 『다원성과 모호성: 해석학·종교·희망』(크리스천헤럴드 역간). 나는 성서를 고전적인 텍스트의 범주에 포함시킬 것이다. 이는 내가 성서를 고전 텍스트 이상으로 여기고 있지 않기 때문이 아니라, 분명 성서가 고전 텍스트보다 못할 게 없다고 생각하기 때문이다.

를 탐색했다.

가다머는 또한 문헌에 속하지 않는 예술작품도 포함시키고 있다. 여기서 우리는 두 가지 (논리학자들이 벤다이어그램이라고 부르는) 원의 일부가 겹쳐져 있음을 생각할 필요가 있다. 하나는 LW로 표시하는 문헌작품(literary work)의 영역이고, 다른 하나는 WA로 표시하는 예술작품(work of art)의 영역이다. 우리는 겹치지 않는 LW 영역에서 예술작품이 아닌, 적어도 일차적으로는 예술작품이 아닌, 앞서 언급한 역사 텍스트, 철학 텍스트와 같은 문헌 작품을 발견한다. 또한 겹치지 않는 WA 영역에서 우리는 언어와 직접 관련이 없는 그림, 조각, 그리고 건축물과 같은 예술작품을 발견한다. 그런데 가다머는 진리를 찾기 위한 자리를 말하고 있다기보다, 과학적 방법 너머의 진리를 찾는다는 것이 무엇인지를 기술하고 있다.

그래서 이 다양한 영역을 통합하는 작품이라는 개념은, 성서 특히 문화적으로 중요한 번역인 70인역, 불가타, 킹제임스 역본, 루터 성서와 같은 경전 텍스트, 대헌장, 인권 및 시민권 선언문, 독립선언문, 미국 헌법과 같은 정치 텍스트, 또는 더 최근의 문학적이면서 시각적인 예술작품을 배제한다는 의미가 아니다. 가다머는 분명 이것들도 염두에 두고 있다. 다만 그가 호소하고 있는 인문주의 전통이 고대 그리스-로마의 유산에 초점을 두고 있을 뿐이다. 이 특정한 모형이 그 밖의 매우 다양하고 풍부한 맥락—곧 미학적인 맥락뿐만 아니라 법적이고 신학적인 맥락에서, 서구적 맥락뿐만 아니라 동양적 맥락에서, 고등문화뿐 아니라 대중문화의 맥락—에서의 해석 및

진리와 매우 관련되어 있다는 의미다.[5]

이러한 전통의 세 가지 특징은 가다머에게 특히 중요하다. 첫째, 우리가 더 자세히 보면 가다머는 방법 너머의 진리가 발견되는 자리에 비-언어적 예술작품을 포괄하고 있지만, 그럼에도 그는 언어에 대한 강한 편향을 갖고 있다. 실제로, 『진리와 방법』 3부(대략 마지막 100쪽)를 전부 선이해, 해석, 새로운 이해라는 해석학적 순환의 매개로서의 언어 분석에 할애하고 있다. 언어는 일차적으로 전통의 전달자이면서 동시에 그 자체도 끊임없이 변화하는 전통의 한 형태다.[6] 그래서 그가 인문학을 구성하는 작품을 해석함에 있어 "진리가 언어로 도래한다"(TM xxiii/xxii)라는 말을 한 것은 그리 놀라운 일이 아니다.

우리는 가다머가 비언어적 예술작품에 관해 말할 때, 그것들이 언어가 아님에도 불구하고 그가 예술의 '언어'에 관심을 두었다고 말할 수 있다. 즉 예술의 언어가 우리에게 말을 건네며 우리를 부르는 방식에 관심을 둔 것이다. 그는 릴케의 소네트 「고대 아폴로의 토르소」(Archaic Torso of Apollo)를 무척 좋아했다. 시는 13행하고도 반행의 호흡으로 머리 없이 '빛나는' 돌조각에 대해 낭송한다. 그런 다음 시는 이렇게 끝난다. "너는 너의 삶을 바꾸지 않으면 안 된다."[7] 시는

---

5   그래서 내 학생들은 자신들의 진리, 즉 사태에 대한 자신들의 이해가 종교나 예술이라는 고등문화와 학술적 인문학보다는 대중문화(음악, 영화, TV)에서 더 많이 나온다고 말한다.

6   본 장의 각주 2를 보라.

7   매킨타이어(C. F. MacIntyre)의 영어 번역으로, 헨리 해트필드(Henry Hatfield)의 다음 책에서 재인용했다. *Aesthetic Paganism in German Literature: From*

이 말을 시인 자신에게 건네고 있을까, 아니면 독자에게 건네고 있을까? 독자들을 향한 말이기도 하지만, 분명 시인 자신을 향한 말이다. 그 작품이 그에게 말을 건네고 있음이 분명하다. 시는 그에게 어떤 요구를 하는데, 이때 그 요구는 이론적이라기보다 실천적이다. 이 시는 '이것을 믿으라'고 말하지 않고, 도리어 '이런 식으로 살라'고 말한다. 시인은 그 요구에 담긴 진리를 인정하고 있다. 시인은 이제 자신이 누구이고 어떤 사람이 될지를 더 잘 이해한다. 그는 예술의 언어를 들음으로써 가르침을 받았다. 시인은 이 조각상에서 발견한 "고귀한 단순함과 고요한 장엄함"[8]을 열망해야 한다. 가다머가 말한 것처럼, 예술작품에 대한 경험은 "경험하는 자를 불변하게 놔두지 않는다"(*TM* 100/86).

두 번째로, 인문주의 전통의 핵심 개념 중 하나는 **교양**(*Bildung*)이다. 이 말은 종종 '교육'(education)으로 번역되지만, 이 번역은 두 가지 측면에서 오해를 불러오는 것 같다. *Bildung*은 3R—읽기(readin'), 쓰기(ritin'), 산술('rithmetic)—의 기본 기술도 아니고, 갈수록 세계화되는 경제 현실의 취업시장에서 경쟁력을 높이기 위해 시장이 원하는 직무기술을 갖추는 활동도 아니다. 그보다 더 나은 번역은 '형성'(formation) 내지 '사회화'(socialization)일 것이다. 왜냐하면 그 개념은

Winckelmann to the Death of Goethe (Cambridge, MA: Harvard University Press, 1964), 242 n65.

8 이 문구는 독일이 그리스 예술과 사랑에 빠지는 데 기여한 18세기 미술사가 빙켈만(J. J. Winckelmann)에게서 유래한 것이다.

"공통감각을 훈련하는 것 […] 공동체를 세우는 감각 […] 참된 것[이론]과 올바른 것[실천]에 대한 이러한 공동의 감각"(TM 20-21/18-19)과 관련되기 때문이다. [9] 공통감각은 "공동체 안에서의 삶을 통해 습득되고", 그리고 이런 식으로 "공통감각은 그 특유의 적극적 지식을 매개한다"(TM 22-23/20-21). 당연히 이 지식은 명제에 의해서만이 아니라 실천에 의해서, 발화에 의해서만이 아니라 태도에 의해서 생겨난다.

아주 기본적인 단계를 예로 들면, 교양과 공통감각은 "하지만 다들 그걸 하는데요"라는 아이의 불만에 "우리가 다들도 아니고, 우리 집은 그런 걸 하지 않는단다"라고 부모가 응답할 때 작용한다. 가다머의 관심사인 상위 문화의 단계를 예로 들면(물론 '하위' 문화나 대중문화가 대체로 오늘날 청년들의 교양을 대체하긴 했지만), [10] 해롤드 블룸은 셰익스피어의 작품을 자신이 속한 세속 종교의 경전으로 취급함으로써 그 기본 이념을 보여주고 있다. [11] 두 단계 사이의 경우를 예로 들면, 우리는 초등학생들이 미국 민주주의의 교리문답들, 곧 국기에 대한 맹세, 독립선언문, 권리장전을 배우는 데서 동일한 구조를 발견한다.

마지막으로, 예술작품이 우리에게 진리를 요구한다는 인문주의

9   위에서 인용된 공동체를 정초하는 것으로서의 고전 작품에 대한 트레이시의 정의를 보라. 독일어 원서와 영어 역본에서 '공통감각'(sensus communis)이란 용어가 기울임체로 쓰여 있지 않다.

10   청년들이 마음으로 이해하는 것은 성서 구절이나 찬송가나 교리문답이 아니라 그들이 가장 좋아하는 대중음악의 가사다.

11   Harold Bloom, *Shakespeare: The Invention of the Human* (New York: Riverhead Books, 1998), xvii-17.

적 주장의 여지를 만들기 위해, 가다머는 이러한 **전통**과 칸트의 예술관 사이의 차이에 주목한다. 칸트는 미(와 숭고)를 진(the True)과 선(the Good)으로부터 분리해냈다. 다시 말해, 예술작품은 인식적 의미(이론) 내지 도덕적 의미(실천)의 전달자가 아니다. 칸트에게 있어 예술작품은 사태가 어떻게 존재하는지("세상 이치가 그런 겁니다"〔그런 식으로 존재합니다〕) 혹은 무엇을 해야 하는지를 말하지 않는다 ― 가다머적 의미에서는 이것들이 바로 진리가 하는 일이다. 그렇다면 예술작품은 무엇을 행하는가? 예술작품은 어떤 특정한 종류의 쾌(pleasure), 즉 우리에게 쾌를 가져다주는 것을 소유하려고 추구하지 않는 무사심적인(disinterested) 쾌를 우리에게 제공한다. 따라서 한 예로, 읽기의 쾌는 우리가 먹고, 마시고, 성관계를 맺고, 지위나 재산을 가질 때 얻는 쾌와 구별된다. 이런 후자의 쾌들은 무사심적이지 않다.

　가다머에게 있어 이런 견해는 거짓이라기보다는 추상적인 것인데, 어쩌면 단지 추상적이기 때문에 거짓일 수도 있다(*TM* 89/77. 또한 85/74 참조). 다시 말해, 그 핵심은 예술작품이 독특한 종류의 쾌를 부여한다는 점을 부정하자는 말이 아니다. 오히려 그 점이 예술에 관한 이야기의 전부라는 말, 혹은 쾌가 이야기의 가장 근본적인 부분이라는 말을 부정하는 것이다. 칸트의 관점은 예술작품의 부차적 측면, 말하자면 쾌를 일으키는 측면을 추상해내는데, 그럼으로써 예술작품의 일차적 측면, 즉 예술작품이 우리에게 말을 건네고 우리에게 요구 ― 진리의 요구로 불릴 만한 것이다 ― 하는 측면을 상실해버린다. 우리가 (일차적으로) 저자의 경험을 복원해내기 위해서가 아니라 저자가 텍스트의 주제에 관해 말하는 바를 듣기 위해서 텍스트를 읽는 것과 똑같이, 그렇게 우리는 (일차적으로) 쾌를 얻기 위해서가 아니라 실재적인 것에 관하여 예술작품이 우리에게 드러내고 있는 바에 우리 자신을 열기 위해 예술작품으로 향하는 것이다.

말이 나온 김에 덧붙이자면, 우리는 이런 방식으로 예술을 순전한 오락과 구별할 수 있다. 오락의 경우, 우리가 추리소설이나 스파이소설 같은 책을 읽거나 서부영화나 로맨틱 코미디류의 영화를 볼 때, 우리는 일차적으로 쾌를 얻기 위해 보는 것이지, 인간됨의 의미에 대해 배우기를 기대하며 보지는 않는다. 만일 이따금씩 진리가 허구보다 낯선 경우에는, 예술 또한 이따금씩 오락처럼 최소한 즐거움은 줄 것이다.

여기서 당신은 아마 이렇게 말할 수 있을 것이다. "좋아, 그런데 예술작품은 사태가 어떤 식으로 존재하는지, 심지어 어떤 식으로 존재해야 하는지를 우리에게 어떻게 말해주지? 그것은 어떻게 우리에게 방법 너머의 진리를 나타내지?"

예술작품의 진리

우리는 저자와 작품의 세계에 관해 말함으로써 이 논의를 시작할 수 있다. 이것은 이중적 의미를 갖는다. 한편으로, 그것은 저자가 사는 세계이자 이로부터 작품이 출현하는 세계, 신학자들이 삶의 자리(Sitz im Leben)라고 부르는 세계를 가리킨다. 우리가 보았던 것처럼, 저자는 영향사 의식의 한 사례다. 다른 한편으로, 저자에 의해 (무로부터는 아니지만) 창조되는 세계이자 작품에 의해 우리에게 제시되는 세계가 존재한다(TM 97/83-84). 이것이 바로 리쾨르가 텍스트 배후의 저자의 내면적 삶과 대조하며 텍스트 앞의 세계라고 부른 것이다(5장). 담화 이론에서 그 세계는 누군가(저자, 예술가)가 누군가(독자, 보는 자, 청취자)에게 제시하는 **어떤 것에 관한 무언가**다. 예술작품에 의해 제시된 **어떤 것에 관한 무언가**는 고립된 명제가 아니라 어떤 세계라는 점을 주목하는 것이 중요하다. 물론 텍스트의 세계는 그저 어떤 세계의 일부만을 제시하지만, 그 일부가 속해 있는 더 큰 세계를 떠올리게 하는 것과 같은 방식으로 제시되는 것이 특징이다.

작품은 우리에게 어떤 세계를 불러일으킨다. 그 세계는 등장인물과 행동의 세계, 분위기의 세계, 얼굴이나 열매의 세계, 색과 모양의 세계, 소리와 리듬과 화음의 세계 등일 것이다. 이 세계는 작품이 생겨난 세계와 결부되어 있음에도 불구하고, 그러한 지평에서 벗어나서 다른 세계에 거주하고 있는 우리에게 말을 건다. 이것이 바로 트레이시가 고전의 작품에는 "다음과 같은 역설이 있다. 고전은 그 발생과 표현에 있어 매우 특수한 것임에도, 그 영향에 있어 보편적일 수 있는 가능성을 담고 있다"라고 말할 수 있었던 이유다. 주석이 있어야 셰익스피어의 어법을 이해를 이해할 수 있다 하더라도, 우리가 그를 읽을 때 그의 작품은 우리에게 말을 건네고, 감동을 주고, 변화시킨다. 월터 크롱카이트에게 양해를 구하자면, 예술작품은 우리에게 "세상 이치가 그런 겁니다"라고 말한다. 셰익스피어의『오델로』와 베르디의 『오텔로』는 시기와 질투가 무엇인지를, 질투와 현실의 사랑이 얼마나 가까운지를, 또 그럼에도 얼마나 다른지를 우리에게 보여준다. 우리는 이아고, 오텔로, 데스데모나 안에서 우리 자신을, 곧 우리가 누구인지를, 그리고 우리가 어떤 사람이 될지를 보게 된다.

이것은 또한 월터스토프가 성서와 관련하여 이중적 해석학을 제시한 이유이기도 하다(3장). 우리는 인간인 성서의 저자들이 그들의 일차 독자들과 공유했던 세계라는 직접적인 맥락 속에서 무엇을 **말했는지** 찾아내는 어려운 작업을 하고 있다. 하지만 우리는 마치 아무 관련도 없으면서 호기심만 많은 관찰자처럼 이런 작업 자체를 목적으로 하지는 않는다. 우리는 신께서 지금 여기에서 우리에게 **말하고 있는** 것을 듣기 위해서, 인간 저자가 처음 **말했던** 것을 알고자 하는 것이다. 우리의 독해를 저 처음의 순간으로 환원시키는 것은, 과거에 관한 아주 얄팍한 정확성을 가지고 추상적으로 읽어나가는 것이며, 이는 또한 다른 방식으로 우리에게 말을 건네면서 신뢰해야 할 약속과 순종해야 할 명령을 불러일으킬지 모르는 살아 움직이는 진리로부터 우리 자신을 차단하는 것이다.

우리가 작품과 작품에서 제시하는 세계가 우리에게 요구하는 바에 응할 필요는 없다. 그러나 만일 우리가 응한다면, 다르게 보는 법, 다르게 생각하는 법, 다르게 이해하는 법, 어쩌면 다르게 살아가는 법을 배우게 될 것이다. 모리스 메를로-퐁티는 이렇게 말한다. "참된 철학은 세계를 보는 법을 다시 배우는 것에 있다."[12] 가다머는 고전 텍스트와 예술작품이 똑같은 일을 수행한다고 우리에게 말한다.

놀이

그러면 우리는 세계를 보는 우리 나름의 방식을 어떻게 다시 배우는가? 놀이에 대해 말하면서, 가다머는 이렇게 적고 있다. "놀이의 재현 가운데 무엇인가가 일어난다. 생산하고 밝혀내지 않았다면 계속 감춰져서 뒤에 물러나 있었을 것을 놀이의 재현에서 생산하고 밝혀낸다"(*TM* 112/112).[13] 이 맥락에서, "'현실'은 변형되지 않은 것으로 정의되고, 예술은 이 현실을 예술의 진리로 지양시킨 것(*Aufhebung*)이다."[14] 이 경우 "모든 이는 이것이 사태가 존재하는 방식임을 인식한다"(*TM* 113/112). 분명 여기서 '모든 이'라는 말에는 약간의 과장이 있다. 우리는 작품을 무시할 수 있고 혹은 그 작품의 요구에 저항할 수도 있다. 그런데 만일 어떤 작품이 고전이 돼서 공동체를 발견하고 지속시키는 데 도움이 된다면, 이는 적잖은 사람들이 그 작품에 비추어 자기 자신과 자신이 속한 세계를 이해하게 되었다는 이유 때문일

12　Maurice Merleau-Ponty, *The Phenomenology of Perception*, trans. Colin Smith (London: Routledge and Kegan Paul, 1962), xx. 『지각의 현상학』(문학과지성사 역간).

13　여기 이 배경에는 하이데거의 열어 밝혀져 있음, 발견됨, 탈은폐로서의 진리 개념, 보여줌과 봄, 드러남과 받아들임의 사건 개념이 존재한다.

14　아마도 가다머는 '변형되지 않은 것'을 가지고 주목받지 않은 것, 표상되지 않은 것, 이해되지 않은 것을 의미하고 있을 것이다. 다음 단락 인용구를 보라.

것이다. 작품은 그 작품을 통해 현실을 이해하는 매개자가 된다. 작품은 드러내는 역할을 한다. 우리는 시기나 질투를 느껴봤을 수 있고 혹은 다른 이들의 시기나 질투를 봐왔을 수도 있다. 그러나 우리는 셰익스피어와 베르디를 통해 사태(시기와 질투)가 어떠한 것이며 어떤 것일 수 있는지를 더 명확하게 보고 더 깊게 이해한다.

순전한 실재는 '변형되지 않으며', '실재의 진리'에까지 오를 수 없다는 점과 관련하여 플라톤과 아리스토텔레스의 메아리가 들린다면, 이것은 우연이 아니다. 날 것 그대로의 사실의 영역—아마 이것은 애당초 우리의 상상의 산물일 것 같다—은 어떤 경우에도 의미와 진리의 영역이 아니다. 가다머는 '플라톤주의의 핵심 모티브', 즉 어떤 것을 안다는 것은 곧 그것의 본질이자 그것을 그것이게끔 하는 형상 내지 이데아를 이해하는 것이라는 모티브를 요구하고 있다. 예술은 실재의 본질적 구조에 우리를 주목하게 한다. 그래서 예술의 주제는

> 그것의 본질 속에서 파악되고, 그것의 우연적 양상과는 분리된다. […] 이런 종류의 재현은 우연적이고 비본질적인 모든 것에서 벗어난다. […] 모방과 재현은 단순한 반복, 복사가 아니라 본질에 대한 인식이다. […] 본질의 표현은 결코 단순한 모방이 아니며, 필연적으로 드러내는 것이다. […] 이것이 바로 아리스토텔레스가 시작(詩作; poetry)이 역사보다 더욱 철학적이라고 말한 근거다(TM 114-15/113-14).[15]

본질에 대한 이러한 담론이 지닌 한 가지 중요한 함축은 통일성에 귀속되는 다양성이다. 플라톤에게 있어 강아지는 강아지임(dogness)이라는 형상에 '참여하기' 때문에 혹은 그 형상을 '모방'하기 때문에 강아지다. 반면 아리스토텔레스에게 있어 강아지는 강아지임의 형상이 개 안에 실제적으로 현전하기 때문에 강아지인 것이다(이 둘의 차이가 실체적 차이인지 대체로 의미론적 차이인지를 가리는 논쟁은 전문가들의 몫으로 남겨둘 것이다). 하지만 강아지임이 늘 다르게 나타난다는 점은 우리가 어색하게 강아지임이라고 부르고 있는 본질에 필수적이다. 강아지임은 우리가 4장에서 언급한 시추와 바이마라너를 비롯하여 다양한 종 안에서 강아지임을 나타냄으로써 강아지임인 것이다. 마찬가지로 강아지임이 다양한 종으로 현실화될 뿐만 아니라 훨씬 더 다양한 개별자—이 바이마라너, 저 바이마라너, 그 밖에 다른 모든 바이마라너—로 현실화될 수 있다는 점은 강아지임이라는 유개념에 필수적이다. 우리는 다양성 안에서의 통일성, 다수성 안에서의 단일성이라는 복잡한 구조를 다루고 있다. 우리가 보통 본질에 대해 이런 식으로 이야기하지 않는다는 점에서, 이런 내용이 이상할 수도 있다. 하지만 예를 들어 우리가 일상에서 아무런 신경도 쓰지 않은 채 바이마라너를 강아지라고 부르는 것을 당연하게 여기며 본질 개념을 사용하고 있다는 점에서, 이런 내용은 친숙한 것이기도 하다. 바이마라너가 자신이 강아지이게끔 하는 것을 (한편으로) 보여주는

15   가다머처럼, 플라톤과 아리스토텔레스는 예술이 작동하는 방식을 이해하는 데 도움을 주는 철학자들이다.

것과 똑같이, 그렇게 놀이도 인간이게끔 하는 것이 무엇인지를 (한편으로) 우리에게 보여준다.

상(Picture)

가다머는 다음과 같이 말하면서 드라마적 예술작품과 공연 예술 작품 일반에 대한 자신의 분석을 요약한다. (재)표현([re]presentation) 안에 나타난 것은 "복사물처럼 현실 세계에 버금가는 것이 아니라, 그 존재의 고양된 진리 안에 있는 세계다. [⋯] 작품 속에 모방이 없다면, 작품 속에 존재하는 세계가 그대로 존재하지 못한다. [⋯] 그러므로, 표현된 것의 현전은 그 표현 속에서 완성의 경지에 이른다"(TM 137/132-33). 여기서 가다머는 표현이 조형예술이나 시각예술에도 마찬가지로 적용된다고 첨언한다. 비록 그러한 예술이 언어나 공연을 포함하고 있지는 않지만 말이다. 이러한 주장은 드라마와 그림이, 이를테면 시추와 바이마라너처럼 동일한 유에 속한 [다양한] 종들이라는 것이다.

상은 매우 사실적인 회화나 사진처럼, 거울 이미지에 가까운 것일 수 있다. 하지만 이 경우에도 상은 순전한 복사물이 아니다. 즉 어떤 부재하는 것을 보여주는 현전하는 것이 아니다. 왜냐하면 "실재하는 것 자체가 이미지로 나타나 있어서 우리가 가지고 있는 것 자체가 거울 이미지이기"(TM 138/133) 때문이다. 우리는 여기서 말씀이나 성사에서의 그리스도의 실재적 현전 교리와 유사한 어떤 것을 갖는다. 이것이 바로 가다머가 동일한 분석을 종교적 상이나 아이콘에 적용하는 이유이다. "말과 이미지는 [표현하고자 하는 대상을] 단지 모방적으로 예시하는 것이 아니다. 말과 이미지로 인해, 말과 이미지가 표현하고 있는 그것이 비로소 완전히 그것이게 된다. [···] 상은 하나의 존재사건이다"(TM 143-44/137-38). 가다머가 아이콘에 관해서 말하는 중이었기 때문에, 그가 왜 이미지뿐만 아니라 말에 대해서도 이야기하는 것인지는 분명치 않다. 아마도 우리는 이것이 모든 형태의 하나님의 말씀—성육신한 그리스도, 성서, 그리고 성서에 근거한 설교—안에서의 하나님의 실재적 현전을 시사하고 있다고 여길수 있다. 골로새서 1장 15절에서 그리스도는 보이지 않는 하나님의 상(εἰκὼν, 아이콘)으로 묘사된다.

그런데 우리가 초상화에 관해 말하건, 정물화에 관해 말하건, 풍속화에 관해 말하건, 혹은 아이콘에 관해 말하건, "재현은 본질적으로 재현되는 대상과 연결된다—실제로, 재현되는 대상에 속한다"(TM 139/134). 거울 이미지와 같은 것을 우리에게 부여하는 기계적 기술, 예컨대 사진조차도 "보는 것만으로는 발견되지 않는 어떤 것을 불러온다면, 예술적인 방식으로 활용될 수 있다. 이런 식의 상은 복사가 아니다. 왜냐하면 그것이 표현하고 있는 바는 그것이 없다면 그런 식으로 표현될 수 없는 것이기 때문이다." 모상된 (pictured) 대상은 "재현으로 표현된다. 그것은 재현 속에서 자신을 표현한다. [···] 그런데 만일 모상된 대상이 그런 식으로 자신을 나타낸다면, 이는 더 이상 어떤 우연적 사건이 아니라 그 고유의 존재에 속한다. [···] 이를테면 표현됨으로써 그것은 **존재의 증대**를 경험한다. [···] 유출의 본질은 유출된 것이 흘러넘친다는 점이다"(TM 140/135). 불에서 유출된 빛과 열이 불을 이루는 본질의 일부로서 불에 속해 있는 것처럼(빛과 열이 없는 불은 약한 불이 아니라 전혀 불이 아니다), 상으로 나타난 재현은 재현된 대상의 존재에 속한다. 그러므로, 거칠게 요약하자면 가다머는 "풍경은 오직 모상됨으로써만 상으로서의 생생한 것이 된다"(TM 142/136)라고 쓰고 있다. 모상된 것은 상과 분리되어 그 대상 자체로 존재할 수 없다. 존재하는 것은 보여지고, 현시되고, 드러난 것이다.

이러한 방식에서, 그리고 상에 대한 자신의 분석을 통해서, 가다머는 인식론적 언어와 존재론적 언어를 혼합한다. 한편으로, 그는 나타남의 언어, (재)표현의 언어, 스스로를 표현하는 어떤 것에 대한 언어, 어떤 것을 불러일으키는 언어를 말한다. 다른 한편으로, 그는 상을 존재사건, 심지어는 존재의 증대로 묘사한다. 이 두 가지 방식의 어휘들은 상충하지 않는다. 가다머의 관점에서, 스스로를 보여줌 또는 현시함은 모상될 수 있는 사태의 존재 자체에 속한 것이며, 이런 이유로 스스로를 드러내는 데 도움을 주는 상은 바로 사태의 존재 자체에 속해 있으면서 동시에 사태를 완성시키는 방향으로 이끌어간다. 이러한 드러냄, 보여줌, 현시, 계시의 사건은 가다머가 방법 너머의 진리로 이해한 것들이다. 따라서 가다머는 (언어적이고 공연적인) 놀이와 (비언어적이고 비공연적인) 상 사이를 옮겨가면서 언어를 활용한다. "재현이라는 놀이에 나타난 세계는 복사물처럼 현실세계에 버금가는 것이 아니라, 그 존재의 고양된 진리 안에 있는 세계다"(TM 137/132). 예술작품에 자기 자신을 개방시킴으로써 이 사건에 참여하는 것이 이해하는 것이다. 이는 진리로 말미암아 양육되는 것을 뜻한다. 물론, 우리의 지평이 학문과 오락, 계산과 쾌로 제한된다면, 우리는 가다머가 말하고 있는 바를 이해하는 데 어려움을 느낄 것이다. 그런데 만일 우리가 주의 깊게 살펴본다면, 우리는 삶이 이러한 메마른 세계 너머로 우리를 이끄는 순간들을 발견하게 될 것이다.

문학

귀속성이라는 범주가 가다머의 해석학에 핵심적인 것임은 분명하다(6-7장). 그런데 귀속성은 적어도 세 가지 차원으로 작동하는데, 우리는 이를 세심하게 구별해야 한다. 첫째, 영향사 의식에서 보듯, 우리는 우리 자신에게 귀속되기에 앞서 그리고 우리 자신에게 귀속되어 있는 내내, 역사(전통)에 속해 있다. 둘째, 독자(해석)는 텍스트에 속해 있는데, 텍스트는 그저 저자에게만 속한 것이 아니다. 언제나 독자는 이미 역사에 속해 있기 때문에, 자연히 해석은 독자의 역사적-언어적-문화적 위치에 따라 상대적이며 다양할 것이다. 셋째, 우리가 방금 다룬 예술작품에 관한 분석에서, 열이 불에 속해 있듯이 표현도 표현되는 대상에 속해 있으며, 소리가 파동에 속해 있듯이 예술작품 안에 '창조된' 세계는 '그 존재의 고양된 진리'로서 거기에 있는 유일한 세계, 즉 '현실' 세계에 속해 있다.

이러한 귀속성의 세 번째 차원은 가다머의 분석에서 적어도 두 가지 기능을 수행한다. 지금까지 우리는 방법 너머의 진리의 본질에 관한 가다머 자신의 물음에 답하는 데 귀속성이 도움을 주는 방식에 초점을 맞추었다. 이제 우리는 그 방식이 어떻게 귀속성의 두 번째 방식, 곧 해석이 이해되는 것에 속하는 해석의 귀속성을 알려주는지를 봐야 한다. 가다머의 문학(놀이와 구별되는 소설, 단편, 시, 등)에 관한 짤막한 논의가 여기서 우리에게 도움을 준다. 우리에게 서로 매우 다른 두 종류의 예술, 즉 공연예술(예를 들어 놀이와 음악)과 비공연예술(예를 들어 회화와 사진)이 있는 것 같아 보인다. 우리는 문학이 이 두 번째 부류에 속한다고 생각할 수도 있지만, 가다머는 예술의 두 가지 존재방식 사이의 첨예한 구별을 깨트리는 쪽으로 나아간다. "이해하면서 읽는다는 것은 언제나 일종의 재생산, 공연, 그리고 해석이다. [···] 읽는다는 것은 공적인 읽기나 공연과 마찬가지로 그 본성상 문학에 속한 것이다"(TM 160-61/153-54). 공연은 일종의 (공적인) 읽기이며, 읽기는 일종의 (사적인) 공연이다. 두 경우 모두, 공연한다는 것은 해석한다는 것이다.

해석을 공연과 동화시킨 다음 거의 곧장 가다머는 그것을 번역과 동화시킨다. "텍스트의 존재 방식에는 그 어떤 것과도 비교할 수 없는 유일한 무언가가 있다. 이 존재 방식은 이해로 번역하는 것에 관한 특수한 문제를 제시한다"(TM 163/156). 공연한다는 것—배우가 연극을 공연하거나 음악가가 소나타를 연주한다는 좁은 의미와, 소설을 읽는 것이 공연을 하는 것이라는 넓은 의미 모두로—은 번역을 하는 것이다. 번역한다는 것은 저자나 작곡가의 맥락과는 다른 의미론적 맥락에서 이해 가능하게 만드는 것(만드는 시도)이다.[16] 이것은 후대의 '공연자들'보다 저자의 세계에 더 가까이 속해 있는 첫 '공연자들'에게조차 해당된다.

우리는 방법 너머의 진리에 관한 물음에서 우리의 핵심 논제, 즉 그러한 진리에 대한 접근 방식으로서의 해석에 대한 논의로 돌아간다. 이 두 가지 해석 방식, 곧 공연과 번역은 해석의 상대성이 무제한적인 '의견의 무정부상태'라는 의미에서의 상대주의를 뜻한다고 보는 딜타이와 허쉬의 불안에 대한 가다머의 심화된 답변이 될 것이다. 가다머는 묻는다. "모든 텍스트의 의미는 그것들이 이해될 때에만 현실화되는가? 다시 말해, 연주가 들려오는 것(Zu-Gehör-Bringen)이 음악의 의미에 속하듯이, 이해는 텍스트의 의미에 속하는가(gehört)? 연주자가 자기 악보를 자유롭게 연주하는 것처럼, 우리가 텍스트의 의미를 자유롭게 주무르는 경우에 대해서도 여전히 이해라는 말을 사용해도 될까?"(TM 164/157)

우리는 이길 사람도 없이 누군가를 이길 수는 없다는 것을 이미 알고 있다. 그에 따라 이 장에서 우리는 가다머가 방법에 매여 있는 진리와 대척점에 둔 방법 너머의 진리라는 개념을 살펴봤다. 이제 우리는 작품에서 발견되는 진리에 동반되는 접근 방식에도 동일한

---

16 폴 리쾨르는 자신의 해석학 개념이 "번역 개념에 매우 가깝다"고 말한다(*Debate in Continental Philosophy: Conversations with Contemporary Thinkers*, ed. Richard Kearney [New York: Fordham University Press, 2004], 169).

일을 수행해야 한다. 가다머는 이것을 이해하고, 과학적 방법이라는 골리앗과의 대척점에 공연 및 번역으로서의 해석이라는 다윗을 두었다. 이제 더 가까이 다가가서 이 다윗을 살펴보자.

9

공연, 적용, 대화

공연

가다머는 인문학과 자연과학 양자 모두와 관련되어 있는 방법과 객관화의 유용성을 부정하지 않는다. 가다머의 주장은 스승인 하이데거의 주장과 마찬가지로, 저 유용성을 부정하는 주장이 아니라 해석이 보편적이라는 주장이다(*TM* xxix-xxx/xxvii). 이는 분야를 막론하고 방법적 학문의 경우 그 고유한 전통에 정초되어 있어서 그것 고유의 장점과 더불어 한계를 지닌 하나의 특수한 해석 방식이라는 의미다. 방법적 학문은 영향사 의식의 특수한 형태의 하나로, 그 고유의 해석학적 순환 내에 작동한다.[1] 방법은 정신과학의 영역에서 특별한 특권을 갖고 있지도 않으며, 사실 정신과학의 분야들이 갖는 가장 독특한 진리의 양상—곧 그 목적이 우리의 자연적, 사회적 환경에 대한 기술적 통제의 증대가 아니라, 자기-이해의 증대를 목표로

---

[1]   7장에서 헬름홀츠와 딜타이에 대한 논의를 보라.

하는 진리의 양상—으로부터 우리를 고립시킨다. 이것은 당연히 성서 해석자들(학자, 목회자, 그리고 평신도)이 주로 관심을 두는 종류의 진리다. 성서학자들이 이러한 진리가 자신들의 궁극의 목표임을 망각할 때, 그들은 살아 있는 하나님의 말씀에서 그 목소리를 박탈하여 그 말씀을 "부검을 위해 건네진 시신"(5장)으로 변질시킨다.

진리의 이러한 양상을 탐구하면서, 우리는 가다머가 고전 텍스트의 양상과 예술작품의 양상이 겹쳐 있는 작품에 주의를 기울이는 것을 보았다. 이렇게 하면서 가다머는 우선 드라마와 음악 같은 공연예술과 문학 같은 비공연예술을 구별한다. 그런 다음 가다머는 읽기가 일종의 공연이라고 주장함으로써 이 구별을 허문다. 차이가 있다면, (명백한) 공연예술의 경우에는 일차 해석자, 즉 햄릿 역을 연기하는 배우나 <망치 소나타>를 연주하는 피아니스트가 청중에게 해석을 제시하는 반면, (명백한) 비공연예술의 경우에는 소설, 단편, 시를 읽는 독자들(복수형임을 주목하라)이 작품의 해석을 자기 자신에게 제시한다는 점이다.

극장과 콘서트홀

여기서 가다머의 일반적 논지는 이해와 해석이 해석을 통해 이해되는 작품의 존재 자체에 속한다는 것이다(TM xxxi/xxviii, 164/157). 작품은 어떤 학문 방법의 지배를 받는 사물이나 완성된 **대상**이 아니라 **사건**이다. 즉, 해석의 과정에서 완성(에 이르지는 못하지만)을 향해 움직이는 끝나지 않는 사건이다. 비극과 소나타는 공연되기 위해 만들어진 것이다. 이러한 해석과 공연의 동일시는 유비 이상의 동일시다. 왜냐하면 연극을 하거나 음악작품을 연주하는 것은 대본이나 악보를 해석하는 것이기 때문이다. 가다머는 모든 해석 안에 공연의 구조가 들어 있다는 점을 여기에 덧붙인다. 즉, 모든 공연은 해석이고 **동시에** 모든 해석은 공연이다.

공연으로서의 해석이라는 이러한 해석은 크나큰 중요성을 갖는다. 왜냐하면 이러한 해석은, 상대성이 '어떤 것이든 다 좋다'는 태도를 함의한다고 가정하는 허쉬와 해석학적 다원주의 때문에 '의견의 무정부상태'가 일어날까봐 불안해하는 딜타이에게 가장 확실한 답을 제시할 수 있기 때문이다.

여기에는 주목해야 할 세 가지 사안이 있다. 첫째, 이 다원주의는 작품의 존재 자체에 내속한다. "우리는 시대와 상황의 변화 과정에 따라 매우 상이하게 자신을 나타내는 작품의 동일성이 무엇인지 묻는다. 작품은 그 동일성을 상실할 만큼, 변화하는 각 양상들로 와해되지 않으며 그 모든 변화의 양상 안에 존재한다. 그 모든 양상들이 작품에 속한 것이다"(*TM* 120-21/119). 우리는 시대에 따라 상이하다는 말 때문에 오해해서는 안 된다. 역사적으로 동시대를 사는 다양한 연주자들도 동일한 작품에 대한 **상이한** 해석들을 제시할뿐더러, 그들 자신의 공연 중에서도 서로 동일한 공연이 없다는 점을 계속 우리에게 보여준다. 작품의 "고유한 본래적 본질은 늘 다른 것이다. [⋯] 항상 다른 것으로만 존재하는 존재자는 역사에 속한 다른 모든 것보다 더 철저한 의미로 시간적이다. 그 존재자는 생성[차이]과 회귀[동일성]에서만 그 존재를 지닌다"(*TM* 123/121). 우리는 우리 자신의 모습을 통해서 이 구조를 이해한다. 나는 열다섯 살 때나 오십 살 때나 동일한 사람이지만, 동시에 상당히 **다르기도** 하다. 정신병이 없다면, 열다섯 살에 고등학교에서 운동을 했던 나와 오십 살에 산책 중 무릎 때문에 달려가지 못했던 내가 (다른 누군가가 아닌) 한 사람이라고 말하는 데 아무 문제가 없을 만큼, 변화와 차이를 관통하고 있는 충분한 연속성이 있다.

둘째, 각각의 공연이 동일한 작품에 대한 하나의 '반복'이라는 점이 "어떤 것이 문자 그대로 반복된다는 의미는 아니다. [⋯] 오히려, 모든 반복은 작품 그 자체만큼이나 근원적이다"(*TM* 122/120). 이는 배우나 연주자가 필연적으로 저자나 작곡가만큼 재능을 갖고 있다는 의미가 아니다. 배우 로렌스 올리비에(Laurence Olivier)조차 셰익스피어와 동등하지 않으며, 피아니스트 아르투르 슈나벨(Arthur Schnabel) 역시 베토벤과 동등하지 않다. 하지만 각각의 공연은 작품을 쓰는 일과 마찬가지로 유일한 사건이다. 왜냐하면 각각의 공연은 동일한 것에 대한 서로 다른 해석이며, 그로 인해 해석은 결코 단순 재생산일 수 없는 유일한 사건이기 때문이다(*TM* 296/296).

셋째, 이러한 다양성 안의 일치는 공연의 질과는 무관한 것이다. 따라서 작품이 "표현되면서 아주 많이 변형되고 왜곡되더라도, 그것은 여전히 그것 자체로 남아있다"(*TM* 122/120). 나는 몇 년 전 라디오에서 흘러나오는 베토벤의 바이올린 협주곡을 들은 기억이 있다.

그 협연자는 첫 악장을 정상 템포(알레그로)로 연주하기에는 너무 나이가 많아서 매우 느린 속도로 연주했다. 그 곡은 하이페츠(Heifetz)의 연주와는 매우 달랐지만, 그래도 분명 베토벤의 바이올린 협주곡이었지 브루흐의 협주곡은 아니었다. 난 하이페츠와 협연하는 것을 듣고 싶었지만 말이다. 또 다른 시기에 나는 동독의 피아니스트가 쇼팽을 연주하는 것을 들었는데, 그 연주는 고통스러울 정도로 딱딱했다. 동독 군대가 쭉 뻗은 다리로 행진할 때 행진곡으로 사용하기에 안성맞춤이었다. 나는 그걸 음악이라고 해도 되는지 잘 모르겠다. 하지만 분명 그 연주 역시 쇼팽의 곡이었지 슈베르트의 곡은 아니었다. 그것은 좀 나쁜 연주였을 뿐이지 내가 듣고 싶은 훌륭한 연주와 동일한 곡을 연주한 것이었다.

이렇게 공연의 질과 존재론적으로 무관하다는 점이 '어떤 것이든 다 좋다'는 것을 의미하는가? 가다머는 그렇게 생각하지 않으며, 그런 식의 결론에 맞서 공연의 본성 자체에 호소한다.

따라서 이해들의 단순한 주관적 다양성은 전혀 문제가 되지 않으며, 문제가 되는 것은 작품이 스스로를 있는 그대로 설명하면서 [우리의 친구 코끼리처럼] 다양한 양상으로 드러나는 작품의 고유한 존재 가능성들이다. […] 그러나 표현하면서 나타날 수 있는 변형들을 자유롭고 임의적인 것으로 간주한다면, 예술작품 [혹은 고전 텍스트]의 구속성(obligatoriness)을 제대로 인식하지 못한 것이다. 실제로 모든 변형들은 '올바른' 재현에 관한 최상위

기준의 지배를 받는다(*TM* 118/117).

표현은 작품에 "결부"되기 때문에 "임의적"일 수 없고 "알맞은"(correct) 것이어야 한다(*TM* 119/118). 다시 말해, 내가 만일 햄릿 역할을 연기한다면, 내 마음대로 "사느냐 죽느냐"(To be or not to be) 대신 "낚느냐 마느냐"라고 말해서는 안 된다. <함머클라비어 소나타> 악보에 있는 모든 올림다(C#) 음을 내 마음대로 내림가(A♭) 음으로 연주해서는 안 된다. 가다머는 이러한 제약 때문에, 표현이 "임의적"이기보다는 "구속적"이고 "경계가 있는" 것이며 "올바른" 혹은 "알맞은" 것을 요구한다고 말한다.

하지만

재현이 작품에 결부된다는 사실은 이 결부에 고정된 기준이 있을 수 없다는 사실로 인해 약해지지 않는다. [⋯] 그러나 우리는 어떤 특정한 해석을 경전처럼 여기는 것을 [⋯] 해석의 진정한 과제를 제대로 이해하지 못한 것으로 간주할 것이다. [⋯] 진정한 구속성은 모든 해석자들에게 직접 그 고유의 방식으로 구속성을 부과하되, 단순히 어떤 모형을 모방함으로써 해석자의 어려움을 덜어주는 것은 아니다. [⋯] 우리의 역사적 실존이라는 유한성의 관점에서 볼 때, 유일하게 올바른 해석이라는 이념 전반에는 어떤 부조리함이 있는 것 같다(*TM* 119-20/118).

우리는 어떤 곡에 대한 '결정적인' 해석이라고 홍보하는 음악 CD 광고 문구를 간혹 보게 된다. 하지만 음악을 사랑하는 사람이라면 결정판 같은 것은 존재하지 않는다는 점과, 그 광고가 훌륭한 연주 CD라는 주장을 상업적으로 과장해서 말하고 있음을 안다. 우리가 '자신의' 신학을 성서에 대한 결정적 해석으로 제시하는 순간은 언제나 과장이 오만이 되는 순간이 아닐까?

그렇다면 우리에게는 세 부류의 공연이 존재하는 것 같다. 첫째, 이러저러한 방식으로 부정확한, 단적으로 잘못된 공연이 있다. 대본이나 악보를 아예 위반한 것이다. 가다머의 말은 이런 가능성을 소홀히 하지 않는다. 둘째, 올바른 해석이지만 워낙 형편없는 방식이어서—앞서 말한 동독의 피아니스트처럼 올바른 음표와 리듬으로 연주하는 경우 또는 올바른 질서 안에서 올바른 말을 하는 경우—우리가 올바르지만 유감스럽다고 부르는 해석들이 존재한다. 마지막으로, 올바른 것이면서, 또한 가장 박식하고 안목 있는 판정가들(비평가들)이 훌륭하다고, 심지어 최고 수준, 세계적인 수준의 연주라고 평가하는 해석들이 존재한다.

여기에서 요점은 분명하다. 세 번째 범주에 속하게 될 여러 공연들이 있을 것이다. 그것들은 비록 **동일한** 작품을 표현한 것이더라도 서로 각기 **다를** 것이다. 이런 식으로 "작품의 고유한 존재 가능성들은 [⋯] 다양한 양상으로 [⋯] 드러난다"(*TM* 118/117). 우리는 여기서 가다머가 "이해는 순전히 재생산적인 활동이 아니라, 또한 언제나 생산적인 활동이다"(*TM* 296/296)라고 말할 때 의도한 바를 구체적으로 살펴본다. 만일 해석이 제멋대로 주관적인 것이 되지 않으려면, 대본, 악보, 텍스트의 제약에 종속되어야 할 것이다. 이것은 재생산의 순간으로, 데리다가 "이중 주석"(5장)이라고 부른 것이기도 하다. 그런데 데리다가 말한 것처럼, 이 재생산적 활동은 좋은 해석의 필요조건이지만 충분조건은 아니기 때문에, 그저 "난간"의 역할만 할 수 있다(5장, 각주 12). 해석은 또한 항상 생산적이기 때문에, 각기 다른 수많은 '적절한' 해석들이 있을 것이다. 예를 들어, 올리비에의 햄릿과 케네스 브래너(Kenneth Branagh)의 햄릿이 서로 다르고, 하이페츠의 베토벤과 안네-소피 무터(Anne-Sophie Mutter)의 베토벤이 서로 다르지만 모두 적절한 해석이다. 이것들은 기계적 재생산을 넘어서는 조명하는 힘과 (작품에) 충실함(faithfulness)이라는 "유연한" 기준(TM 119/118)을 통해서 평가받게 될 것이다. 만일 기계적 재생산으로 충분하다면, 내가 찍은 사진들은 안셀 애덤스(Ansel Adams)의 사진과 별반 다를 게 없는 것이겠지만, 그렇게 생각하는 사람은 나를 포함해 아무도 없다. 작품의 진리 주장은 진리 주장이 조명하는 것이고, 또한 그것에 충실한 것이다.

유사한 모형: 번역

가다머는 번역이라는 또 다른 영역에서 제한적이고 비임의적인 상대성과 다원성의 동일한 구조를 발견한다. [2]

번역자[공연자, 독자]는 대화 상대가 살아가는 맥락에서 의미가 이해되게끔 번역해야 한다. 물론 이것은 번역자가 다른 사람[저자]이 말하는 의미를 자유롭게 조작해도 된다는 말이 아니다. 오히려 의미는 보존되어야 한다. 그러나 또한 의미는 새로운 언어 세계 내에서 이해되어야 하기에, 새로운 방식으로 그 타당성을 확립해야 한다. 따라서 모든 번역은 번역이면서 동시에 해석이다(*TM* 384/386).

번역자에겐 제약이 있다. 번역자의 작업은 텍스트에 '결부되어야' 하고 '적절해야' 한다. 번역자는 부정과거시제 동사를 미래시제로 자유롭게 번역하면 안 되고, *Ich liebe dich*나 *Je t'aime*[나는 당신을 사랑합니다]를 '나는 멸치류를 싫어합니다'로 번역하면 안 된다. 다시금, 우리에게는 세 가지 종류의 번역이 있게 된다. 번역자가 저지른 실수 때문에 올바르지 못한 나쁜 번역이 있을 것이다. 또한 올바르긴 하지만 딱딱하거나 시대에 맞지 않는 번역, 아니면 그 밖의 방식으로 한 세계에서 다른 세계로 노련하게 옮기지 못한 번역이 있을 것이다. 그 다음으로, 의미를 한 세계에서 다른 세계로 효과적으로 전달함으로써 텍스트의 의미에 충실한 올바른 번역이 있을 것이다. 따라서 성서를 수족(Sioux)에게 번역할 때 좋은 번역은 아마도 이스

---

2   *TM* 163-156에서 가다머는 "해독하기"와 "해석"을 서로 교환 가능한 것으로 다루지만, 이것은 해독하기를 순전히 재생으로 보는 앞서 제시한 맥락(5, 6장)의 의미에서 그렇다는 말은 결코 아니다.

라엘의 왕들에 관한 언급과 왕 중의 왕으로서의 하나님에 관한 언급을 추장에 해당하는 수족의 어휘로 옮기는 것이다.

이 마지막 부류가 좋은 번역들, 심지어는 최상의 번역들일 것이다. '결정적인' 연극이나 소나타 공연이 존재하지 않는 것처럼, 고전 텍스트에 대한 '결정적인' 번역도 존재하지 않는다. 물론 나는 내가 좋아하는 햄릿이나 <망치 소나타>나 성서 번역을 가질 수 있다. 하지만 어떤 하나가 올바르고 그 밖의 다른 모든 것들은 잘못되었다고 주장한다면 어리석은 일일 것이다. 만일, 이를테면 내가 성서에서 어떤 구절을 이해하고자 한다면, (내가 그것을 원어로 읽을 수 있다고 해도) '가장 좋은' 다양한 번역본들을 참고하는 게 현명할 것이다. 여기서 다시 한 번 말하지만, 해석학적 다원주의는 무정부 상태가 아니라, 정도의 차이는 있겠지만 텍스트 및 궁극적으로는 텍스트의 주제의 임무 달성에 몸담은 규율과 자유를 결합한 것이다.

이것이 성서 해석에 대해 함의하는 바는 매우 분명하다. 가다머가 논증한 것처럼 만약 모든 번역이 해석이고, 역으로 모든 해석이 번역이라면, 즉 한 맥락에서 다른 맥락으로 의미를 나르는 것이라면, 모든 신학은 번역이다. 따라서 단 하나의 올바른 '결정적' 신학이 존재하고 다른 모든 신학은 잘못된 것이라고 주장한다면(물론 어떤 신학들은 다른 해석/번역처럼 잘못된 것일 수 있겠지만) 어리석은 일일 것이다. 오히려 우리가 성서와 궁극적으로는 성서의 주제인 하나님 및 하나님과 우리의 관계를 이해하기 원한다면, '가장 좋은' 다양한 신학들을 참고하는 게 현명할 것이다.

적용

 우리는 번역자에게 한 (언어적, 문화적, 사회적) 세계에서 다른 세계로 의미를 전달하는 것이 무엇을 의미하는지 더 면밀하게 살펴보아야 한다. 두 인격이 대화에 관여할 때, 두 가지 다른 세계의 접촉이 일어난다. 심지어 그 둘이 동일한 시대를 살고 동일한 가족에게서 길러진 쌍둥이라고 하더라도, (의미와 진리, 지평들의 연결망인) 그들의 세계가 아무리 유사하다고 하더라도, 그 둘은 두 개의 다른 세계에 거주한다(존재한다). 우리가 그 쌍둥이는 서로를 이해한다고 말할 때, 우리는 그 둘이 똑같아져서 차이가 없어지고 이제 오직 하나의 인격 내지 관점만 있다는 것을 뜻하는 게 아니다. 우리가 의도하는 바를 순환(원)으로 생각해 본다면, 두 세계는 이제 서로 겹치는 부분이 없거나 접점만을 가지고 있는 순환이 아니라, 서로 충분히 겹치는 순환이다. 그래서 우리는 두 사람이 서로를 오해한다고 말하는 것보다 서로를 이해한다고 말하는 게 왠지 더 타당하다고 느낀다. 이는 두 사람이 논의 중인 문제의 진리에 대해 서로 합의에 이르렀다는 의미가 아니다. 다만 서로의 이야기 안에 내재한 진리 주장을 서로 이해했다는 점만을 의미한다.

 적어도 이것은 가다머가 오해로부터 이해, 즉 해석의 목적을 구별하는 노선을 따른다. 그는 이를 "지평들의 융합"(*TM* 301-7/301-6)이라고 부른다. 시각적으로, 더 나아가 언어적으로나 개념적으로, 한 지평은 끊임없이 움직이는 순환이고 나는 그 가운데 있다. 나는 그 안에서 (지금 이 순간) '볼' 수 있는 것을 볼 수 있다. 그리고 그 너머에 남아 있는 것은 (지금 이 순간에는) '보이지 않는 것'이다.

지평들의 융합에 관해 말하면서, 가다머는 실제로 "하나의 거대한 지평"과 "단일한 역사적 지평"(TM 304/303)에 대해 말한다. 하지만 이것이 저자와 독자의 지평적-역사적 거리가 없어진다는 의미는 아니다(TM 297/297). 그것은 "언제나 우리의 고유한 특수성뿐만 아니라 타자의 특수성까지도 극복하여 더 높은 보편성으로 고양하는 것과 관련한다"(TM 305/304). 성공적인 번역은 두 세계가 순전히 개별적인—서로에게 이질적이고, 폐쇄적이며, 중첩되지 않는—것에 머물지 않고, 더 큰 공동체—그 안에서 이해를 가져오는 대화에 의해 차이가 폐기되지 않고 매개되는 공동체—의 일부가 됨을 의미한다.

우리는 여기서 해당 지역의 언어를 구사하지 못하는 점령군과 양쪽 언어가 가능한 통역자가 있는 점령군 사이의 차이를 상상해보면 된다. 후자의 경우 비록 합의는 이뤄지지 못하더라도 이해는 이뤄질 수 있다. 혹은 결혼 상담사에 대해 생각해볼 수 있다. 상담사는 (1) 아내가 상황을 어떻게 이해하고 있는지를 말하게 하고 (2) 그런 다음 남편 자신이 상황을 어떻게 이해하는지가 아니라 그의 아내가 상황을 어떻게 이해하고 있는지를 남편이 말하게 하고 (3) 그런 다음 과연 남편이 아내의 말에 귀를 기울이고 제대로 이해한 것인지 여부를 아내에게 묻는다. 이때 그녀가 이해받았다고 느끼기까지, 그리고 그런 과정이 남편 방향으로도 반복될 수 있기까지 여러 번의 노력이 필요하다는 점을 쉽게 상상해 볼 수 있다. 여기서 다시금 이해는 합의를 전제로 하는 것이 아니며, 화행을 통해 생겨나는 진리 주장에 대한 충분한 파악을 전제로 하는 것이다.

비록 우리는 텍스트에 관해 말하는 중이지만, 일상적 대화에서 비롯된 이러한 예들은 적절한 것이다. 가다머는 텍스트가 우리에게 말하고, 말을 건네고, 요구한다는 것을 꾸준히 주장한다. 우리는 단지 '이 텍스트가 저자와 첫 독자들에게는 원래 무엇을 의미했는가?'를 물을 뿐만 아니라 또한 '이 텍스트는 지금 여기에서 나에게, 우리에게 무엇을 의미하는가?'를 항상 묻는다. 다시 말해, 가다머에게 있어 현재에 적용하는 것은 해석을 구성하는 하나의 필수요소다. 가다머의 삼중 요소는 이해, 해석, 적용이다. 이 셋이 함께 "하나의 통합된 과정으로" 구성되며, "우리는 적용 또한 이해와 해석만큼이나 해석학적 과정의 필수요소로 간주한다"(*TM* 308/306-7).

우리는 이해와 해석에 대해서는 이미 검토한 바 있다. 해석학적 순환 내에서 우리는 선이해(선-입견)를 기반으로 삼아 해석한다. 이 선이해는 새로운 해석들로 이어지면서 개정되거나 대체될 수 있다. 하지만 우리가 "이해는 이해 대상인 텍스트를 해석자의 현재 상황에 적용하는 것과 같은 일을 항상 수반한다"(*TM* 307-8/306-7)는 점을 이해하지 못한다면, 과정을 생략하는 것이다. 만일 해석이 의미를 과거로부터 현재로 운반하는 것이라면, 우리는 과거와 현재 모두에 충실해야만 한다(*TM* 310/309. 또한 326-27/322-23 참조). 텍스트가 여러 요소들이 매우 복잡하게 모인 것이더라도, 하나의 텍스트에는 하나의 단일한 과거가 있다. 하지만 텍스트에는 여러 해석자들이 그 의미를 자신들의 현재로 번역하고자 하는 수많은 현재들이 있다. 그래서 독자들의 해석이 **상이한** 여러 맥락에 따라 상대적인 한, 독자 자신이나 다른 이들에게 같은 의미를 **상이하게** 제시하는(공연하는, 번역하는) 다양한 독자들이 있을 것이다. 적용은 성서를 해석하는 그리스도인들에게 특별히 중요하다. 왜냐하면 그들의 "소명은 성서를 **구현하는** 것이기" 때문이다. "그리스도인 공동체가 자신들의 경전 해석을 구현하는 일에 헌신하지 않으면, 성서는 경전으로서의 성격을 상실한다."[3]

적용의 두 가지 특징은 가다머에게 특별히 중요하다. 그중 하나는 적용이 단지 이론에만 관련되는 것이 아니라 실천에 관련된다는 점이다. 이런 이유로 가다머는 해석을 이론적 지혜(nous, epistēmē, sophia)보다 아리스토텔레스가 실천적 지혜(phronēsis)라고 부른 것과 동질화시킨다.[4] 가다머가 관여하는 텍스트들은 그저 다양한 종류의 이론을 낳는 것들이 아니다. 텍스트는 사태가 어떻게 존재하는지를 기술함으로써, 삶을 함께 살아가는 공동체를 세우고 자양분을 공급하는 일에 어느 정도 이바지한다. 그러나 사태가 어떻게 존재할 수

---

3   Stephen E. Fowl and L. Gregory Jones, *Reading in Communion: Scripture and Ethics in Christian Life* (Grand Rapids: Eerdmans, 1991), 1, 20. 이 구현은 또한 경전에 대한 연주로 기술될 수 있다. *Ibid.*, 62-64, 80을 보라.

4   아리스토텔레스나 가다머를 언급하지 않으면서 포울과 존스는 해석이 "실천적 지혜의 덕"(*Reading in Communion*, 30, 39)을 요구한다는 점을 긍정한다. 그것은 그저 기술의 문제가 아니라 기술과 덕의 문제, 즉 습관화된 성격의 문제다(*ibid.*, 35-36, 40, 49).

있으며 어떻게 존재해야 하는지를 규정함으로써, 텍스트는 그런 일들에 특히 이바지한다.

적용의 실천적, 행동적 성격에 대한 이러한 강조는 의외가 아니다. 담화 이론의 맥락에서(3장), 우리는 화행이 사실에 대한 주장으로 제한되지 않는다는 점을 보았다. 여기에는 서술과 마찬가지로 명령이 존재하며, 어떤 특정한 방식의 행위와 태도를 요구한다. 월터 스토프는 전형적인 신적 화행이 단순히 어떤 사실에 대한 주장이 아니라 약속과 명령임을 지적했다. 우리는 머리 없는 아폴로 상에서 릴케가 발견한 명령을 살펴본 바 있다(8장). "너는 너의 삶을 바꾸지 않으면 안 된다."

나는 오래전 읽었던 책자를 기억한다. 거기에서 루터는 네 가지 물음을 제시한다. 그것은 우리가 성서를 읽거나 읽는 소리를 듣는 순간순간마다 스스로에게 던져야 할 물음이다. "나는 무엇을 믿어야 하는가? 나는 무엇을 해야 하는가? 내가 회개해야 할 것은 무엇인가? 내가 감사해야 할 것은 무엇인가?" 루터의 맥락에서는, 심지어 첫 번째 물음도 순수하게 이론적이거나 사실적인 영역을 넘어서 인격적이고 실천적인 영역으로 우리를 인도한다. 왜냐하면, 무엇보다도 지금 우리에게 적용되는 하나님의 약속은 하나님의 말씀을 듣는 중에 믿어야 하는 것이기 때문이다. 여기서 믿는다는 것은 신뢰하는 것이고 또한 그렇게 신뢰한 대로 행동하는 것이다. 이런 식의 사유의 초기 형태에서는 하나님의 영감으로 이루어진 성서가 "교훈과 책망과 바르게 함과 의로 교육하기에 유익하다"(딤후 3:16)고 우리에게 말한다.

두 번째로, 적용은 의미를 구체화하는 것, 즉 추상적인 언어에 특정한 세부 의미를 부여하는 것을 포함한다(*TM* 329/325). 미국 독립선언문에 있는 "모든 사람은 평등하게 창조되었다"는 문구를 예로 들어보자. 좋은 말이긴 하지만, 이 말을 이해한다는 것은 이 말을 특정한 맥락에 적용하는 다양한 해석 행위 속에서 구체적인 의미를 부여한다는 것이다. 본래 기록된 헌법에서 "사람"(men)이란 말은 모든 사람(all humans)을 가리키는 차별 없는(gender-free) 말이 아니었다. 노예와 여성은 사람이란 말의 의미에 포함되지 않았다. 19차 수정헌법(1920)이 나올 때까지 여성에게는 투표권이 없었다. 노예들은 각 주별 하원의 의석수를 결정하는 인구수를 계산할 때 한 명이 아닌 3/5명으로 간주되었고, 누군가의 소유물이라는 지위도 여전히 남아 있었는데 논란이 되지도 않았다. 노예해방선언, 14차 수정헌법, 1964년의 민권법과 1965년의 선거권법과 같은 그 이후에 제정된 시민권은 제퍼슨이 작성한 저 문구를 적용함에 있어 원래 적용했던 방식 즉 원래의 의미와는 극적으로 다르게 구체화해서 해석하고 이해한 것이다.

가다머는 아리스토텔레스의 실천적 지혜 개념과 관련하여 다음과 같이 말하면서, 이해와 해석과 적용의 불가분성을 표현한다. 아리스토텔레스에게

적용은 미리 주어진 어떤 보편적인 것을 특수한 상황에 관련시

키는 방식으로 이루어지지 않는다. 전통적인 텍스트를 다루는 해석자는 그것을 자기 자신에게 적용하려고 한다. 하지만 이는 텍스트가 그에게 어떤 보편적인 것으로 주어지고, 먼저 그 자체를 이해하고, 그 다음에 특수한 상황에 적용하기 위해 그 것을 활용해야 한다는 의미가 아니다. [⋯] 적어도 해석자가 이해하고자 한다면, 텍스트를 이 상황에 연관시켜야만 한다(*TM* 324/321).

따라서 예를 들면, 내가 전쟁, 사형, 정당방위의 경우에 살인을 해도 되는지 여부를 모른다면, 그리고 어떤 상황 하에서 이런 경우가 허용되는지를 모른다면, 나는 '살인하지 말라'는 명령이 의미하는 바를 이해하지 못한 것이다. 이와 유사하게, 나는 어떤 행동이 배제되고 어떤 행동이 허용되며 또 어느 정도 수준에서 허용되는지를 구체화하는 적용들과 별개로, '잔혹하고 이례적인 처벌' 내지 '고문'이 무엇인지를 이해하지 못한다. 이해한다는 것은 적용한다는 것이다. 다르게 적용한다는 것은 다르게 이해한다는 것이다.

여기에 허쉬와 구별되는 뚜렷한 차이점이 있다. 허쉬는 자신이 의미라고 부르는 것과 의의라고 부르는 것을 첨예하게 분리시키려고 한다. "**의미**는 텍스트에 의해 재현된 것이고, 저자가 특정한 기호들을 배열하여 의도한 것으로, 그 기호들이 재현하는 바다. 반면에 **의의**는 사람, 혹은 개념, 혹은 상황, 혹은 무엇이든 실제 상상할 수 있는 것과 의미의 관계를 지정한 것이다." 이 마지막 요점을 더

간결하게 나타내자면, 의의는 의미의 "가치 내지 현재와의 관련성 이다"(*VI* 8, 57).[5]

우리는 허쉬가 왜 이런 구별을 가능한 첨예하게 하려 하는지 이미 살펴보았다(4장). 그는 (1) 저자가 의도한 의미가 단일하고 규정된 불변의 의미라고 믿고 (2) 저자의 의미가 객관적으로 식별될 수 있다고 믿으며 (3) 이러한 고정되고 규정된 의미에 대한 의의는 그것이 발견되는 여러 맥락들만큼 다양할 것이라고 믿고 (4) 수많은 상이한 맥락에 따른 의의의 상대성은, 그 상대성이 해석이란 과제에서 철저하게 배제되지 않으면, '어떤 것이든 다 좋다'는 상대주의로 귀결될 것이라고 믿는다. 그래서 그는 의의가 "해석의 […] 적절한 대상"이 아니며 "해석의 유일한 대상은 언어적 의미"라고 주장한다(*VI* 57).[6]

'의의'와 '적용'이 대략적으로 유사하다는 점은 분명하다. 이 둘은 텍스트가 우리에게 지금 여기에서 말해야 하는 것과 관련되며, 그에 따라 텍스트를 이해함에 있어서의 다양성 및 상대성을 수반한다. 가다머와 허쉬 사이의 쟁점은 위 단락에서 제시된 논제 중 두 번째 및

---

5   우리는 이 두 절차를 '발굴'과 그에 따른 '적용'으로 기술할 수 있다. 여기서 첫 번째 것은 이해관계가 없는 무관한 방관자를 전제하고 있으며, 두 번째 것은 그 반대의 것을 전제한다. Fowl and Jones, *Reading in Communion*, 4를 보라. 포울과 존스가 가다머를 언급하고 있지는 않지만, 그들도 가다머처럼 이 분리에 반대한다. 또한 *VI* 57-58을 보라.

6   저자의 언어적 의미, 즉 저자가 의도한 바는 "언어적 의미"를 통해서 이해된다. '모든 사람이 평등하게 창조되었다'라는 문구가 여성과 아프리카계 미국인도 백인 남성과 동등한 투표권을 가져야 한다는 의미를 내포한다고 말한다면, 이 역시 분명 하나의 언어적 의미를 표현한 것이다. 적용이 달라지면 언어적 의미도 달라진다.

네 번째와 관련된다. (2)에 관해서, 텍스트에 대한 저자의 이해를 식별하기 위한 언어적-심리적 내지 문법적-역사적 작업을 수행함에 있어, 우리가 충분히 객관적일 수 있다는 생각에 대해 가다머는 허쉬보다 덜 낙관적 태도를 취한다. 왜냐하면 부분적으로는 저자의 자기의식이 저자에게 완전히 투명하다는 점이 의심스럽기 때문이고, 또 부분적으로는 관련 연구가 전제들로부터 자유롭지 않은 해석학적 순환 내에서 일어나기 때문이다. 그럼에도 허쉬는 해석을 **재생산적** 차원으로 말함으로써, 자신이 예비 작업으로 여기고 있는 이 작업이 가능한 최고 수준의 객관성을 목표로 해야 한다는 점을 인정하는 것으로 보인다. 우리의 제퍼슨 사례가 시사하는 것처럼, 결국 그 과제의 목적은 저자의 적용이 포함된 저자의 의도를 재생산하는 것이다.

그러나 가다머는 해석의 재생산적 측면이 생산적인 측면과 구별될 수 있고, 과거의 의미가 현재의 의미로부터 구별될 수 있음을 인정하면서도, 그것들이 분리될 수 있다는 생각에는 반대한다. 물을 H_2O로 나타냄으로써 우리는 수소를 산소로부터 구별해낸다. 그런데 만일 우리가 이 둘을 분리한다면, 우리는 더 이상 물을 가질 수가 없다. 그래서 허쉬와 가다머의 차이의 핵심은 (4)와 관련된다. 여기서 다시금 해석을 적용이나 의의로부터 분리시킬 수 없는 두 가지 이유가 나온다.

첫째, 가다머는 의의나 적용이 다원적이고 해석이 일어나는 맥락에 따라 상대적일 것이라는 점에 동의하는 반면, 우리가 이미 살펴본 대로 이러한 상대성이 '어떤 것이든 다 좋다'는 식의 태도를 수반

한다는 점은 부정한다. 해석 과정 전체에 현재와 마찬가지로 과거에
도 충실해야 한다는 제약이 있다. 순수하게 저자의 의미만을 되풀이
한다는 오직 하나의 올바른 해석과 허쉬와 딜타이가 두려워한 무질
서한 무정부상태 사이에서 간단하게 이것이냐/저것이냐로 접근하는
태도는 임의적이며 또한 추상적이다. 사람들은 '나는 멸치류를 싫어
하기 때문에 사순절 속죄 의식으로 그것을 먹어야 한다'라는 의미를
표현하고자 *Ich liebe dich*나 *Je t'aime*라고 말하지 않는다. 만일 어떤
사람이 그렇게 했다면, 우리는 그 사람에게 가서 그대가 의미하고자
하는 바를 잘못 표현한 것이라고 별 거리낌 없이 말해줄 것이다.

둘째, 가다머의 입장은 저자의 의미, 즉 재생산하는 순간이 예비
적인 것이지 그 자체가 주된 것은 아니라는 입장이다. 우리는 여전
히 살아 있는 경전의 일부로 여기는 텍스트를 읽음에 있어서, 박물
관(또는 능)에서 '이 텍스트들은 그 옛날 어떤 언어 게임을 했을까?'
라는 물음을 자신의 근본 물음으로 삼는 호기심 많은 골동품 구경꾼
이 아니다. 그런 물음도 중요하다. 하지만 그것은 지금 여기에서 텍
스트가 우리에게 말하는 것을 듣기 위한 시도의 일부이긴 하나 궁극
적인 것은 아니다. 그러므로 저자의 의미가 해석이 추구하는 궁극의
'그 적절한 대상'이란 말은 맞지 않다. 저자의 의미는 텍스트가 지금
여기에서 우리에게 말하는 바, 즉 '**그 적절한 대상**'에 이바지하는,
궁극에 못 미치는 하나의 적절한 대상일 뿐이다. 성서 해석의 목표
가 거룩한 삶이듯이 말이다.

월터스토프는 상대주의에 대한 불안감을 갖고 있음에도 불구하

고, 이 점에서 허쉬보다 가다머에 가깝다. 그의 신학적인 이중 해석학은 '성서 저자가 말했던 것을 통해 하나님께서 지금 여기에서 우리에게 무엇을 말씀하시는가?'라는 근본 물음에 대한 예비적 물음으로 '성서 저자가 그 당시에 무엇을 말했는가?'라고 묻는다. 가다머처럼, 월터스토프에게 있어 해석학의 과제를 과거에 관한 물음으로 환원하는 것은 추상적으로 사고하는 것이며, 과정 전체에서 본질적인 부분이 무엇인지를 혼동한 것이다.

가다머는 슐라이어마허가 일반 해석학—또는 리쾨르가 말한 것처럼 "탈영역화된" 해석학—에 통합하려고 했던 해석의 세 분야에 주목함으로써 이 두 번째 물음을 뒷받침하려고 한다. 여기서 세 분야란 문학(또는 '문헌학'), 법학, 신학이다. 가다머는 해석과 적용의 불가분성이 법률과 신학에서 가장 명백하게 나타난다고 본다.

> 법학적 해석학과 신학적 해석학에는, 고정된 텍스트—법전[헌법이나 법규]이나 복음서—와 이를 구체적인 해석의 순간에 적용함으로써 도달한 의미—판결이나 설교—사이의 본질적인 긴장이 존재한다. 법률은 역사적으로 이해하기 위해 존재하는 것이 아니라, 해석함으로써 법적 효력으로 구체화하기 위해 존재한다. 이와 비슷하게, 복음서도 순전히 역사적 문헌으로서 이해하기 위해 존재하는 것이 아니라 구원의 효력을 미치는 것과 같은 것을 취하기 위해 존재하는 것이다. 이는 법전이든 복음서든 두 텍스트 모두 적절하게—이를테면 텍스트의 요구를 따라—이해

되려면, 매 순간마다 구체적인 상황에서 각기 다른 새로운 방식으로 이해되어야 함을 함축한다. 여기서 이해는 항상 적용이다 (TM 308-9/307-8).

이 맥락에서, "규범적 기능[지금 우리에게 말을 건네는 요구]과 인지적 기능[저자(들)가 이해한 의미]을 구별하는 것은 명백히 하나로 뭉쳐져 있는 것을 분리시키는 것이다."[7] 게다가 "규범적 적용에서 나타나는 법의 의미는 텍스트를 이해하면서 이르게 된 의미와 근본적으로 다르지 않다"(TM 311/309). 다시 말해, 법률에 관한 해석은 죽은 인공물에 그치지 않고, 모든 텍스트 해석에 있어서 하나의 모형이다.

문헌학[8] — 이제 가다머는 문학 텍스트와 더불어 철학 텍스트를 여기에 포함한다 — 의 경우에는 요점이 그리 분명치 않다(TM 332-33/328). 왜냐하면 이러한 텍스트 해석은 그 텍스트의 아름다움과도 관련하고 진리와도 관련하기 때문이다. 즉, 그것의 "본보기를 예시하는" 성격과 관련하기 때문이다(TM 335/331; 337-38/332-33). 그러한

---

7   나는 우리가 그 기능들이 실제로 분리될 수 있다거나 후자의 차원이 일차적이라고 생각하지 않으면서, 그 둘을 개념적으로 구별할 수 있다고 주장했다. 나는 가다머가 이러한 더 세심한 정리에 동의할 것이라고 생각한다.

8   하지만 가다머는 "영웅문학이 [도덕적 내용을 진지하게 여겼던] 후대 사회의 도덕적 경전들의 핵심 부분을 제공했다"는 알래스데어 매킨타이어의 주장에 '아멘'으로 응답할 것이다(MacIntyre, *After Virtue: A Study in Moral Theory* [Notre Dame, IN: University of Notre Dame Press, 1981], 123. 『덕의 상실』[문예출판사 역간]). 셰익스피어를 자신의 세속 종교의 성서라고 이야기하는 블룸의 예를 상기하라(8장).

텍스트를 해석함에 있어 "우리는 그것들에 대한 어떤 역사적 거리를 자유롭게 채택할 수 없다." 왜냐하면 역사 연구를 과학적이게끔 만드는 것은 "바로 전통을 객관화하고, 이해에 있어 해석자와 그 시대의 영향을 방법적으로 제거하는" 데서 비롯하기 때문이다. (TM 333/328-29). 객관적 과학으로서의 역사에 대한 자기-이해에 따라, "[역사가가] 자신을 텍스트의 수신자로 간주하며 텍스트가 자신에게 요구하는 바를 수용하는 것은 기본적으로 불가능하다." 왜냐하면, 재판관 및 설교자와는 달리, 역사가는 오직 "전승된 텍스트를 통해 과거에 대한 어떤 것을 발견해내려 하고 [⋯] 그 텍스트가 자신에게 규범적 정당성을 갖는다는 주장을 포기하기" 때문이다(TM 335/330-31; 337/332).

우리는 가다머가 해석학의 재생산적 차원이라고 부른 것을 여기서 분명하게 말하고 있다(5장). 문헌학(신학을 말하는 것이 아니라 철학과 문학) 종사자들에게는 이러한 역사가의 모형을 따라 그들 자신에 대해 사유하는 것이 분명 가능하다. 이 셋은 다음과 같은 단 하나의 물음만을 던질 것이다. 이것들은 그 당시 어떤 언어 게임을 했는가?

가다머의 응답은 이중적이다. 한편으로, 만일 우리가 역사 연구에 대한 이러한 설명을 받아들인다면, 이 경우 철학과 문학비평은 오직 과학적 객관성을 요구하는 유혹에 저항함으로써 인문주의적 사명을 유지할 수 있다. 더 중요한 것은 가다머가 "여기서 설정된 역사적 해석의 상 자체도 왜곡된 것은 아닌지" 묻고 있다는 점이다.

아마도 비평가와 문헌학자의 접근 방식뿐만 아니라 역사가의 접근 방식도 자연과학의 방법론적 이상이 아닌, 법학적 해석학과 신학적 해석학이 우리에게 제공하는 모형을 지향해야 할 것이다. [⋯] 역사가가 되려면 자신이 찾는 것의 의의[허쉬의 용어라는 점에 주목하라]를 이해해야 한다(*TM* 338/334).

확실히, 역사가는 사실들을 정립하려고 한다. "하지만 사실들은 탐구의 진정한 대상이 아니다. 사실들은 그저 [⋯] 역사가의 진정한 과제를 위한 자료다—즉 [⋯] 그것은 역사가 자신의 역사적 자기-의식 전체 내에서 어떤 사건의 역사적 의의를 정당하게 결정하고 수립하기 위한 자료다"(*TM* 338/334). 다시 말해, 철학적, 문학적, 법적, 경전적 텍스트의 독자들과 마찬가지로, 역사가에게조차도 "모든 읽기는 적용을 수반한다. 그래서 어떤 텍스트를 읽는 사람 자신도 본인이 파악하는 의미의 일부다. 그는 자신이 읽고 있는 텍스트에 속해 있다"(*TM* 340/335).

대화

가다머는 고전 텍스트가 우리에게 말하고, 말을 건네고, 올바르고 선하며 참된 것에 대하여 우리에게 어떤 요구를 한다는 점을 반복적으로 강조한다. 이런 점에서 고전 텍스트는 우리가 어떤 방법적 관찰에 종속시키는 대상이라기보다는 우리와 함께 대화에 참여하는 사람처럼 존재한다. 그래서 우리는 하나 이상의 해석 모형을 갖고 있다. 그 모형은 (1) 연극이나 소나타를 공연하는 것과 같고 (2) 한 언어에서 다른 언어로 번역하는 것과도 같으며 (3) 법조문을 특수하고 구체적인 상황에 적용하는 것과 같고 (4) 성서 텍스트를 신자들의 삶에 적용하는 것과도 같으며 (5) 또한 이제는 대화하는 것과 같다. 모든 경우에 있어 그 목적은 이해이다. 어떤 경우에도 그 수단은 객관화하는 방법이 아니다. 즉 주제를 하나의 관찰 대상으로 전환시키고, 그 관찰자를 전제와 관점에서 자유로운 무사심적 인물—'객관적' 관찰자—로 둔갑시키는 것이 아니다. 토론과 논쟁을 넘어선다는 의미에서 고정된 규칙은 없지만 제약들은 존재한다.

가다머의 대화로서의 해석 개념에는 네 가지 중요한 특징이 있다. 첫째, 그것은 타자의 목소리를 향한 개방성, 심지어는 상처받을 수 있는 가능성(vulnerability)을 요구한다. 이것은 참된 경청을 의미한다. "타자를 향한 개방성은 비록 나에게 강요하는 이가 없다 하더라도 나 스스로 나를 반대하는 것들까지 수용해야만 한다는 점을 포함한다"(*TM* 361/355). 여기서 전제는 내가 나의 "유한성과 한계성"을 자각하여 내가 어떤 것을 배우게 될 수도 있다는 점을 깨닫는 것이다. 나는 "나의 무지를 안다. 이것이 저 유명한 소크라테스의 무지의 지(*docta ignorantia*[박학한 무지])이다"(*TM* 362/356).

소크라테스적 대화가 바로 여기서 가다머의 해석 모형이다. 적어도 가다머의 해석에서 대화의 가장 중요한 특징은 해체적, 논박적 양상이 아니라 자신의 무지를 아는 지혜다. 이는 모든 것을 안다는 태도와 상반된다. 바로 이러한 이유로 방금 언급한 무지에 대한 앎이라는 부정적 양상은, 우월한 철학적 직관[9]으로 대체되어야 하는 열등한 형태의 지식으로서가 아니라 개방성에 대한 정신분석적 저항에 가까운 것으로서 견해(opinion(억견))를 겨냥한 것이다. "견해는 스스로를 전파하는 기이한 경향이 있다. [⋯] 그렇다면 어떻게 무지를 시인하며 물음을 제기하는 것이 가능하겠는가? [⋯] 물음을 던지는 '기술'로 숙련된 사람은 지배적 견해가 물음을 억누르지 못하게 방해할 수 있는 사람이다"(TM 366-67/359-61).

둘째, 물음과 묻는 행위에 대한 이러한 언급은 본질적인 것이지 우연적인 것이 아니다. 가다머가 염두에 두는 대화는 서로 물음을 던지는 것으로 이루어져 있다. 텍스트는 우리에게 진리를 요구함으로써 우리를 물음 가운데 둔다. 당신은 이것을 고려해봤는가? 당신은 문제의 이런 측면을 봐왔는가? 당신은 당신이 삶을 살아가는 방식이 함축하는 바를 의식하고 있는가? 등등.

우리는 어떤 물음에 대한 적절한 반응이 답변이라고 생각할 수도 있다. 그러나 가다머는 그로부터 자기 고유의 물음을 던지는 방향으로 나아가는 것이 적절한 반응이라고 제안한다. 소크라테스의 물음에 재빠르게 답했던 대화편에 등장하는 인물들은 '견해'라고 불려온 것들, 또한 독단주의나 근본주의로도 일컬어질 수 있는 것을 구현한 이들이다. 그들은 배울 필요를 느끼지 못해서 경청할 필요도 느끼지

---

9   플라톤이 이 방향으로 나아가는 지점은 소크라테스와 결별하는 지점이다.

못하는 이들이었다. 그들은 이미 모든 답을 갖고 있었다. 또한 그들은 카뮈가 오직 답만 존재하고 물음은 없는 세계라고 어딘가에서 정의했던 신화의 세계 속에 살고 있다. 더 나아가, 그저 질문을 던지고 질문을 받고자 하는 의지만 필요한 것이 아니라, 그렇게 할 수 있는 능력도 필요하다. 이는 자동적으로 이루어지는 것이 아니다. 모든 과학자들이 아는 바와 같이, 좋은 물음을 던지는 방식을 배우는 것은 적어도 다양한 답변들을 검사하는 방식을 배우는 것만큼이나 중요하고 어렵다.

셋째, 대화가 기꺼이 그리고 겸손하게 일어난다면, 대화 상대자들은 "대화를 이끌어가는 사람이 아니라 이끌리는 사람이다. [⋯] 이 모든 것은 대화가 대화 자체의 고유한 정신을 가지고 있다는 점을 보여준다"(TM 383/385). 우리가 논증이나 증거를 따라 말할 때, 그것이 어느 방향으로 이어지든지 간에 이런 생각을 드러낸다. 왜냐하면 (1) 대화의 당사자들이 자기들이 알아야 하는 모든 것을 알지 못함을 인정하고 있으며 (2) 찰스 샌더스 퍼스가 "고집의 방법"[10]이라고 부른 것을 실천할 정도로 현재 통용되는 '견해'에 집착하고 있지 않기 때문에, 대화 당사자들은 대화가 자신들을 인도하는 곳을 발견하면서 가끔씩 놀라게 된다. 그런데 대화가 두 인격 사이에 일어나는 경우라면 이런 현상을 이해하기 쉽지만, 대화 상대자들 중 하

---

10   Charles Sanders Peirce, "The Fixation of Belief," in *Collected Papers of Charles Sanders Peirce*, vol. 5, *Pragmatism and Pragmaticism*, ed. Charles Hartshorne and Paul Weiss (Cambridge, MA: Harvard University Press, 1960), 233-36.

나가 텍스트라면, 특히 그 텍스트가 성서라면, 다소간 어리둥절해진다. 하지만 우리는 약간의 상상력을 보태서, 성서가 그 자신의 복음 선포가 노예제 폐지를 요구하고 있음을 알게 되고 놀랐다고 말할 수도 있을 것이다.

이것은 가다머적 대화에 관한 마지막 네 번째 특징으로 이어진다. 대화의 목표는 우리 자신의 원래 관점을 우세하게 만들어서 승리를 쟁취하는 게 아니다. "대화를 통해 이해에 이른다는 것은 그저 자기 자신을 내세워서 자기 자신의 관점을 성공적으로 관철하는 것이 아니라, 이제까지 우리가 존재했던 그 방식 그대로에 머무르지 않고 어떤 공통의 교감으로 변화되는 것이다"(TM 379/371).

대화로서의 해석에 관한 가다머의 언급은 대부분 "텍스트와의 대화로 들어가는 것"을 기초로 하여 시작한다. 그런데 그는 사람들 사이에서 구어로 대화하는 모형이 "그저 〔해석에 관한〕 하나의 은유가 아니라 그 이상"(TM 368/361-62)이라고 주장한다. 그 이유 하나는 두 개의 '대화'가 동일한 목표를 갖고 있다는 점, 즉 자기가 아닌 다른 이의 목소리를 통해 말을 건네는 진리 주장들을 이해하는 것을 목표로 한다는 점이다.

하지만 명시적으로 그 중요도에 따라 전개하고 있지 않지만, 적어도 동일하게 중요한 또 다른 이유가 존재한다. 만일 사람들 사이의 대화가 독자와 텍스트 사이의 대화를 가리키고 조명한다면, 그 역도 참이다. 텍스트와의 대화는 독자들 사이에 일어나는 대화와 서로 얽혀 있다.

어째서 그런가? 한 사람의 독자로서 나와 텍스트의 대화는 해석학적 순환 내에서 일어난다. 나는 텍스트에 개방되어 있으면서, 텍스트에 주의 깊게 귀를 기울이며, 텍스트가 아마도 분명 '나와 반대되는' 생각으로 나를 이끌게 하면서, 내 안에서 작동하는 전제들을 개정하거나 대체한다. 그런데 나는 나의 변화가 진전을 나타내는지 여부를 어떻게 알 수 있을까? 정치인들은 자신들이 지지하는 변화를 모두 '개혁'이라고 부른다. 하지만 이 영예로운 용어가 자동적으로 어울리는 것은 아니다. 이와 유사하게, 나의 지평 안에서 읽고, 듣고, 질문하고, 질문을 받음으로부터 이어지는 변화들이 해당 주제에 대한 심원한 이해를 나타내는 표시일 수도 있고, 그렇지 않을 수도 있다. 내가 어떻게 알 수 있을까? 리쾨르가 "해석의 갈등"이라고 부른 것 안에서, 내가 어떻게 나쁜 것과 좋은 것을 구별할 수 있을까? 어쩌면 나는 코끼리를 로프 같은 것으로 보는 나의 협소한 관점을, 코끼리를 나무의 몸통으로 보는 동일한 수준의 협소한 관점으로 그저 대체해왔는지도 모른다(1장).

가다머의 대화 모형은 한 가지 분명한 답변을 내포한다. 나는 텍스트와 나누는 대화의 일환으로 다른 해석자들과의 대화를 수행할 필요가 있다. 힌두스탄에서 온 여섯 명은 시각장애로 인해 협소한 관점을 가지고 있으며, 그래서 코끼리에 대한 매우 왜곡된 생각을 가지고 있음에도 불구하고, 만일 그들이 서로의 통찰들을 공유하고 그 과정에서 자신들의 지평을 넓혔더라면, 좀 덜 불충분한 관점에 이르렀을 것이다. 교양(*Bildung*)의 목표는 바로 이렇게 어떤 특정한 관점에서 보다 보편적인 관점으로 이행하는 것이다(8장). 이것이 지평들의 융합이다.

고전 텍스트는 공동체를 세우고 공동체를 통해 뒷받침되지만, 또한 결과적으로 공동체를 뒷받침한다. 그러나 이는 또한 그것들에 대한 해석이 공동체적인 일이고, 독백이 아닌 대화적인 과정임을 의미한다. 해석은 한 공동체 내의 개인들 사이에서, 그리고 여러 공동체들 사이에서 일어난다. 만일 성서가 그리스도교 교회의 '고전 텍스트'라면, 그 교회는 결국 성서 해석의 공동체인 것이다. 해석이 대화라는 점, 즉 교회의 구성원들과 교회 공동체들이 성서와 성서의 주제—하나님, 그리고 하나님과 우리의 관계—를 이해하고자 나누는 대화라는 점은 교회의 정체성에 속한다.

10

대화, 자유주의-공동체주의 논쟁

정치적 자유주의: 교회를 위한 모형일까?

그리스도교적 해석학을 통해서 성서를 해석하는 이론에 대해, 특별히 글, 말, 묵상의 세 가지 방식으로 '수행되는' 성서 해석의 실천에 대해 고찰해보자. 성서를 해석하는 사람이라면 모두 마땅히 신학자라고 불릴 수 있겠지만, 우리는 여기서 일상적인 용례와 더 밀접한 의미에서의 신학자들을 설교자 및 평신도들로부터 구별해볼 수 있다. 신학자들의 해석은 책과 논문으로 기록되고, 목회자들의 해석은 주로 설교의 형태로 구술되며, 평신도들의 해석은 경건한 읽기라는 묵상의 형태로 조용히 일어난다.[1] 물론, 평신도도 주일학교 교사, 교리문답 교사, 혹은 부모의 직책을 수행할 때 다른 이들에게 말로 해석을 전달하는 설교자와 같은 역할을 한다.

---

[1]   우리는 성서 경전과는 별개인 신학적 경전을 구성하고 있는 그리스도교 저자들—갑바도기아 교부들, 아우구스티누스, 안셀무스, 아퀴나스, 루터, 칼뱅, 웨슬리 등—의 작품에 대한 해석도 포함시킬 수 있다.

우리는 이 과제가 이중적 대화라는 점이 가다머 해석학이 담고 있는 주요 함축 중 하나임을 앞서 살펴본 바 있다. 이는 '번역되고', '공연되고', '구현되는' 텍스트와 독자 사이의 대화이고, 또한 독자들 (그리고 읽기의 전통들) 가운데 일어나는 대화이다. 이는 교회의 **존재방식**이 다른 무엇보다도 우선, 교회를 세우는 '고전' 텍스트인 성서와 여러 세기에 걸쳐 발전되어온 전통들을 더욱 깊이 이해하려고 하는 공동체적 대화라는 것을 의미한다.[2]

이 대화의 성격은, 개인 및 공동체가 고전 텍스트(셰익스피어, 헌법, 성서)를 해석할 때 실제로 일어나는 일을 **기술하는** 가다머의 '탈영역화된' 일반적 해석학을 통해 조명될 것이다. 그러나 우리의 경우, 신학적 해석학이라는 특수한 해석학으로 돌아가기 때문에 몇몇 **규범적인** 고려가 나타날 것이다. 교회가 어떤 종류의 공동체인지에 대한 적절한 이해가 대화의 가이드라인을 잘 제공해줄 것이다.

이 지점에서 우리는 교회의 본질과 사명을 다루는 조직신학의 한 분야인 교회론에 곧바로 기댈 수도 있다. 하지만 우리는 이미 우리의 신학적 과제에 대한 통찰을 얻기를 바라는 마음으로 철학적 대화를 탐구해왔기 때문에, 아테네가 예루살렘에 도움을 줄 수 있는지 여부를 보기 위해 철학적 대화에 조금만 더 머물러보자.

---

2 이러한 해석학적 과제에 성서와 마찬가지로 전통(앞의 각주를 보라)이 포함된다는 점은, 양자의 관계에 관한 우리의 신학적 견해와는 무관하게, 그리고 성서 및 성서 이후의 전통에 관한 우리의 해석의 지침이 되는 전통의 역할을 우리가 얼마나 인식하고 있는지 그리고 얼마나 인정하려 하는지와는 무관하게 사실상 참일 것이다.

적어도 알래스데어 매킨타이어의 『덕의 상실』이 1981년에 출간된 이래로,[3] 철학자들 사이에 '자유주의/공동체주의' 논쟁이 있어왔다.[4] 양 진영은 종종 동문서답을 하는데, 우리가 살펴보겠지만 이는 그들이 동일한 물음에 대해 서로 갈등을 일으키는 답을 제시하지 않기 때문이다. 우리의 관심사는 신학적인 것이기 때문에, 이 전통을 포괄적으로 다루려 하지는 않을 것이다. 해석이라는 공동체적 대화로서의 교회에 대해 생각해보면서 문제 해결을 위한 장치로만 저 논쟁의 특징을 약간만 살펴볼 것이다.

우선 정치적 자유주의를 살펴보자. 정치적 자유주의는 개인의 권리와 제한적 정부라는 두 개념을 초점으로 삼는 타원이다.● 개인들의 권리는 자연적 권리로 간주된다. 적어도 개인의 권리의 근거가 실정법(the laws of the land)보다 선행한다는 의미에서 자연적이다. 권리장전(the Bill of Rights, 1791), 프랑스 인권선언(the French Declaration of the Rights of Man and of the Citizen, 1789), 유엔의 세계인권선언(the United Nations' Universal Declaration of Human Rights, 1948)에 명시된 것과 마찬가

---

3   Alasdair MacIntyre, *After Virtue: A Study in Moral Theory* (Notre Dame, IN: University of Notre Dame Press, 1981).

4   Michael Sandel, ed., *Liberalism and Its Critics* (New York: New York University Press, 1984). 이 책은 이 논쟁을 진행하면서 다양한 저자들의 해당 논쟁에 대한 초창기 저술들을 인용하고 있다.

●   두 초점을 사용하면 타원을 그릴 수 있다. 이때 타원의 두 초점과 타원의 둘레를 이루는 임의의 점을 각각 이어서 두 선분을 만들면, 두 선분의 길이의 합은 항상 일정하지만 각 선분의 길이는 서로 반비례한다. 즉, 이 표현은 개인의 권리와 제한적 정부라는 서로 반비례하는 두 축으로 정치적 자유주의가 그려짐을 나타낸다.

지로, 미국 독립선언문(1776)에 진술된 천부적이며 박탈할 수 없는 권리들이 그 예에 해당된다. 이 권리와 관련하여 제한적인 정부라는 개념은 이중적이다. 정부의 주요 과업(때로는 유일한 과업)은 이러한 권리를 침해하려는 자들로부터 권리의 소유자인 시민들을 보호하는 것이며, 따라서 정부 스스로가 법을 통해서든 법 바깥에서든 이러한 권리를 침해해서는 안 된다.

정치적 자유주의는 주로 두 개의 역사적 과정 덕분에 태어났다. 이를 낳은 그 첫 번째 부모는 군주의 권력을 제한하기 위한 기나긴 투쟁이다. 미국 독립혁명의 경우에는 심지어 의회 형태의 정부 권력을 제한하기 위한 투쟁이었다.[5] 심지어 민주주의 국가에서도 소수자들은 다수자들로부터 보호받아야 한다. 대헌장(Magna Carta, 1215)은 실제 그 효력보다도 이 과정의 시작을 상징적으로 나타낸다. 또 다른 부모는 종교개혁의 여파 속에서 종교의 자유와 양심의 자유를 향한 기나긴 투쟁이다. 종교개혁은 표면적으로 하나로 통합된 일관적인 그리스도교 세계였던 유럽의 모습을 산산조각 냈다. 종교개혁의 여파 속에서, 종교는 왕조의 야심과 짝을 이루어 종교전쟁을 일으키고 폭력과 억압을 행사하며 다양한 형태의 불관용과 박해를 가했다.[6] 신조에 대한 반대는 그저 종교적으로 설득하는 일에 머물지

---

5 〔미국 독립혁명의 발단이 된〕 1765년의 인지세법은 왕의 칙령이 아니라 의회가 제정한 것이었다.

6 Roland Bainton, *The Travail of Religious Liberty: Nine Biographical Studies* (Philadelphia: Westminster, 1951)를 보라.

않고 너무나 자주 선전포고가 되었다.

그래서 나타난 해결책은 정도의 차이는 있지만 정부를 세속화하는 것, 그리고 종파에 속하지 않은 정치적 공간을 창출하는 것이었다. 이는 정부가 종교에 기초하여 특정 시민들에게 특혜를 주거나 강제력을 행사하여 박해하지 않는 공간이었다. 또 이것은 미국에서 교회와 국가의 분리로 인식되었다. 따라서 권리장전의 일차 개정은 일련의 정치적 권리―언론 및 출판의 자유와 더불어 집회의 권리, 불만의 구제를 정부에 청원할 권리―를 명시하고 있지만, "연방의회는 국교를 정하거나 자유로운 신앙 활동을 금지하는 법을 제정할 수 없다"는 요구를 그 앞에 우선하여 명시하고 있다.

이 맥락에서 **자유주의**가 민주정과 공화정의 차이, 좌파와 우파라는 정책적 선호의 차이에 관한 것이 아니라는 점을 처음부터 명확하게 하는 것이 중요하다. 이따금씩 권리-자유주의나 고전적 자유주의로 불리는 것의 기본 구조는 좌에서 우(또는 우에서 좌)로 이어지는 스펙트럼을 포괄하고 있다. 스펙트럼의 왼편 끝 쪽에는 정부로부터 보호를 받을 권리에 대한 더 포괄적인 이해와 정부가 그 권리를 적극적으로 촉진함으로써 시민들을 보호할 수는 있지만 그 권리를 침해해서는 안 된다는 의식에 기초하고 있는 민주적 사회주의 내지 복지국가형 자유주의가 있다. 스펙트럼의 오른편 끝 쪽에는 권리에 대한 보다 더 제한적인 이해에 기초하여, 정부의 과업은 권리를 보호하는 것이지 촉진시키는 것이 아니라고 보는 보수주의 내지 자유지상주의가 있다. 즉, "최소로 통치하는 정부가 최고의 정부"[7]인 셈이며, 요컨대 이는 최소주의 개념인 "야경국가"인 것이다.[8] 이런 측면에서, 자유주의는 신학적으로 좌에서 우(또는 우에서 좌)로 이어지는 스펙트럼을 포괄하는 교회에 대한 하나의 모형일 수 있다.

정치적 자유주의는 어떤 일정한 **국가**에서 다함께 살아가는 삶의 방식을 명확히 설명한다. 이것은 어떤 의미로든지 간에 교회에 도움이 될 만한 모형인가? 글쎄, 아닐 것 같다. 정부 권력을 통해, 그리고 정부 권력으로부터 보호해야 하는 권리들은 우선 개인들의 권리이고, 권리-자유주의는 통상 하나의 개인주의적 정치철학으로 기술된다. 존재론적으로, 이것은 내가 한 시민이기에 앞서 온전히 한 인간이라는 점을 함축하는 것으로 보인다. 시민권은 내 정체성에서 우연적이고 외재적인 요소지, 본질적이고 내재적인 것은 아니다. 사회학적으로, 이것은 내가 속한 국가가 내 개인의 목적들을 달성하기 위해 필요한 하나의 수단에 불과하다는 점을 함축하는 것으로 보인다.

경제학자인 내 친구가 언젠가 이 이념을 (엉겁결에) 아주 유창하게 표현한 적이 있다. 그는 정부를 보험회사와 유사한 것으로 보았다. 만일 그가 합리적인 가격에 좋은 서비스를 받는다면, 그것은 좋은 협약인 것이다. 그의 정체성과는 아무런 관련이 없다. 그가 18세

---

7   이 말은 토머스 제퍼슨과 토머스 페인의 것으로 여겨져 왔다. 그러나 아마도 작자 미상의 속담으로 이들이 있기 전부터 있던 말인 것 같다.

8   이는 다음의 책에 전개된 내용이다. Robert Nozick, *Anarchy, State, and Utopia* (New York: Basic Books, 1974). 『아나키에서 유토피아로』(문학과지성사 역간).

가 되기까지 (투표권이 있는) 시민으로 참여하지 않았듯이, 차를 갖기 전까지는 보험회사 고객이 아니었지만, 그래도 그는 온전히 그였다. 고객이 된다는 것은 그의 정체성에서 우연적이고 외재적인 요소다. 이 점은 그가 보험회사를 올스테이트에서 스테이트팜이나 게이코로 바꾸더라도, 그가 굉장히 유의미하게 다른 사람으로 바뀌지 않는다는 사실에서 명확하게 알 수 있다.

내 보험회사와 나와의 관계는 계약적 관계이며, 국가가 사회계약의 산물이라는 이념은 정치적 자유주의와 밀접하게 연관되어 있다.[9] 보험이 나와 내가 선택한 회사 사이의 계약인 반면, 로크적 사회계약은 시민(이 될 사람)들 사이의 계약으로, 자연 상태의 '불편함'을 감안하여 스스로를 보호하기 위한 정부를 세우려는 시민들 사이의 합의다.[10] 이 두 경우 모두, 공유 가치를 기초로 한 관계가 아니라 상호 이익을 기초로 한 관계이며, 나는 당연히 보험회사나 국가를 나 자신의 사적인 목적을 위한 수단으로 본다.

분명하게 말하자면, 자유주의를 반드시 이렇게 이해할 필요는 없다. 자유주의는 우리에게 집단적 정체성을 부여하는 공유된 가치

---

9   이것은 특별히 『정부론』(Two Treatises of Government, 1690)에서 전개된 로크적 형태에서 볼 때는 알맞은 설명이다. 국가의 기초는 두 번째 논문에서 전개되는데, 여기서 로크는 '왕권신수설'(divine right of kings)에 대한 전면적인 공격을 전개한다.

10 The Political Theory of Possessive Individualism: Hobbes to Locke (Oxford: Clarendon, 1962). 이 책에서 맥퍼슨(C. B. Macpherson)은 '자연 상태'가 우리가 추측하는 부족사회 태동 전의 수렵-채집하는 가족사회가 아니라, 자본주의 경제의 모든 기본 요소를 포함하고 있는 사회임을 지적한다.

에 관한 것일 수도 있다. 존 롤스와 로널드 드워킨(Ronald Dworkin)과 같은 좌성향 자유주의자들에게, 자유주의란 다음과 같은 물음에 대한 답이다. "어떻게 **우리는 정의롭고 공정한** 사회에서 살 수 있을까?" 프리드리히 하이에크(Friedrich Hayek)와 로버트 노직과 같은 우성향 자유주의자들에게, 자유주의란 다음과 같은 물음에 대한 답이다. "어떻게 **우리는 자유로운** 인간일 수 있을까?"[11] 그것은 어떻게 하면 내가 가장 돈을 많이 벌 수 있는지에 관한 것이 아니라, 하나의 **정치적** 사회로서 공유하고 있는 가장 기본적인 가치에 관한 것이다. 이것은 미국 헌법 전문에 충분히 분명하게 나타나 있다.

> 우리 합중국 국민은, 더 완전한 연방을 형성하고, 정의를 확립하며, 국가 내의 안녕을 보장하고, 공동 방위를 규정하며, 일반 복지를 증진하고, 우리와 우리의 후손들에게 자유라는 축복을 보장하기 위하여, 이 미합중국 헌법을 제정하고 수립한다.

그러나 소비자 중심적이며 소송을 불사하는 투철한 권리의식을 갖는 사회에서, 정부를 개인주의적이고 도구적인 측면으로 생각하는 것이 어려운(또는 드문) 일은 아니다.

이 같은 모형이 얼마나 교회에 적합할까? 교회를 이러한 노선에 따라 생각하기 쉽다는 점이 내가 몇 년 전 오려둔 다음의 기도에 명

---

11   이 네 사람이 다음 책에서 거론되는 권리-자유주의의 대표자들이다. Sandel, *Liberalism and Its Critics*.

확하게 나타난다.

목사님 도와주세요

삶은 어렵고, 저는 상처를 입었습니다.
나는 안도감도
위로도 찾을 수 없어요 [⋯]

나는 매일 이런 짐을 지고 있어요. [⋯] 자비와 위로를 주세요.
[⋯] 당신의 백성이 예수 그리스도 안에 보물이 있다는 사실을
깨달아서 나를 도울 수 있게 해주세요. 아무런 도움의 손길도
없는 이 춥고, 힘든 삶으로 돌아가지 않게 해주세요.

여기서 교회는 가족처럼, "무자비한 세상 속의 안식처"로 여겨진
다.[12] 내가 내 개인적인 문제와 필요를 감당함에 있어 도움을 얻기
위해 집단 치료 모임에 갈 수도 있는 것처럼, 나는 그런 도움을 얻기
위해 교회에 다닌다.

이 기도에는 어떤 올바른 요소가 있다. 우리는 간접적으로라도
교회에서 위로와 도움을 찾아야 한다. 하지만 "우리의 피난처시요
힘이시며, 환난 중에 만날 큰 도움이신"(시 46:1) 분은 목회자가 아니

---

[12] Christopher Lasch, *Haven in a Heartless World: The Family Besieged* (New York: Basic Books, 1977)를 보라.

라 하나님이다. "우리의 도움은" 우리 지역 교구의 이름이 아니라 "천지를 지으신 여호와의 이름에 있다"(시 124:8).

하지만 이런 식의 기도가 우리의 사유를 지배할 때, 교회를 한데 묶어 "그리스도의 몸"(고전 12:12-31), "하나님의 가정", "주님 안에서의 성전"(엡 2:19-22), "살아있는 돌 [⋯] 신령한 집으로 지어지고, 거룩한 제사장이 되고 [⋯] 택하신 족속, 왕 같은 제사장, 거룩한 민족, 하나님의 소유가 된 백성"(벧전 2:4-9)[13]으로 보는 능력은 거의 없어진다. 마지막에 있는 하나님의 백성에 관한 언급은 하나님과 하나님 백성 사이의 언약 관계에 대한 다음과 같은 핵심 문구를 환기시킨다. "나는 그들의 하나님이 될 것이고, 그들은 나의 백성이 될 것이다"(렘 31:31-34. 또한 히 8:4-13을 보라).[14]

또한 교회의 선교적 성격도 보지 못하게 될 수 있다. 위의 기도는 전부 나와 나의 필요, 혹은 나의 가족에 관한 것이다. 만일 그것이 성서적 뿌리에 충실하게 된다면, 성서에 대한 공동체적 대화로서의 교회는, 언제나 우리 자신이 그 소용돌이 속에 뒤엉켜 있는 전통들이 융합된 미국 사회의 원자적, 도구적 에토스와 결정적으로 결별해야 할 것이다. 공동체적인 몸(corporate body)은 개별 회원보다 근본

---

13   그리고 아마도 그리스도의 신부(계 19:7-9).

14   이 문제에 관한 구약의 사유방식에 대해서는 출애굽기 6:6-7; 19:4-6; 신명기 4:20; 7:6-11; 14:2; 27:1-10; 29:12-15; 여호수아 24:1-28을 보라. 언약 개념을 성서적 종교의 기본 범주로 보는 시도에 대해서는 Merold Westphal, *God, Guilt, and Death: An Existential Phenomenology of Religion* (Bloomington: Indiana University Press, 1984), 11장을 보라.

적인 방식으로 해석자가 될 것이며, 해석의 목표는 예배하고, 기도하고, 증언하며, 섬기는 공동체로서의 하나님의 백성이 된다는 것이 어떤 의미인지, 그리고 그러한 백성에 속한 믿음의 사람이 된다는 것이 어떤 의미인지를 더 깊이 이해하는 것이 될 것이다. 아마도 이것은 "예언은 사사로이 해석해서는 안 된다"(no prophecy of scripture is a matter of one's own interpretation[벧후 1:20])는 말씀이 의미하는 바의 한 부분일 것이다.

그러나 정치적 자유주의의 특징은 이뿐만이 아니다. 계속 진행 중인 해석학적 대화로서의 교회에 관한 사유에 도움이 될 수 있는 또 다른 특징이 있다. 그것은 가장 최근에 이론을 체계적으로 공식화한 존 롤스의 표현에서 가장 명확해졌다. 정치적 자유주의는 "사회가, 자신들이 수용하고 있는 합리적이고 포괄적인 교설(reasonable comprehensive doctrines)들로 인해 심하게 분열된 자유롭고 평등한 시민들 간의 공정하고 안정적인 협력 체계가 되기 위한" 조건을 명시하려 한다. 그 근본 조건은 "사회의 기본 구조"가 "합리적이고 포괄적인 교설들의 중첩적 합의(overlapping consensus)에 초점"을 둔 "정치적 정의 개념에 의해 규제되는" 것이다.[15]

여기서 주요 용어를 이해하는 것이 중요하다. 포괄적 교설은 종

---

15 John Rawls, *Political Liberalism*, expanded ed. (New York: Columbia University Press, 2005), 44. 『정치적 자유주의』(동명사 역간). 이 책에서, 롤스는 『정의론』(*A Theory of Justice* [Cambridge, MA: Harvard University Press, 1971. 이학사 역간])에서 발전시킨 공정성으로서의 정의 개념을 다시 진술하고 개정한다. 그 세부 논의는 여기서 중요하지 않다.

종 세계관(Weltanschauung)이라고 불리는 것이다. 그것은 우리가 누구이고 어떻게 살아야 하는지를 알려주는 형이상학적이고 도덕적인 물음(의 많은 부분, 심지어는 대부분)에 대한 답을 제시한다. 그것은 매우 명시적일 수도 있고 순전히 암묵적일 수도 있다. 그것은 세속적일 수도 있고 종교적일 수도 있다.

여기서 두 가지 중요한 사안에 주목해보자. 첫째, 롤스는 하나의 열린 민주주의 사회에서 시민들이 서로 양립할 수 없고 화해 불가능한 포괄적 교설들을 견지함으로써 "심하게 분열될" 것이라고 가정한다. 롤스는 유럽의 종교개혁 이후에 종교적 다원화로부터 나온 자유주의와 그 폭력성을 기억하면서, 이 분열이 종교적으로 경쟁하는 포괄적 교리들 사이의 분열이기도 하지만 종교적 세계관과 세속 세계관의 사이의 분열이기도 하고, 또 여러 세속 세계관들 사이의 분열이기도 하다는 점을 인식하고 있다.

둘째, 정치적 자유주의 자체는 포괄적인 교설이 아니다. 그것은 특정한 정치적 가치들을 긍정하지만 포괄적인 도덕성을 지닌 것은 아니다. 정치적 자유주의에는 정치적 가치들이 다른 가치들에 대해 갖는 상대적 중요성에 관한 관점도 가지지 않는다. 다시 말해 그것은 최고선에 대한 설명을 제공하지 않는다.[16] 이러한 자유주의는 최

---

16 이것은 자유주의에서 권리가 선보다 우선적이라고 말할 수 있는 이유다. 왜냐하면 자유주의는, 좋은 삶이라는 포괄적 개념에 의존하지 않음으로써 그 문제에 대해 경쟁하는 견해들과 중립적 관계에 있는 협소한 의미의 정치적 정의 개념에 의존하기 때문이다. 그것은 다양한 정치적 선을 주장하긴 하지만, 선에 관하여 이론적으로 '빈

고선과 같은 물음에 대한 종교적, 세속적 답변과 관련해서는 중립적이면서도, 여러 중요한 점에서 정치적 영역을 세속화한다. 다만 종교적 교리들을 반대함으로써 세속화하는 것은 아니다. 정치적 자유주의는 세속적 인본주의가 아니다. 더 나아가, 그것은 포괄적 교설에 관하여 형이상학적 책무와 인식론적 책무를 수행하고 있지 않다. 정치적 자유주의는 인격체 내지 인간 자아가 되는 것이 무엇인지에 관한 이론이 아니라, 오직 시민이 되는 것이 무엇인지에 관한 이론이다. 정치적 자유주의는 그것이 시민권과 그 가치에 관해 말하는 것이 추상적인 담화이며, [시민권보다] 항상 더 완전하고 구체적인 인간 인격의 총체성의 한 측면에만 초점을 맞추고 있는 담화라는 점을 인식하고 있다.

롤스는 그저 평화적 공존에 그치는 것이 아닌 평화적 협력을 추구하는 자유주의의 목표를 진술하면서, 시민들이 같은 팀이라는 느낌과 소속감을 갖도록 하는 과제를 자유민주주의에 부과한다. 이는 시민들이 포괄적 교설에 있어서 서로 다른 만큼 어려운 것이다. 이것은 오직 "합리적이고 포괄적인 교설들의 중첩적 합의"를 기반으로 할 때에만 가능해질 수 있다.

어떤 포괄적인 교설이 합리적이기 위해서 반드시 참일 필요도, 심지어 참일 개연성이 있을 필요도 없다. 이러한 맥락에서 합리성은 교설의 '방식'에 관한 문제이지, 교설의 '내용'에 관한 문제가 아

약함'을 나타낼 뿐이다. Rawls, *Theory of Justice*, 7, 9장; *Political Liberalism*, 5장을 보라.

니다. 정치적인 권력을 써서 자신이 붙들고 있는 교설의 비전과 가치를 다른 이들에게 강요하려고 하지 않으면 합리적인 것이다. 포괄적 교설들 사이의 경쟁은 이념의 시장에서 일어나는 것이고, 이는 국가의 입장에서 볼 때 철저한 자유 시장인 것이다. 국가의 개입은 오직 저 공간의 자유와 개방성을 보호하는 것이지 이념의 경쟁에 나서는 것이 아니다.

우리는 마침내 우리의 목적에서 중요한, 중첩적 합의라는 개념에 이르렀다. 이 개념은 불일치 가운데 있는 일치의 영역을 의미한다. 도해 10.1을 보며 생각해보자. 세 개의 원 A, B, C는 두 가지 방식으로 중첩된다. a, b, c의 영역은 부분적 중첩을 나타낸다. a영역은 B와 C의 영역 안에 포함되지만, A에서는 벗어나 있다. 이와 비슷하게 b는 A와 C에 포함되지만 B의 바깥에 있고, c는 A와 B의 일부지만, C의 울타리 너머에 있다. 이와 대조적으로, 중첩적 합의(OC)는 완전한 중첩을 나타낸다. 그것은 이 세 개의 원이 모두 포함하고 있는 영역이다.

롤스는 열린사회에서는 경쟁적인 포괄적 교설들이 세 가지에 그치는 것이 아니라 그보다 훨씬 많을 것이라고 가정하고, 이러한 교설들 대부분이 자신이 의도하는 의미에서 합리적이기를 희망한다. 하지만 우리는 이를 약간 단순화함으로써 롤스가 염두에 두는 구조를 이해할 수 있다. A가 종교적으로 보수적인 세계관을 나타내고, B가 종교적으로 진보적인 세계관을 나타내며, C가 세속적인 세계관을 나타낸다고 생각해보자. 이 세 가지 세계관은 a, b, c에서 각각 중첩될 것이다. 예를 들어, 그중에서도 c는 신이 존재한다는 점과 기

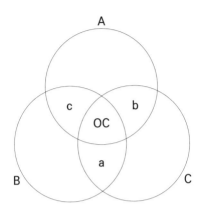

도와 예배가 중요하다는 점에 대한 합의를 나타낼 것이다. 이와 대조적으로 a영역은 그 **도덕적** 범위에서 줄기세포 연구와 낙태 허용에 대해 합의하고 있음을 나타낼 수도 있을 것이다.

그런데 롤스에게 핵심적인 것은 OC다. 반복하자면 "사회가, 자신들이 수용하고 있는 합리적이고 포괄적인 교설들로 인해 심하게 분열된 자유롭고 평등한 시민들 간의 공정하고 안정적인 협력 체계가 되기 위한" 가능성은 "사회의 기본 구조"가 "합리적이고 포괄적인 교설들의 중첩적 합의에 초점"을 둔 "정치적 정의 개념에 의해 규제"될 것을 필요로 한다.[17] 자유민주주의에 필요한 것은, 시민들이 견지하는 모든 혹은 대부분의 포괄적 교설들을 통해서, 사회의 기본

17   Rawls, *Political Liberalism*, 44.

구조를 위한 공통의 규범이 될 정치적 정의 개념의 근거를 얻어내는 것이다. 이러한 개념—추상적으로는 원리(이념들)의 차원에서 표현되며, 보다 구체적으로는 아마도 헌법(효력 있는 절차들)에서 표현되는 개념—은 여러 다른 쟁점들마다 첨예하게 다른 입장을 가진 사람들이 공유하는 것이다.

이 근거가 단순히 협정(modus vivendi)에만 있지 않다는 점, 즉 이해 당사자들이 각각 자신들의 안녕에 관심을 두고 '만일 네가 내 등을 긁어준다면 나도 네 등을 긁어주겠다'는 식으로 절충하는 것에 있지 않다는 점은 롤스에게 중요하다. 이것은 각 진영이 사실상 '네가 나에게 폭탄을 쏘지 않으면 나도 너한테 폭탄을 쏘지 않을 것이다'라고 말했던 냉전 시대의 논리다. 롤스에게 있어 정치적 자유주의는 모든 (또는 대부분) 시민들이 다른 사람들도 자신들만큼 완전히 자유롭고 동등한 시민권을 갖는 것이 올바르고 좋다는 견해, 따라서 본래적으로 가치 있는 견해를 공유하는 합의를 의미한다. 이렇게 공유된 가치는 모든 시민들을 같은 팀에 속하게 하고, 그들을 한 가족의 일원으로 만든다.[18] 롤스는 어떤 정치적 정의 개념의 근거를 종교적으로 보수적인 세계관, 종교적으로 진보적인 세계관, 그리고 다양한 세속적 세계관에서 찾기를 희망했고, 이를 통해서 반드시 필요한 OC를 만들어내기를 희망했다.

---

[18]   미국이 베트남, 시민권, 흑인 권력 등에 대한 갈등으로 분열된 1960년대에, 고(故) 윌리엄 슬론 코핀 주니어(William Sloane Coffin Jr.) 목사는 "우리는 갈등보다 더 많은 공통점을 갖고 있다"는 말을 거의 주문처럼 하고 다녔다.

이와 유사하게, 자신을 정치적 자유주의자로 규정한 위르겐 하버마스(Jürgen Habermas)는 "자유로운 사회의 구조는 그 시민들의 연대에 의존한다"는 사실을 감안할 때, "다원적 세계관을 지닌 사회가 규범적 안정화—즉 단순한 협정을 넘어서는 것—를 성취할 수 있는지 여부"를 묻는다. 자유국가의 시민들은 "정당하게 자기 자신에게 이익이 된다고 여기는 것뿐만 아니라 공동의 선을 위해서도" 자신들의 권리를 사용할 것이라고 기대할 수 있다. 심지어 "공동의 이익을 촉진시키는 희생"을 수반하는 곳에도 자신들의 권리를 사용할 것이라고 기대할 수 있다.[19]

이러한 모형이 그리스도교 해석학에 적합 가능한 측면을 살펴보려면, 앞서 제시한 벤다이어그램의 원들이 그리스도 교회 내의 불일치를 나타낸다고 생각해보면 된다. 상이한 신학들은 각각 상이한 포괄적 교리일 것이며, 여기에 들어갈 후보자들은 매우 많다. 예를 들어 우리는 그 원들로 각각 정교회, 로마 가톨릭, 개신교 전통들을 대략적으로 나타낼 수 있다.[20] 다시 한번 우리는 a, b, c가 나타내는 부

---

19   Jürgen Habermas and Joseph Ratzinger (Pope Benedict XVI), *The Dialectics of Secularization: On Reason and Religion*, ed. Florian Schuller, trans. Brian McNeil, CRV (Dan Francisco: Ignatius, 2006), 22, 30. 『대화: 하버마스 대 라칭거 추기경』(새물결 역간). 이 연대성이라는 주제에 관해서는 같은 책 29-34, 45-49를 보라.

20   대화를 확장해보면, 우리는 A, B, C가 유대교, 그리스도교, 이슬람이라는 아브라함의 유산을 공유하는 세 가지 유일신론을 나타내게 할 수 있다. 하지만 우리의 현재 관심은 그리스도교 내부의 대화이다.

분적 중첩을 쉽게 발견할 수 있고, OC도 찾아낼 수 있다.

그리스도교 교회들의 중첩부인 OC를 명확하게 표현하고자 하는 다양한 시도가 있으며, 계속 있어 왔다. 여기서 세 가지 예를 들자면, 에큐메니컬 신조, C. S. 루이스의 '순전한 그리스도교'(mere Christianity) 개념, 그리고 20세기 초반 신앙의 '근본요소들'을 명시하려 했던 시도가 바로 그것이다. 이는 중첩의 필요성을 옹호하는 사람들조차도 이 역할에 맞지 않는 요소들이 무엇인지를 놓고 논쟁할 만큼, OC를 구성하는 내용 자체가 해석의 갈등 속에서 논쟁거리라는 점을 보여준다. 이러한 논쟁 자체가 이미 정치적 자유주의의 사례다. 왜냐하면 롤스도 정치적 자유주의의 OC를 나타낼 수 있는 가장 좋은 것이 자신의 정의론이라고 생각하면서도, 그 역할을 할 수 있는 다른 경쟁 이론들이 존재한다는 점을 인정하기 때문이다.

이러한 인식론적 겸손은 적어도 정치적인 영역에서만큼이나 종교적인 영역에서도 중요한 것일 수 있다. 내(또는 우리의) 포괄적 교리(아니면 적어도 내 신학의 대부분)가 OC여야 하고, 그것을 통해서 그리스도교가 정의되어야 한다고 생각하고 싶은 유혹은 항상 있다. 앞서 제시한 벤다이어그램, 정치적 자유주의 모형, 그리고 가다머의 해석학은 보다 에큐메니컬한 접근의 가능성을 제시하고 있다. 만일 해석이 공연과 번역처럼 같은 것에 대한 상이한 표현을 항상 수반한다면(7, 9장), 그리고 만일 이에 상응하여 해석이 그저 재생산에 머물지 않는 언제나 생산적인 것이라면(5장), 우리는 차이를 예상해야 할 것이다. 또 만일, 여섯 명의 시각장애인과 코끼리에 대한 유비(1장)를 통해 본 것처럼, 우리가 유한한 관점으로 인해 진리의 전부가 아닌 기껏해야 부분만을 파악할 수밖에 없다면, 우리는 이 차이들 중 몇몇이 융화될 수 없는 경우도 담담하게 받아들여야 한다.

그런데 만일 우리가 어떤 중첩적 합의를 찾아서 이에 대한 명확한 표현을 추구할 수 있다면, 우리는 적이 아닌 친구로서 더불어 살아가는 다양한 방식의 협력적 삶을 모색할 수 있다. 우리는 우리의 불일치가 전면전이라기보다는 가족 간의 다툼에 더 가깝다는 점을 발견할 수 있을 것이다. 우리는 종교적으로 정당화하는 폭력과 종교적 수사를 통한 언어폭력과 우리의 반대자를 폄하하고 조작하거나 교사하는 언어에 덜 휩쓸릴 수 있다.[21] 우리는 유아세례 대 신자세례라는 불일치나 "이것은 내 몸이라"라는 말씀의 정확한 의미에 대한 불일치보다 더 중요한 세례와 성찬(주님의 만찬, 영성체)이 중요하다는 점에 대한 일치를 발견할 수 있다. 그리고 성찬에 대해 우리와 똑같이 해석하지 않는 사람들에게는 성찬을 닫아 놓는 폐쇄 성찬식적 경향으로 덜 기울어질 것이다. 정치적 자유주의는 성서 해석에 있어 중첩되기도 하고 하나의 모형으로부터 나눠지기도 하는 그리스도교 교회들에 대해, 차이 가운데서도 연대할 수 있는 가능성을 제시한다.

---

21 폭력적인 종교적 수사는 폭력적인 정치적 수사(이 장에서 진술되고 있는 미국에서의 정치적 논쟁을 지배하는 격렬한 당파 근성이 낳은 표현 방식)를 반영하고 강화한다.

공동체주의: 교회를 위한 모형일까?

자유주의-공동체주의 논쟁은 동시에 한밤중에 운항하고 있지만 현실에서 마주치지 않는 두 척의 선박 같은 것이다. 왜냐하면 동일한 물음에 대해 그들이 제시한 답이 양자택일적이라는 가정 자체가 틀렸기 때문이다. 우리는 존 롤스와 알래스데어 매킨타이어를 각각 자유주의 전통과 공동체주의 전통의 전형적인 대표자로 여길 수 있다. 그런데 매킨타이어는 『누구의 합리성? 어떤 정의?』를 여는 말에서 『덕의 상실』의 마지막 부분의 한 대목을 인용함으로써 비밀을 누설한다.

> 나 자신의 결론은 매우 명확하다. 이는 한편으로 3세기에 걸친 도덕철학과 1세기 동안의 사회학의 노력에도 불구하고 여전히 우리에게는 자유주의적 개인주의의 관점을 합리적으로 옹호할 수 있는 어떤 일관적 진술도 없다는 것이며, 다른 한편으로 우리의 도덕적이고 사회적인 태도와 헌신에 대한 이해가능성 및 합리성을 복원할 수 있는 방식으로 아리스토텔레스적 전통을 재진술할 수 있다는 것이다.[22]

매킨타이어의 관심은 우리의 도덕적 가치의 이해가능성, 합리성, 그리고 정당화와 관련한다. 이 관심을 통해 롤스가 포괄적 교설이라

---

22 MacIntyre, *After Virtue*, 241; Alasdair MacIntyre, *Whose Justice? Which Rationality?* (Notre Dame, IN: University of Notre Dame Press, 1988), ix.

고 부른 것, 더 정확하게는 포괄적 교설에 대한 메타이론이라고 부르는 것이 곧 공동체주의라는 점이 명확해진다. 헤겔을 거쳐 아리스토텔레스까지 거슬러 올라가는 전통을 끌어와서, 공동체주의는 일관적인 도덕적 삶이 롤스가 포괄적 교설이라고 불렀을 만한 것, 즉 정치적 자유주의가 의도적으로 회피한 쟁점들에 대한 헌신을 포함하는 세계관을 요구한다는 논증을 담고 있다.[23] 이러한 교설은 세 가지 중요한 특징을 가질 것이다.

첫째, 공동체주의 세계관은 좋음에 대한 이론을 포함할 것이다. 즉 인간 삶을 위한 최고선 내지 선들에 관한 설명과 더 큰 선과 더 작은 선에 관한 일종의 비교적, 위계적 분석을 포함할 것이다. 둘째, 포괄적 교설은 그 자체를 시민의 덕으로만 제한하지 않고, 덕에 관한 포괄적 설명을 포함시킬 것이다. 또한 포괄적 교설은 이러한 덕 있는 성품의 실천과 습관이 전제하고 있는 인간 자아에 대한 비전을 명확하게 설명할 것이다. 셋째, 공동체주의는 좋은 삶에 본질적인 덕들이 특정한 공동체들과 역사적 전통들에 뿌리내리게 될 것이라는 점을 인정할 것이다.[24] 공동체주의는 매킨타이어가 계몽주의의

23 자유주의가 인간 자신이 되는 것이 무엇인지에 관한 포괄적 설명을 제시하지 못한다는 공동체주의의 불평은 그야말로 요점을 놓치고 있다. 왜냐하면 자유주의는 그러한 이론을 제시할 의향이 없기 때문이다. 이 오해의 좋은 예는 다음 책에서 발견된다. Micheal J. Sandel, *Liberalism and the Limits of Justice* (New York: Cambridge University Press, 1982). 『정의의 한계』(멜론 역간).

24 스탠리 하우어워스(Stanley Hauerwas)의 작품에 나타나는 공동체와 성품에 관한 강조는 그가 그리스도교적인 공동체주의 이론을 발전시키려고 했다는 점을 시사한다.

기획이라고 부르는 것이 동경하는 '순수한', 상황화되지 않는, 보편적 종류의 이성에 호소하지 않을 것이다.[25]

우리는 아마도 글렌 헥(Glenn Heck)의 도움을 받아 공동체주의적 사고가 무엇과 같은 것인지를 이해할 수 있을 것이다. 내가 중학교 시절, 헥은 우리 교회의 청소년 담당 리더였고 어떤 학교의 교장 선생님이었다. 언젠가 그는, 만일 우리가 단 세 마디로 자신을 소개해야 한다면, 어떻게 해야 우리가 자신의 정체를 분명히 밝힐 수 있을지를 우리 그룹에 물었다. 나는 내가 그 물음에 어떻게 답을 했는지는 기억하지 못하지만, 그의 답은 기억한다.

나는 글렌 헥이다.

나는 미국인이다.

나는 그리스도인이다.

이것은 최상급의 공동체주의적 사고이다. 일인칭 대명사와 (비단 성뿐만이 아닌) 이름을 사용한 점은 그가 자기 자신을 몇몇 큰 체제에서 자신이 수행하는 직분으로가 아니라 유일한 개인으로 여기고 있음을 나타낸다. 하지만 동시에 그는 자신이 바로 다양한 공동체와 그 공동체의 전통 및 실천에 참여함으로 인해서 그러한 개인이 됨을 인정한다. 헥은 사회화를 통해 지금의 헥이 된 것이다. 그러한 공

---

25 로크의 수중에 있는 자유주의는 계몽주의 기획에 속하지만, 롤스는 자유주의 자체가 역사적으로 출현한 전통이며 또한 발전하는 전통임을 인정한다.

동체 중 첫 번째는 헥의 가족이고, 여기에서 틀림없이 확장될 것이다. 두 번째 공동체는 미국이며, 이는 정치적, 경제적, 교육적, 문화적 전통과 실천이 풍성하고도 복잡하게 혼합된 것이다. 마지막으로, 그는 당연히 그가 한 사람의 그리스도인으로서 예수 그리스도와 성령을 통해서 하나님과 개인적인 관계를 갖는다고 말할 수도 있겠지만, 그럼에도 어떤 고립된 천상의 공간에서 하나님과 소통하는 원자적인 영혼인 것은 아니다. 그는 그리스도교 교회의 일원이자 실제로 지역 교회의 일원이며, 의심의 여지없이 그리스도교 전통들과 실천들이 복합된 어떤 부분집합의 상속자이다. 인간이 된다는 것이 무엇인지를 포함하여 자신의 도덕적 가치와 형이상학적 신념들은 이러한 공동체에 참여하는 일원으로서 그 이치를 이해하는 것이며, 그러한 일원이기에 도덕적 가치와 형이상학적 신념들이 무작위적이거나 자의적인 선호로 보이지 않는 것이다. 그가 영향사 의식이라는 것은 이 공동체들(및 당연히 다른 공동체들)과 관련된 것이다.

우리는 가다머의 토양으로 돌아가게 된 것 같다. 존재론적으로나 인식론적으로나 개인들이 특정한 문화적 전통과 실천에 우연적으로 뿌리내리고 있다는 것이 주안점이다. 이는 우연적인 것이지 필연적인 것도 정적으로 고정된 것도 아니다. 가다머의 "개정-개정-대체"(6장) 공식에 따라, 전통은 시대를 거치면서 발전한다. 매킨타이어가 "전통들의 합리성"[26]이라고 부른 것이 바로 이러한 전통의 유연성

---

26   MacIntyre, *Whose Justice?*, 18장.

이다. 즉, 원래의 전통에서는 효과적으로 다룰 수 없었던 문제를 효과적으로 해결하려고 하면서 전통은 유연해진다. 더 나아가, 개인들은 자신의 충성을 전환한다. 이 '전환'(conversions)은 중요한 것일 수도 있고 사소한 것일 수도 있다.[27] 이러한 전환은 이러저러한 전통으로부터 모든 전통을 초월한 다른 어떤 곳으로 이동하는 것이 아니라, 다양한 전통들 내부에서 그리고 사이에서 이동하는 것이다.

정치이론으로 간주되는 공동체주의는 위험하다. 왜냐하면 공동체주의는 도덕에 있어 교장 선생님의 역할 같은 것을 국가에게 맡길 수 있기 때문이다. 공동체주의는 자유주의가 고심했던 위험들을 망각하고, 문화적 다원주의에 직면하며 느끼는 불안감과 거의 단일 사회에 가까운 보다 동질적인 사회에 대한 향수를 반영하면서, 문화적 다수자들이 소수자들을 받아들이지 않고 폭력적으로 지배하는 길, 심지어 전투적 소수자들이 다수자들을 폭력적으로 지배하는 길을 열어주고 만다.

하지만 우리가 하고 있는 것은 정치이론이 아니다. 실제로 공동체주의는 국가보다 교회에 훨씬 더 좋은 모형이다. 교회는 실체적이고 형이상학적이며 도덕적인 차원을 갖는 포괄적 교설인 신학에서 자신의 정체성을 이끌어낸다. 그러므로 공동체주의적 관점에서 교회는 교인들의 도덕 교사가 되기에 적합하고, 교회가 자기 정체성을 발견하게 되는 보다 더 큰 영역인 사회에 도덕을 드러내기에도 적

---

27   장로교회에서 성장한 한 젊은 여성은 칼빈대학교에 입학한 후 오래지 않아 자신이 개혁파 그리스도인으로 '개종했다'(converted)고 부모님께 고백했다.

합하다. 만일 교회가 성서를 주의 깊게 읽는다면, 그들은 예수께서 "내 나라는 이 세상에 속한 것이 아니다"라고 말씀하실 때, 그 말씀이 내세적인 '영적' 문제에만 관심 있음을 의미하는 것이 아니라 검으로 세우는 나라가 아님을 의미한다는 점을 이해하게 될 것이다. 히브리어의 평행법이라는 수사법의 도움을 받아서 보면, 두 번째 구는 수많은 시편들처럼[28] 첫 번째 구와 동일한 것을 다른 방식으로 말하고 있는데, 예수님의 말씀은 매우 분명하다. "내 나라는 이 세상에 속한 것이 아니다. 내 나라가 세상에 속한 것이라면, 내 부하들이 싸워서 나를 유대 사람들의 손에 넘어가지 않게 했을 것이다"(요 18:36).[29] 세상의 나라는 군사력으로 자기 나라를 세우지만 하나님의 나라는 그런 식으로 세워지지 않는다.[30]

그런데 공동체주의적인 교회의 자기-이해는 또 다른 종류의 폭력으로부터 스스로를 보호해야 한다. 다음의 말씀에서와 같이 그리스도의 몸인 교회 안에서의 연합은 '공동체주의적' 권고의 핵심이다. "도리어 우리는 사랑으로 진리를 말하고 살면서, 모든 면에서 자라

---

28   예를 들어 다음과 같은 구절이 있다. "내 영혼아, 주님을 찬송하여라. 내 안에 있는 모든 것들아 그 거룩하신 이름을 찬송하여라"(시 103:1).

29   다음의 구절과 비교해 보라. "예수께서 베드로에게 말씀하셨다 '그 칼을 칼집에 꽂아라'"(요한복음 18:11).

30   여기서 막스 베버(Max Weber)의 국가 정의를 상기해보는 게 도움이 될 것이다. 국가는 "주어진 영토 내에서 독점적인 **합법적 물리력 사용**을 (성공적으로) 주장한 인간 공동체다"(Weber, "Politics as a Vocation," in *From Max Weber: Essays in Sociology*, ed. and trans. Hans Heinrich Gerth and C. Wright Mills [New York: Oxford University Press, 1946], 78. 강조는 베버). 『소명으로서의 정치』(후마니타스 역간).

나서, 머리가 되시는 그리스도에게까지 다다라야 합니다. 온 몸은 머리이신 그리스도께 속해 있으며, 몸에 갖추어져 있는 각 마디를 통하여 연결되고 결합됩니다. 각 지체가 그 맡은 분량대로 활동함을 따라 몸이 자라나며 사랑 안에서 몸이 건설됩니다"(엡 4:15-16).

사랑 안에서 몸을 건설하기 위해서 사랑 안에서 진리(우리가 이해하고 있는 진리—달리 어떤 식으로 진리를 말할 수 있겠는가?)를 말하는 것은, 자기들의 특정한 포괄적 교리를 공유하지 않는 이들에게 (직접적으로든 간접적인 방식으로든) '지옥에나 가라!'(Go to hell)고 말하는 극도의 혐오와는 양립하기 어렵다. 수사법은 어떤 무기 이상으로 폭력적일 수 있다.

우리는 이 두 모형 사이에서 하나를 선택할 필요가 없다. 정치적 자유주의는, 교회에 이론과 실천의 다원주의가 있음을 부인할 수 없음에도 불구하고 하나의 교회가 되고자 하는 예수 그리스도의 그 교회가 바로 우리 자신임을 이해하는 데 도움이 되는 모형일 수 있다. 공동체주의는 이러한 다원성을 구성하는 것이자 그리스도교가 최소한의 공통분모로 환원되지 않게 하는 특수한 전통들의 포괄적 온전함을 보여주는 모형일 수 있다. 이러한 그림을 염두에 두면서, 구체적이고 신학적인 맥락에서 정치적 자유주의와 도덕적 공동체주의를 통해 가능한 유비가 유용한지 검토해보자.

11

대화로서의 교회

에큐메니컬 대화: 사례 연구

우리는 교회를 성서를 해석하는 계속 진행 중인 대화로, 곧 해석자
와 텍스트의 대화이자 해석자들 간의 대화라는 이중적 대화로 생각
해보는 중이다. 그리고 우리는 우리의 교회론을 위한 예비적 개념틀
(heuristic devices)로 정치적 자유주의와 도덕적 공동체주의를 탐구하
는 중이다. 일단 성서와 전통에 관한 해석을 책과 논문으로 내놓는
학자들, 곧 신학자들의 에큐메니컬적 대화로 잠시 방향을 바꿔보자.

　1999년 10월 31일, 루터교 세계연맹과 로마 가톨릭 교회의 대표
자들은 독일 아우크스부르크에서 칭의 교리에 대한 공동선언문에
서명했다.[1] 추기경 라칭거(Ratzinger)●가 중요한 역할을 담당했던 제

1　*Joint Declaration on the Doctrine of Justification* (Grand Rapids: Eerdmans, 2000).

●　제2차 바티칸 공의회 이후 이 대화에도 참여한 요제프 라칭거 추기경은 훗날 교황
　이 된 베네딕토 16세이다.

2차 바티칸 공의회와 그 이후 근 35년간 이루어진 대화를 배경으로, 이 선언문 4조에서는 다음과 같이 합의했다.

1. "우리는 구원에 있어 모든 인간이 하나님의 구원하시는 은총에 전적으로 의존한다는 것을 함께 고백합니다."

2. "우리는 하나님께서 은혜로써 죄를 용서하시고, 동시에 노예가 되게 하는 죄의 권능으로부터 인간 존재들을 자유케 하시며, 그리스도 안에서의 새로운 삶이라는 선물을 주신다는 것을 함께 고백합니다."

3. "우리는 그리스도 안에서 하나님이 하신 구원 행위를 믿음으로 죄인들이 의롭게 된다는 것을 함께 고백합니다."

4. "우리는 세례 가운데 성령께서 인간을 그리스도와 연합시키시고, 의롭게 하시며, 참으로 새롭게 하신다는 것을 함께 고백합니다. 다만 의롭게 된 자는 의롭게 하시는 하나님의 무조건적인 은혜를 전 생애에 걸쳐 지속적으로 바라봐야 합니다."

5. "우리는 인간이 '율법이 규정한 행위가 아닌' 복음을 믿음으로 의롭게 됨을 함께 고백합니다."

6. "우리는 신자들이 하나님의 자비와 약속에 의지할 수 있음을 함께 고백합니다."

7. "우리는 선행—믿음, 소망, 사랑 안에 살아가는 그리스도인의 삶—이 칭의에 뒤따르는 칭의의 열매라는 것을 함께 고백합니다."[2]

마르틴 루터의 글과 트렌트 공의회가 규정해버린 어조와 내용으로 격론과 적대의 여러 세기를 거쳤기에, 이 선언은 매우 주목할 만한 결과라 할 수 있다. 중요한 것은 이 선언에 무엇이 담겨 있고 무엇이 담겨 있지 않은지를 보는 것이다.

첫째, 이 선언은 그 목표나 결과에 있어 교회들의 구조적, 유기적 연합을 담고 있지 않다.

둘째, 한 가톨릭 평론가가 지적한 것처럼, "이 문서의 승인이 루터파와 로마 가톨릭의 완전한 친교(communion〔성찬교류〕)를 가져오지는 않는다"(*RPT* 59). 예를 들어 이를 통해 루터교가 가톨릭의 성체성사를 받아들이게 되진 않았다.

셋째, 비평가들과 이 문서 자체가 적시한 것처럼, 선언문은 칭의 문제를 둘러싼 모든 쟁점들, 하물며 두 전통 사이에 일치하지 않는 여타 수많은 쟁점들에 대해서까지 서명자들이 완전한 합의에 이르렀음을 나타내지 않는다. 참여자들 사이에는, 그리고 참여자들의 공동체 바깥에는 중요한 신학적 불일치가 남아 있다. 그러나 루터파교회와 가톨릭교회 내부에는 공동선언문에서 자기네 측이 너무 많이 타협했다고 확신하며 공동선언문을 하나의 변절로 보는 사람들

---

2   David E. Aune, ed., *Rereading Paul Together: Protestant and Catholic Perspectives on Justification* (Grand Rapids: Baker Academic, 2006), 35-36에서 재인용. 이후 *RPT*로 표기. 이 책은 노트르담대학교와 발파라이소대학교의 후원으로 열린 학술회의를 바탕으로 출간되었고, 다섯 명의 가톨릭 학자와 다섯 명의 개신교 학자(발파라이소대학교에서 가르치는 네 명의 루터파 신자와 한 명의 장로교 신자)를 통해 계속 진행 중인 대화의 다양한 양상에 관한 논의를 담고 있다.

도 있다.[3] 공동선언문 5조 40항은 이렇게 말한다. "따라서 칭의에 대한 루터파와 가톨릭의 설명은 **그 차이 가운데서도** 서로에게 개방되어 있으며, 기본 진리에 관한 합의를 소멸시키지 않는다"(*RPT 36*, 강조는 필자가 추가함). 이는 공동선언문이 "루터파와 가톨릭이 서로 다른 렌즈를 통해 다양한 주제를 바라본다"는 사실을 감추려고 하지 않는 "선별적 합의"(*RPT 42*)임을 나타내고 있다. 따라서 비평가들은 스콜라적이고 형이상학적 언어로 작동하는 가톨릭과 경험적이고 관계적인 언어로 작동하는 루터파의 상이한 언어를 지적한다(*RPT 38*). 비평가들은 서로 다른 신학, 즉 가톨릭의 경우에는 세례에 관한 신학, 루터파의 경우에는 참회에 관한 신학이 칭의를 숙고하는 맥락임을 주목한다(*RPT 47*).

넷째, "기본 진리에 관한 합의"라는 말이 최소의 공통분모를 통해 두 전통의 정체성을 정의하려는 시도를 나타내는 것은 아니다. 여기에는 두 진영이 본질적으로 동일하되 부수적으로만 다르다는 어떤 암시도 없다.

이러한 점들이 공동선언문이 성취하지 못한(성취하려는 시도조차 못한) 일치의 차원이라면, 성취한 것에 대해서는 어떤 긍정적인 말이 나올 수 있을까? 첫째, 공동선언문은 중대한 차이가 남아 있음을 숨기려 하지 않으면서도, 차이 가운데 **일치**를 표현한다. 선언문

---

3   양 전통 외부에 속해 있는 한 웹사이트에 다음과 같은 헤드라인이 올라왔다는 사실
     은 그리 놀라운 일이 아니다. "자유주의 루터파 신자와 로마 가톨릭, 복음을 부정하
     는 합의에 이르다"(*RPT 36*).

은 그것이 나타내는 "주목할 만한 수렴점"(*RPT* 35)을 언급한다. 한 비평가가 말한 것처럼, 공동선언은 "신앙의 일치가 상이한 언어로, 다양한 신학이 저마다의 강조점을 두고 있는 형태로 표현될 수 있다는 점을 인정"(*RPT* 48)한다. 둘째, 적어도 칭의라는 쟁점에는 차이가 남아 있지만, 그럼에도 교회가 더 이상 실제로 분열하고 있지 않다는 점이 이 일치의 한 측면이다(*RPT* 46, 62). 셋째, 이 요점의 결과, 그리고 어쩌면 가장 직접적으로 작동하는 규범은 폭력적 수사의 중단일 것이다. 남아있는 차이는 더 이상 독설에 찬 언어, 정죄, 다른 진영을 그리스도의 십자가를 대적하는 악마로 묘사하는 일을 정당화하는 근거가 아니다(*RPT* 29-30). 다시 말해 더 이상 극단적 혐오와 반대는 없다(*RPT* 40).

해석학적 대화로서의 교회에 대한 유비로 볼 수 있는 정치적 자유주의와 도덕적 공동체주의에 관한 물음으로 되돌아가면, 이제 무엇을 말할 수 있을까? 첫째, 정치적 자유주의가 좋아 보인다고 말할 수 있다. 공동선언문이 나타내는 것은 중첩되는 합의를 발견한/만들어낸 대화다(이는 가다머가 지평융합이라고 불렀을 만한 것의 예시이기도 하다). 만일 우리가 10장의 벤다이어그램에서 A를 가톨릭으로, B를 루터파로 간주한다면, c는 공동선언문의 합의점을 나타낸다. 다른 그리스도교 전통들은 그 선언문에 서명하지 않았기 때문에 OC는 존재하지 않으며, 모두를 포괄하는 중첩적 합의도 없다. 하지만 이러한 중대한 논쟁점에 대한 두 종파 간의 일치 신조(a formula of concord)는 결코 사소한 결실이 아니다.

둘째, 폭력에 의지해서 차이를 다루는 방식에서 의도적으로, 그리고 결과적으로 물러섰다는 중대한 점에 대해 말할 수 있다. 정치적 자유주의는 정말 문자 그대로 종교 전쟁과 종교적 박해를 극복하기 위한 시도로 탄생한 것이다. 롤스가 자유주의의 주창자들이 단지 폭력적인 강요뿐만 아니라 정치권력에 의한 강요도 하지 않는 포괄적 관점을 합리적이라고 기술할 수 있는 것은 부분적으로 정치적 자유주의의 성공에 기인한 것이다. 우리는 '합리적'이란 말을 공동선언문의 맥락에서 '신실한'(faithful)으로 대체할 수 있을 것이다. 가톨릭과 루터파의 포괄적 교리는 그 공식적인 의미와 관련하여, 방금 설명한 이중적인 자기-부정의 원칙(무력이나 정치권력을 써서 폭력적으로 강요하지 않음)을 띨 뿐만 아니라, 타자를 폭력적이고 독설에 찬 수사, 정죄, 배척을 통해 정복해야 할 적으로 다루기를 거부하는 수준까지 '신실한' 것이다.

셋째, 이로써 수립된 평화는 깨지기 쉬울 수는 있어도 냉전적 협정은 아니다. 공동선언문의 전체 정신은 두 진영이 함께 속해 있다는 점, 곧 두 진영보다 더 큰 무언가에 속해 있다는 의미를 강조한다. 정치적 자유주의에서 시민권이 단지 계약적 절충안이 아니라 모두를 위한 정의와 자유라는 (하지만 실제로는 불완전하게 제정된) 공유 가치의 공포인 것처럼, 상이한 전통에 의해 형성되었으며 그 전통 안에서 살아가는 신자들도 다음과 같은 공동의 진술을 공포할 수 있다. "우리는 함께 고백합니다. 우리 쪽의 어떠한 공로 때문이 아니라 오직 은혜로만, 우리는 그리스도의 구원하시는 사역을 믿는 믿음

안에서 하나님께 받아들여지고 성령을 받습니다. 그리고 그 성령께서 우리에게 선한 일을 할 능력을 주시고 우리를 선한 일로 부르시면서 우리 마음을 새롭게 하십니다"(§15, *RPT* 35).

이와 동시에, 공동체주의 모형이 유용한 예비적 개념틀에서 제외되는 것은 아니다. 우선, 공동선언문은 공동체주의적 사고가 필수적인 것으로 간주하는 형태의 포괄적 교설—삶 전반에 합리적이고 정합적인 의미를 부여할 수 있는 전통에 뿌리박은 믿음과 실천의 거대한 연결망—의 실재를 인정한다. 가톨릭과 루터파의 사상 모두 개략적인 중첩의 영역 너머에까지 뻗어 있는 것인데, 여기에 가톨릭 가정과 교회가 자기 자녀들을 가톨릭 신자로 키워서는 안 되며, 루터파 신자도 마찬가지라는 암시는 없다. 약간 다르게 말하자면, 가톨릭 신자나 루터파 신자의 구체적 정체성을 합의의 영역으로부터 추출해야 한다거나 그 영역으로 환원해야 한다는 암시는 없으나, 상호 비난을 일삼던 여러 세기들과 달라질 수 있다는 중요한 점이 있다.

다음으로, 도덕적 공동체주의는 덕 윤리의 한 형태로, 자신들이 거주하는 전통과 포괄적 교설에 비추어 성품을 형성하는 것을 강조한다. 공동선언문이 전제하고 있으며 그 안에 나타나 있는 에큐메니컬적 대화는 몇몇 중요한 덕목을 필요로 한다. 이런 점에서 공동선언문은 실천적 지혜를 강조하는 매킨타이어와 가다머의 공통점으로 발견되는 아리스토텔레스적 차원, 즉 이론을 실천에 보조적인 것으로 여기는 태도를 보여준다.

그리고 무엇보다도 중요한 덕목은 인식론적 혹은 해석학적 겸손이다. 이 겸손에는 전통에서 달아나려 하지 않으면서도 자기 전통을 우 상화하지도 않는 전통에 대한 진정한 배려가 있다. 이런 식의 겸손한 대화는 "다른 전통의 자원들과 자기 전통의 한계들을 숙고하는 일에 개방적이기를"(RPT 65) 요구한다. 하나의 특수한 전통에 깊이 뿌리내 린 공동체는 자신들의 포괄적 정합성(으로 인해 보지 못하는 것들이 있기) 때문에 외부자들의 목소리를 들을 필요가 있다. 성서는 우리가 우리 자신을 있는 그대로 볼 수 있는 거울이자, 우리가 될 수 있으며 되어 야 하는 모습을 보는 거울이어야 한다(약 1:22-25). 그런데 역설적으로, 성서는 너무나도 쉽게 잘못된 종류의 거울이 될 수 있다.

성품의 왜곡이 어떤 그리스도교 공동체의 삶에 들어와서 깊숙 이 침투할 때, 그 공동체는 자신들의 성품에 도전하고 그 성품을 교정할 수 있는 방식으로 성서를 읽어내는 능력을 상실한다. 성 서는 자기 자신으로 다시 돌아가는 공동체의 자기기만을 하나 님의 말씀으로 위장하여 반영하는, 한낱 그런 거울이 된다.[4]

우리는 아돌프 하르낙의 저 유명한 『기독교의 본질』이 묘사하는 그리스도가 "깊은 우물 밑바닥에 비친" 하르낙 자신의 얼굴을 반영

---

4 Stephen E. Fowl and L. Gregory Jones, *Reading in Communion: Scripture and Ethics in Christian Life* (Grand Rapids: Eerdmans, 1991), 99에서 재인용. 포울과 존스는 다음과 같이 주장한다. "스스로 폐쇄적이 되어버린 공동체들도 듣기 싫은 소 리를 하는 선지자들의 존재를 요구할 수 있다"(*ibid.*, 2).

할 뿐이라는 조지 타이렐의 주장을 상기해볼 수 있다(4장). 분명 그 깊은 우물은 수직적인 방식의 좁은 시야(tunnel vision)를 상징하는 것이다. 이러한 시야는 시각장애인과 코끼리 이야기에서 보듯(1장) 우리의 유한성의 결과일 수 있다. 혹은 우리의 타락의 결과일 수 있다. 왜냐하면 우리는 우리의 죄성으로 인해 "진리를 억누르기"(롬 1:18) 때문이다. **로마서의 이 구절이 마치 비신자들에게만 적용되는 것처럼 읽지 않는 것이 교회에 중요하다.**

성서 자체가 우리의 개별적인 그리고 집단적인 '성품에 도전하고 그 성품을 교정할 수 있는' 외부자여야 한다. 성서 안에서 우리가 봐야 하는 것을 보게끔 하는 것이 궁극적으로는 성령의 사역이지만, 성령은 인간 전달자를 사용하실 수도 있고 또 자주 사용하신다. 선지자, 사도, 그리고 성육신 자체가 모두 인간 전달자다. 만일 하나님이 발람의 길이 틀렸음을 보여주시기 위해 발람의 나귀도 사용하실 수 있다면(민 22장), 또한 내가 주장해온 바와 같이 하나님이 그리스도교 국가를 향한 선지자적 목소리로 마르크스, 니체, 프로이트를 사용하실 수 있다면,[5] 분명 하나님은 우리가 성서를 더 잘 듣고 더 잘 이해하고 더 잘 구현하도록 다른 전통에 속한 그리스도인들을 사용하실 수 있을 것이다—물론 우리가 그들로부터 듣고 배울 만한 겸손을 갖추고 있다면 말이다.

5   Merold Westphal, *Suspicion and Faith: The Religious Uses of Modern Atheism* (New York: Fordham University Press, 1998).

이는 경청이라는 두 번째 중요한 덕목을 가리킨다. 에큐메니컬 대화를 위한 다음과 같은 해석학적 규칙과 마주할 때, 우리는 결혼 상담자를 방문한 부부의 예(본서 9장)가 생각날 것이다. "당신은 반대자/상대방이 찬성하고 승인하는 언어로 상대방의 입장을 진술해보지 않았다면(그리고 그렇게 진술할 수 있기 전에는), 그 입장을 비방해서는 안 된다"(RPT 39). 우리는 경청을 기량(skill)이라고 부를 수도 있겠지만, 이를 덕(virtue)으로 기술하는 편이 더 나을 것 같다. 왜냐하면 경청은 지적 능력보다 개방적인 태도에 달려 있으며, 다른 이들이 자기 말—자신들의 관점과 자신들의 언어로—을 하도록 그저 개방하는 태도가 아니라 그렇게 말하기를 열망하는 개방적인 태도에 달려 있기 때문이다. 그렇게 하지 않으면 다른 이들의 말이, 다른 이들은 틀렸고 우리는 그들과 다르기 때문에 우리 자신은 옳다고 보는 자기-합리화의 거울로 환원될 것이다. 이러한 자기-기만을 폭로하는 것이 교회에 대한 선지자 역할을 했음직한 니체의 열과 성이다.

세 번째로, 우정의 덕이 존재한다. 이 맥락에서, 우정은 다른 전통에 속한 이들을 일차적으로 우리와 의견이 다른 이들로 보는 것이 아니라 복음에 충실하고자 하는 동료 그리스도인으로 본다는 의미다. 따라서 한 비평가는 다음과 같이 쓰고 있다. "나는 외교적 진보—지정학적인 다양성에서든 교회의 다양성에서든—가 어떤 다른 요소들을 통해서 이루어지는 것만큼이나, 견고하게 구분 지은 경계를 가로지르는 사적인 우정을 통해서 이루어진다고 생각한다. 이런 이유로 우정은 그러한 사역의 결과일 뿐만 아니라 아마 그러한 사역에 필요한 전제조건일 것이다"(RPT 132). [6] 이러한 우정의 한 가지 아름다운 예는 역사적 예수에 관한 마커스 보그와 톰 라이트의 논쟁에서 볼 수 있다. [7]

공동체주의 모형이 도움을 줄 수 있는 마지막 방식은 그것의 관점주의에서 비롯한다. 우리가 특수한 전통들에 뿌리내리고 있음을 강조하는 가다머의 해석학은 우리가 어떤 관점도 없이 사물을 보는 것도 아니며 모든 관점을 통달하여 보는 것도 아님을 상기시킨다. 우리는 늘 어딘가에 발붙이고 그 관점에서 본다. 이런 견해와 노선을 같이 하는 매킨타이어의 공동체주의는 우리의 사회성과 역사성으로부터 우리 자신을 추출해내는 '계몽주의의 기획'을 거부하고, 우리의 삶에 일관적인 의미를 부여함에 있어 전통이 할 수 있는 긍정적 역할을 강조한다. 이러한 관점이 지닌 관점적인 성격은『덕의 상실』의 속편의 제목, 즉『누구의 정의? 누구의 합리성?』이라는 책 제목에 명백히 나타난다. 이 제목은 상이한 전통들이 서로 다른 정의 개념만 가지고 있는 것이 아니라 서로 다른 합리성 개념도 가지고 있음을 알려주고 있다. 현실의 논쟁들이 '이성'의 기준에 호소한다고 해서 반드시 해결될 수 있는 것은 아니다. 왜냐하면 이성의 의미

6   우정의 해석학적 의의에 대한 유사한 제안으로는 Fowl and Jones, *Reading in Communion*, 2를 보라. 논평자들은 최근 몇 년간 의회의 파트너십을 마비시킨 이유가 주로 의원들이 주당 3일은 (다음 선거 모금을 위해) 자기 지역에 있어서 회의장을 넘나드는 우정을 형성할 시간을 갖지 못했기 때문이라고 주장했다.

7   Marcus J. Borg and N. T. Wright, *The Meaning of Jesus: Two Visions* (New York: HarperSanFrancisco, 1999).『예수의 의미』(한국기독교연구소 역간). 이 논쟁은 중요한 중첩이 있음에도 불구하고 불일치에 초점을 맞춰서 진행하고 있지만, 그럼에도 우정과 상호 존중의 정신이 배어 있다.

자체가, 곧 기준으로 작동하는 의미가 담론 공동체들마다 서로 다르기 때문이다. 특히 역사적 시대를 거치면서 우리 자신이 변하는 만큼 달라진다. 최상위이자 그만큼 올바르고 적절한 기준으로서 '성서'에 호소하는 그리스도인들도 '누구의 성서인가?' '누구에 의한 성서인가?'라는 물음에서 면제되어 있지 않다.

이러한 관점주의에 대한 특별히 흥미로운 한 가지 관점이 공동선언문에 대한 여러 비평들 중 하나에서 나타난다. 그것은 칭의 문제에 관한 상이한 관점에 대한 것이 아니라, 그와 밀접하게 연관된 문제에 관한 상이한 관점에 대한 것이다. 그것은 그리스도-사건의 효력들이 바울에 의해 다음의 "열 가지 다른 이미지"로 요약되고 있음을 지적한다.

칭의, 구원, 화해, 속죄, 구속, 자유, 성화, 변혁, 새 창조, 영광. 이 각각의 이미지들은 그리스도 중심적 구원론의 독특한 양상을 하나씩 표현한다. […] 만일 그리스도-사건을 십면체, 즉 열 개의 면을 갖는 입체도형으로 이해한다면, 우리는 어떻게 바울이 그중 한 면을 응시하면서 그 효력(이를테면, 예수께서 우리를 의롭게 하심)을 표현하기 위해 하나의 이미지를 사용했을지를 이해할 수 있다. 또 한편으로 그는 또 다른 면(우리를 화해케 하신 측면)을 응시하면서 또 다른 이미지를 사용할 수도 있다. 이 열 가지 측면 각각은 오로지 전체의 한 부분만을 표현하고 있었을 것이다(RPT 82. 또한 144 참조).

"바울 사상의 다면체적 구원론"(*RPT* 83)을 언급할 때, 여기서 논의되는 십면체는 분명 찬란하게 빛나는 다이아몬드를 연상시키고 있다. 이러한 비평에 대해 한 논평자는 이 은유의 메시지를 다음과 같이 요약했다. "만일 당신이 칭의를 너무 지나치게 강조한다면, 당신은 그리스도-사건을 축소시키고 바울을 왜곡할 위험을 안고 있다"(*RPT* 100). 힌두스탄에서 온 여섯 명의 시각장애인의 경우처럼(1장), 우리가 서 있는 곳, 우리가 보고 있는 순간 그 자체가 우리가 무엇을 볼 수 있는지를, 그 순간에 무엇을 보기 어려운지를, 그리고 자기 자신들만의 독특한 '정경 안의 정경'〔정경 안의 또 다른 표준〕을 가지고 있지 않은 교회가 없음을 보여준다. 적어도 우리가 보고 있다면 말이다.

이런 종류의 또 다른 예는 칭의가 의롭다 함이 선포됨을 의미하는지 혹은 의롭게 됨을 의미하는지 여부에 대한 논쟁에 주목하는 것이다.● 루터파 신자들은 전통적으로 전자를 강조했지만, 공동선언문은 칭의가 양자택일적인 명제라는 개념을 거부하면서 "의롭게 된다는 것은 의롭지 못한 백성들이 의로운 백성으로 만들어짐을 혹은 중생하게 됨을 의미한다. [⋯] **성서는 양자를 모두 말하고 있다**"(*RPT* 112, 강조는 필자가 추가함, 84-85 참조)고 확언한다. 하나를 (사실상) 배제하려고 다른 하나를 강조하는 것은 진리를 왜곡하는 것이다. 객관성으로의 길은 관점들로부터 달아나는 길이 아니라 관점들을 다면화하는 길이다.

● '칭의'(稱義)라는 우리말 번역어 자체에 전자에 무게를 둔 해석이 들어가 있다. 후자를 강조하여 해석하는 경우 '의화'(義化)로 번역한다.

집 근처에서의 대화

『함께 다시 읽는 바울』(RPT)이 (그리고 아마 공동선언문 자체도)[8] 신학대학과 신학대학원에서 필독서가 된 것은 아마 당연한 일일 것이다. 그것이 중요한 신학적 문제들에 기여한 점뿐만 아니라, 특별히 외부자들 곧 우리와 다른 전통에 속한 이들과의 신학적 대화에 빛을 비춰주기 때문이다. 학술적인 신학자들은 그러한 에큐메니컬 대화에 참여하기에 가장 잘 준비된 사람들일 것이다. 그러나 만일 신학적으로 훈련된 성직자라는 개념이 교회 성장이나 교구 관리에 관한 몇 권의 책을 읽는 것 이상을 의미한다면, 목회자로 (지속적으로) 형성되는 과정에도 다른 전통의 원천들을 알아보고 귀하게 여기는 법을 배움으로써 자기 전통의 한계를 인정하는 해석학적 겸손을 배우는 일이 포함된다. 당연히 목회자들은 자기 전통부터 철저히 알아야 하지만, 다른 전통들로부터 배우기를 도모하는 노력 역시 지적인 덕이자 도덕적인 의무로 여기는 게 당연하다.

우리는 자신들을 쉽게 퇴보시켜버리는 비앤비(자랑과 불평[bragging and bitching]) 그 이상의 것을 갈망하는 지역 사역자 협회 같은 것을 상상(꿈? 공상?)해볼 수 있다. 그 협회는 간혹 다양한 신학적, 사회적, 민족적, 인종적 관점과 경험을 가진 목회자들이 서로 성서 본문에 대한 자신의 통찰, 특별히 서로 간의 분리와 의구심의 기저를 이루는

---

8   본 장의 각주 1, 2를 보라.

성서 본문에 대한 통찰을 공유하는 대화의 장이 될 수도 있다. 만일 우정과 상호 존중의 정신 가운데 수행된다면, 그들은 자기들이 추정했던 것보다 더욱 공통된 토양을 발견할 수도 있으며, 이런 일이 일어나지 않는다 하더라도 그들은 서로에게 배울 수 있을 것이다.

하지만 성서 본문과의 이중적 대화나 다른 전통들과의 이중적 대화가 교회의 엘리트, 즉 신학자와 목회자들의 독점적인 과제일 수는 없다. 만일 우리가 만인이 제사장이라는 종교개혁의 주요 논제를 심각하게 받아들인다면, 해석학적 대화가 평신도에게도 마찬가지로 특권이자 책임임을 인정해야 할 것이다. 우리는 읽는 것이 곧 해석하는 것임을 기억하면서, 평신도가 성서를 읽는 세 가지 차원―개인적 차원, 가족적 차원, 신자들의 모임의 차원―을 고려해볼 수 있다.

만일 우리가 성서가 하나님의 말씀이라는 주장과 성령께서 성서를 통해서 우리에게 말씀하시면서 성서가 다시금 적절한 하나님의 말씀이 된다는 주장을 진지하게 받아들인다면, 모든 신자는 그 텍스트와의 정기적인 대화 안에 있어야 한다. 대화는 하나님의 목소리를 경청하고 우리가 들은 것에 대해 찬양, 감사, 회개, 순종의 행위로 응답하는 양방향 도로이다. 우리는 말씀의 청자이면서 동시에 그 말을 행하는 자가 되어야 한다. 즉 그 말씀을 수행하고 구현하는 자인 것이다. 왜냐하면 행함이 없는 들음은 정확히 표현하면 안 듣는 것이기 때문이다.

대개 평신도는 다음과 같은 이중적 해석학의 첫 번째 물음을 던지기에 아주 좋은 위치에 있지는 않다. 인간 저자는 최초의 독자들 내지 청자들의 공동체에게 무슨 말을 했는가? 이 물음은 상당한 양의 학술적 전문지식을 요구한다. [9] 그래서 초점은 두 번째 질문을 향한다. 이 본문을 통해 하나님께서 지금 나에게 무엇을 말씀하고 계신가? **거룩한 독서**(lectio divina)라는 고대 전통이 여기에 도움이 될 것이다.

읽기(Lectio). 자신의 눈에 띈 단어나 구절에 특별히 주의를 기울이며 본문을 세심하게 읽으라. 이야기 형태의 구절을 읽는다면, 자신을 그 구절 속 인물 중 한 명, 이를테면 돌아온 탕자, 탕자의 형, 아버지, 혹은 종들 중 하나로 삼아 장면을 묘사해보라. 그럼 어떤 기분이 느껴지겠는가? 당신이 그 인물이라면 어떻게 하겠는가? 서신서와 같이 이야기가 아닌 텍스트를 읽는다면, 자신이 해당 텍스트의 첫 수신자 중 한 사람이라고 상상해보라. 당신의 교회 생활과 비슷한 점은 어떤 것인가? 시편을 읽는다면, 그 시를 당신 자신의 기도로 삼아보라. 누가 이 세상에서 그 시를 더욱 간절히 기도했을지 질문해보라. 옛 전통을 따라 시편으로 기도하며 예수를 생각해보라. 시편에는 많은 적들이 등장한다. 스스로에게 이렇게 질문해보라. 지금 여기에서

---

9   그러나 윌리엄 바클레이(William Barclay)의 The Daily Study Bible Series (Philadelphia: Westminster, 1955-76. 『바클레이 신약주석』[기독교문사 역간])와 같이 이해하기 쉬운 주석들을 참고한다면 도움이 될 것이다. 〔바클레이는 신약주석을 썼으며, 동일한 방식으로 다른 학자들이 서술한 구약주석도 있다. 『바클레이 패턴 구약주석』[기독교문사 역간]. 원서의 경우 시리즈명도 동일하다.〕
주석을 다음과 같은 세 단계로 사용해보는 것도 도움이 될 수 있다. (1) 먼저 성서 본문을 읽고, 그 본문을 묵상한다. (2) 주석을 읽어본다. (3) 성서 본문을 다시 읽고, 이를 주석에 비추어 묵상해본다. 시간이 제약되는 경우, 필요하다면 2-3일에 걸쳐서 해볼 수 있다. 그러나 듣기 위해 필요한 시간을 말하는 것이지, 서두르기 위한 시간을 말하는 것은 아니다.

나의 적은 누구이며, 나는 누구로부터 해방되기를 원하는가? 현재 내 삶에서 세상, 육신, 마귀라는 적들은 어떻게 나타나는가?

본문을 다시 읽으라. 상상력을 동원해서 자신을 그 세계 속에 위치시킨 다음, 다음과 같은 중요한 물음을 던져보라. 하나님은 오늘 이 텍스트를 통해 무엇을 말씀하시는가?

앞에서 루터가 제시한 네 가지 물음이 여기서 도움이 될 수 있다 (본서 9장). 나는 무엇을 믿어야 하는가? 나는 무엇을 해야 하는가? 나는 무엇을 회개해야 하는가? 나는 무엇을 감사해야 하는가?

묵상(Meditatio). 당신이 읽으면서 본 것, 냄새 맡은 것, 느낀 것, 무엇보다도 들은 것에 대해 묵상하라. 더 머무르고, 거주하고, 살라. 곱씹어보라. 텍스트에 들어간 다음, 당신이 앉아 있는 자리보다 텍스트의 자리가 더 충만한 곳이 **되도록** 텍스트가 엄습해 오게끔 당신 자신을 내맡기라.

기도(Oratio). 기도하라. 하나님의 말씀 속에서 하나님의 말씀을 들으려고 귀를 기울이고 응답하라. 당신의 마음속에 있는 것을 하나님께 말하라. 모든 것을 말씀드리라. 말씀에 집중하지 못하게 하는 머릿속에 들이닥치는 생각들까지도 아뢰라. '감사합니다'라고 말하라. '사죄합니다'라고 말하라. 이 텍스트를 이해하도록, 체화하도록 도움을 청하라.

관상(Contemplatio). 바라보라. 이러한 텍스트와의 대화 속에서 하나님과 대화를 나누고 있음을, 하나님의 임재 안에 있음을, 은혜로 말미암아 믿음을 통해 하나님이 사랑의 관계로 함께하심을 상기해보

라. 묵상에서처럼, 의식적으로 이 서로 간의 임재가 당신이 이 순간 거주하는 장소가 되게 하라.

당연히 마법적으로나 의무적으로 이렇게 접근하는 것은 아니다. 중요한 것은 하나님이 지금 여기서, 이 텍스트 안에서, 텍스트를 통해서 말씀하고 계신 것을 주의 깊게 듣는 장소인 성서와 규칙적이고 헌신적인 대화를 나누는 것이다.

가족은 성서 해석을 위한 또 다른 장소다. 그리스도인 부모는 자녀들을 "주의 훈계와 교훈"(엡 6:4)으로 양육하는 목회자이자 교사가 될 수 있으며, 되어야 한다. 대부분의 부모들이 하고 있는 것처럼 아이들에게 책을 읽어주는 것이 중요하고 책 읽는 법을 가르치는 것이 중요하다면, 성서를 읽어주고 성서 읽는 법을 가르치는 것이 중요하지 않을 수 있겠는가?

성서에 내가 처음으로 노출된 것은 (엉클 위글리와 『왕자와 핀 엘브스』와 더불어) 어머니께서 우리에게 읽어준 어린이를 위한 이야기 성서에서였다. 우리는 텔레비전도 닥터 수스*도 없었기 때문에, 내 상상의 세계는 주로 성서 속 이야기의 세계였다. 어머니께서 이런 식으로 말하셨던 적이 있는지 기억나지는 않지만, 나는 잠자리에 드는 의례로 아이들에게 이런 질문을 덧붙이면서 성서 이야기를 들려주는 가족을 상상해볼 수 있다. 특히 아이들이 점점 나이를 먹으면 이런 질

● 엉클 위글리(Uncle Wiggley)는 하워드 게리스(Howard R. Garis)의 동화 시리즈에 등장하는 주요 인물이다. 『왕자와 핀 엘브스』(The Prince and the Pin Elves)는 찰스 리 슬라이트(Charles Lee Sleight)의 그림 동화다. 닥터 수스는 동화작가 테오도르 조이스 가이젤(Theodor Seuss Geisel)의 필명이다.

문을 곁들일 것이다. "이 이야기에서 하나님이 우리에게 무엇을 말씀하고 계신다고 생각하니?" 기도와 마찬가지로, 해석학적 습관은 결단코 아주 처음부터 형성될 수 있는 것이 아니다. 목회자들에게는 도움을 줄 수 있는 신학자들이 있다면, 그리고 평신도 성인들에게는 도움을 줄 수 있는 목회자가 있다면, 자녀들에게 부모가 성서 텍스트를 노출시키고, 어떤 질문을 던져야 할지를 가르치고, 어떤 종류의 답을 찾아야 할지 제안해주는 그들의 신학자이자 목회자가 되지 못할 이유가 없지 않은가?

우리는 이러한 모형을 우리 교회의 청소년 프로그램으로 확장시키는 것을 상상해볼 수 있지 않을까? 대중문화와의 경쟁은 교회 사역의 이러한 차원을 너무 어렵게 만든다(아마 성인을 대상으로 하는 차원보다 더 어려울 것이다). 그러나 하나님께서 성서 속 이야기, 시가서, 선지자들의 설교, 사도들의 서신을 통해서 지금 여기서 십대들에게 많은 말씀을 해주시려 한다고 상상하면서, 십대들이 성서에 대해 이야기를 나누도록 자극을 받는다면—특히 부모를 포함한 성인 회중이 모범을 보여주고 있다면—십대들에게 성서 연구에 관심을 갖게 하는 것이 있을지 누가 알겠는가.

우리는 이제 지역 회중에 속한 성인 평신도들 사이에서의 성서에 관한 대화로 우리의 주의를 돌릴 수 있다. 주일 아침 예배 전 시간에 (또는 주중 시간에) 회중이 소그룹으로 만나서 아침 설교 본문에 대한 서로의 통찰을 나누고, '하나님께서 이번 주 본문에서 우리에게 무엇을 말씀하고 계시는가?'를 묻고, 이에 대해 다양한 관점과 경험을 가지고 답을 제시해본다. 짐작컨대, 직접적으로 나타나는 결과가 하나 있다면, 이런 활동이 목회자로 하여금 설교의 토대가 되는 본문에 더 주의를 기울이도록 어떤 압박을 줄 것이라는 점이다. 이는 설교가 본문과의 눈에 띄는 연관성이 거의 없거나 전혀 없는 그저 좋고 건전한 보편적인 내용으로 빠지는 일, 이로 인해 설교가 진부한 이야기로 퇴보하는 일을 방지하는 데 유용할 것이다. 회중—목회자와 평신도 모두—은 하나님께서 지금 여기에서 무엇을 말씀하고 계신지를 듣는 데 집중할 뿐만 아니라, 이 특정한 본문에서 무엇을 말씀하고 계신지를 듣는 일에도 집중하게 될 것이다.

이러한 제안이 몇몇 장점을 갖도록 변화를 줄 수도 있다. 성서일과표를 따르는 교회에는, 복음서 본문을 주로 혹은 심지어 복음서 본문만 설교하는 습관이 퍼져 있다. 성서일과표를 따르지 않는 교회에는 서신서를 주로 설교하는 습관이 퍼져 있다. 성서라는 다이아몬드의 중요한 측면들은 이런 식으로 간과되고 있다. 전자에 해당하는 교회에서는 서신서를 통해 하나님의 말씀을 듣는 소모임을 갖는 것이, 후자에서는 복음서를 통해 하나님의 말씀을 듣는 소모임을 갖는 것이 한 가지 교정책이 될 수 있다. 어쩌면 구약성서를 부각시키는 것도 가능한 시도일 수 있다.

지역 회중의 활력은 성서가 어떻게 하나님의 말씀인지를 다루는 일반적인 **이론**보다는, 성령이 말씀을 통해 교회들에게 말씀하시는 바를 듣고자 하는 개인적 읽기, 가정에서의 읽기, 모여서 읽기와 같은 것을 다루는 광범위한 **실천**에 달려있을 것이다.

12

초월, 계시, 그리고 공동체

인간과 신의 변증법적 긴장

가다머의 해석학을 설명하면서, 나는 해석학적 목적상 그리스도교
교회의 성서를 셰익스피어의 작품 및 미국 헌법과 같은 다른 고전들
과 연결하여 '고전' 텍스트로 말해왔다. 성서를 해석하는 것은 문화
적으로 주요한 의미가 있는 다른 텍스트들을 해석하는 것과 중요한
측면에서 유사하다.

그런데 만일 성서가 교회의 고전 텍스트에 불과한 것이 아니라면,
성서는 고전인 동시에 고전 그 이상인 것이다. 성서는 하나님의 말
씀이다. 하나님의 복음은 "하나님께서 예언자들을 통하여 성서 안
에 미리 약속하신 것"(롬 1:2)이다.

> 하나님의 가족인 여러분은 사도들과 예언자들이 놓은 기초 위
> 에 세워진 건물이며, 그리스도 예수가 그 모퉁잇돌이 되십니다
> (엡 2:19-20).

지나간 다른 세대에서는 하나님께서 그 비밀을 사람의 아들들
에게 알려주지 아니하셨는데, 지금은 그분의 거룩한 사도들과
예언자들에게 성령으로 계시하여 주셨습니다(엡 3:5).

하나님께서 옛날에는 예언자들을 통하여, 여러 번에 걸쳐 여러
가지 방법으로 우리 조상들에게 말씀하셨으나, 이 마지막 날에
는 아들을 통하여 우리에게 말씀하셨습니다(히 1:1-2).

여러분이 무엇보다도 먼저 알아야 할 것은 이것입니다. 아무도
성서의 모든 예언을 사사로이 해석해서는 안 됩니다. 예언은 언
제든지 사람의 뜻에서 나온 것이 아니라, 사람들이 성령에 이
끌려서 하나님께로부터 오는 말씀을 받아서 한 것입니다(벧후
1:20-21).

예언자와 사도, 심지어 아들에 대해 말하는 것은 성서의 이중적
성격에 대해 말하는 것이다. 성서가 우리에게 오도록 통로가 된 이
들은 분명히 인간들이었다. 즉 자신들이 직접 당면하고 있는 상황과
관련된 특정한 관심을 갖고 있는 인간들이었다. 성서학은 이 인간
저자들의 삶의 자리(Sitz im Leben)를 탐구하면서, 인간 저자들이 여러
방식으로 영향사 의식(본서 6장)이었다는 점을 우리에게 보여주었다.
성서를 해석함에 있어 빼놓을 수 없는 단계는 성서 저자들의 맥락과
어젠다를 가능한 한 많이 이해하는 것이다.

하지만 〔성서에〕 자신의 말과 행위가 기록된 이들에 대해 말하는 것, 그리고 선지자와 사도로서 〔성서를〕 기록했던 이들에 대해 말하는 것은 그들이 인간 전통의 담지자 그 이상이라고, 심지어 그러한 전통의 맥락 안에 있는 창조적이고 독창적인 사상가 그 이상이라고 말하는 것이다. 그것은 하나님께서 그들을 통해 말씀하셨으며, 여전히 말씀하고 계시다고 말하는 것이다. 이것이 바로 성서가 하나님의 말씀이라는 말이 의미하는 바다. 따라서 다음과 같이 묻는 이중적 해석학이 필요하다. 인간 저자가 글을 쓰며, 예컨대 이스라엘 왕들의 역사나 디도에게 보낸 서한에서 수행**했던** 화행은 무엇인가? 이러한 글들이 지금 우리에게 하나님의 말씀으로 건네지는 가운데 하나님께서 수행**하고 계신** 화행은 무엇인가(3장)?

교회는 교회의 고전 텍스트와 이러한 변증법적 성격을 공유하고 있다.[1] 에베소교회에 말했던 것처럼, "그러므로 이제부터 여러분은 외국 사람이나 나그네가 아니요, 성도들과 함께 시민이며 하나님의 가족입니다. 여러분은 사도들과 예언자들이 놓은 기초 위에 세워진 건물이며, 그리스도 예수가 그 모퉁잇돌이 되십니다"(엡 2:19-20). 그리스도인들은 새로운 나라의 시민으로서, "거룩한 나라"(벧전 2:9)의 시민으로서, 가족의 구성원으로서 다양한 전통에 의해 형성된 집단에 속해 있으며, 동시에 그러한 다양한 전통의 담지자다. 그러나 그

---

1   변증법은 서로 분리되거나 해소될 수 없는 대립의 요소들 간의 지속적 긴장을 의미한다. 의인인 동시에 죄인(*simul justus et peccator*)이라는 루터의 규정이 좋은 예이며, 마찬가지로 그리스도 안에서의 인간과 신의 본성의 결합도 그런 예가 된다.

와 동시에 그리스도인들은 또한 하나님의 백성이다. 즉, 옛 창조와 마찬가지로 하나님의 지혜와 사랑의 힘으로 태어나서 그 존재가 유지되고 있는 새로운 창조다.

저 창조하고 유지하는 힘은 간접적으로는 성서를 통해서, 그리고 직접적으로는 성령에 의해서 행사된다. 왜냐하면 성령은 성서의 창조에 직접적으로 관련될 뿐만 아니라(위에서 인용한 엡 3:5와 벧후 1:20-21을 보라), 교회가 그 성서를 이해하도록 계속 인도하시기 때문이다. 예수께서는 "아버지께서 내 이름으로 보내실 성령께서, 너희에게 모든 것을 가르쳐주실 것이며, 또 내가 너희에게 말한 모든 것을 생각나게 하실 것이다. [···] 진리의 영이 오시면, 그가 너희를 모든 진리 가운데로 인도하실 것이다"(요 14:26; 16:13)라는 약속을 주셨다. '말씀과 성령'(Word and Spirit)이라는 공식은 모든 성서 해석의 근본 원리이다.

물론, 이 공식이 어떤 방법인 것은 아니다. 하나님의 말씀이나 하나님의 성령이 어떤 인간의 방법이나 규칙과 절차에 제한되거나 국한될 수는 없다. 하지만 여기에서 주로 제시한 가다머의 해석학이 인간의 전통과 대화를 강조하고 있기 때문에, 방법까지는 아니더라도 하나님의 말씀을 인간의 지평에 너무 가둬두는 것처럼 보일 수 있다. 해석학이 성서의 신적 목소리가 들리지 않게 입막음하고 방음벽을 치는 것은 아닐까? 이것은 비논리적이지만 그 심정을 이해할 만한 바람, 즉 '해석은 필요 없다'(1장)는 생각의 기저를 이루는 두려움이다.

이 물음에 대한 첫 번째 대답은 인간적인, 너무나 인간적인 해석은 그것이 해석이란 사실을 알려주는 해석학 이론과 더불어 일어나기도 하고, 해석이란 사실을 인지하지 못한 채 일어나기도 한다는 점을 인정하는 것이다. 그리스도교 교회의 역사는 이러한 사실을 설득력 있게 증언하고 있다. 두 번째 대답은 성서의 신적인 성격이, 성서 자체의 인간적 기원뿐만 아니라 계속되는 인간적 해석과의 변증법적 긴장 속에서 어떻게 살아 움직이고 있는지를 생각해 보는 것이다.

성서의 신적 성격 및 성서를 기반으로 세워진 공동체로서의 교회의 신적 성격에 대해 말하는 것은 계시에 대해 말하는 것이고, 계시에 대해 말하는 것은 신적 초월에 대해 말하는 것이다. 신적 목소리는 성서를 기록하고 성서를 해석함으로써 성서를 우리에게 전달하는 인간의 목소리로 환원될 수 없다. 이러한 맥락에서는 우주론적 초월에 대해, 즉 자연과 역사의 총체인 세계의 존재 '너머의', '바깥의', 혹은 '세계와 무관한' 하나님의 **존재**에 대해 말하는 것으로는 충분하지 않다. 하나님의 **행위**에 대해, 이 경우에는 그분의 **화행**에 대해 말하는 것이 필요하다. 이 행위 가운데, 그리고 이 행위를 통해서 하나님께서는 세계에 침투하신다―또는 더 정확하게는 하나님께서 결코 세계를 떠나신 적이 없기 때문에 세계 안에 거하신다. 신적 초월은 항상 신적 내재와의 변증법적 긴장 속에 있다. 그러나 인간의 역사는 언제나 인간 자신의 자기-충족성을 거의 명시적으로 선언하고 있다. 그 유한함과 타락함 가운데서 말이다. 그래서 결코 신적 말씀은 그저 인간 전통 내부의 로고스 및 그와 관련된 실천과 이데올로기인 것이 아니다. 이것은 교회와 구별되는 세상과 관련해서만 그런 것이 아니다. 교회도 성서의 심판 아래 있고 성서의 지도를 필요로 한다. 이것이 바로 다음과 같은 개혁파 모토가 지닌 의미다. *ecclesia reformata, semper reformanda secundum verbi dei*(개혁된 교회는 하나님의 말씀을 따라 항상 개혁되어야 한다).

레비나스에게서 초월로서의 계시

유대인 철학자 에마뉘엘 레비나스가 성서의 인간적 차원과 신적 차원, 그리고 성서 해석 간의 변증법적 관계를 이해하는 데 도움을 줄 수 있다. 그가 계시에 관해 말할 때 그것이 곧 성서를 말하는 것은 아니며, 그가 참으로 유일신론적 의미에서의 신에 관해 말하고 있는지도 명확하지가 않다. 레비나스는 계시, 영광, 높음 등과 같이 신학적인 의미를 풍기는 용어들과 더불어 **신**이라는 말을 자주 사용한다. 내 친구와 적 모두 보통 이 용어를 참으로 유신론적 의미로 이해하지만, 레비나스는 보통 신에 대해서 인격적 행위자—예를 들어 모든 인간 행위자들과 구별되는 말씀하시는 자, 사랑하시는 자, 구원하시는 자—가 아닌 다른 인간들의 심연의 차원을 의미하는 결론으로 이어지는 것들만 말한다. 그러한 차원 때문에 나는 다른 인간에게, 그리고 다른 인간에 대해 무한하면서도 무조건적인 책임이 있다. 타인의 얼굴, 특히 고아와 과부와 이방인의 얼굴은 이 심연, 이

높음, 이 영광을 담지하고 있으며, '계시'의 유일한 매개자이다.[2] 레비나스의 말을 빌리자면, "얼굴이 말한다."[3]

인간 타자[4]의 얼굴 안에서, 얼굴로서, 얼굴을 통해서 말하는 목소리는 이중적으로 갑작스럽게 개입된다. 그것은 나의 것도 우리의 것도 아니다. 이 목소리는 정의를 요구하는 타인이라는 불청객으로, 나에게 강제적으로 침투함으로써 **나 자신**에 관한 **나의** 자연적 (필연적으로 그렇지는 않지만, 아마도 악한) 집착에 훼방을 놓는다. 그런데 그것은 가족에 관한 것이건, 계급에 관한 것이건, 인종에 관한 것이건, 성에 관한 것이건, 민족에 관한 것이건, **우리의** 욕구와 이익에 대한 **우리의** 자연적 (필연적이진 않지만 아마도 악한) 집착에도 동일하게 도전한다. 고아와 과부와 이방인은 우리의 개인적인, 공동체적인 가장 자연스러운 (필연적이진 않지만 아마도 악한) 관심의 지평들 너머의(지평들을 초월하는) 관점으로부터, 우리에게 무조건적인 요구를 제기하는

---

2 나는 다음 책에서 레비나스 사유의 이러한 애매성에 대해 논했다. Merold Westphal, *Levinas and Kierkegaard in Dialogue* (Bloomington: Indiana University Press, 2008), 특별히 3-4장.

3 Emmanuel Levinas, *Totality and Infinity: An Essay on Exteriority, trans. Alphonso Lingis* (Pittsburgh: Duquesne University Press, 1969), 66. 『전체성과 무한: 외재성에 대한 에세이』(그린비 역간). 여기서부터 *TF*로 표기.

4 레비나스는 **타자**라는 추상적 용어를 레위기 19장 18절의 이웃과 "형제자매 가운데 지극히 보잘 것 없는 사람 하나"(마 25장)를 의미하는 것으로 사용한다. 고아와 과부와 이방인은 철저히 '타자'이다. 왜냐하면 나의 자연적 본능은 그들을 못 본 체하고, 그들을 책망하고, 심지어 비방함으로써 그들을 배제하는 것인데, 그들은 자신들의 현전과 자신들을 얼굴을 통해서 내 개인적이고 사회적인 세계에 개입하기 때문이다.

목소리(법으로서의, 명령으로서의 계시)를 의미한다. 여기서 숙고하고 있는 맥락에서 '우리'는 바로 교회일 것이다.

레비나스는 다음과 같은 한 묶음의 대조로 자신의 논지를 전개하기 시작한다(*TF* 21-22).

정치	도덕성
역사	종말론
전쟁과 폭력	평화
이성과 철학	계시

왼쪽은 내재성, 즉 인간적인, 너무나 인간적인 지평 내에서의 인간 사유와 실천의 발전을 의미한다. 이성과 철학이 전쟁 및 폭력과 연결된다는 것이 이상해 보일 수도 있다. 하지만 그 이전의 키에르케고어(Søren Aabye Kierkegaard)처럼, 레비나스는 (그리고 포스트모던 사상이라고 불리는 것 대부분은) 인간의 사유가 스스로를 '이성'이라고 부를 때 그것은 너무나도 자주 자기-만족 및 심지어는 자기-기만에 불과하다는 것을 잘 알고 있다. 우연적이고 특수한 이념과 이익은 이런 방식으로 어떤 보편적이고 무시간적인 진리의 표현인 양 행세한다. 레비나스는 매킨타이어처럼 "누구의 정의? 어떤 합리성?"이라는 물음을 던질 줄 알았다(*TF* 10장). 서구 전통에서의 이성, 특별히 근대 시기의 이성은 주로 지배와 소유에 관한 것이었기 때문에, 레비나스는 한편에서는 이성과 철학, 다른 한편에서는 전쟁과 폭력이라는 연

결점을 어렵지 않게 발견했다. 냉전체제나 현재 일어나고 있는 이슬람 지하디스트와 '서구' 간의 투쟁을 놓고 볼 때, 어느 진영도 자신들이 계획하고 저지른 폭력과 전쟁을 정당화함에 있어 설득력 있는 '이성적 근거들'이 부족하다고 생각하지 않는다. 너무나도 자주, 이러한 이성적 근거들은 그 본질상 신학적이다. 대체로 냉소적인 관점에서, 레비나스가 보기에 이것이 역사와 정치의 줄거리이다.

　대체로일까? 그렇다. 왜냐하면 이렇게 이해되는 역사와 정치가 인간 이야기의 전부는 아니기 때문이다. 인간 이야기가 표현하는 것에는 계시와 초월도 있다. 희생자, 고아, 과부, 이방인(난민, 망명자)의 얼굴은 불경한 동맹관계 바깥의 어느 자리 내지 비자리(nonplace)에서, 역사와 정치와 이성의 연맹에게 '아니오!'(no)라고 말한다. 이것은 (유일신론이 우주론적 초월을 전제하고 있긴 하지만) **우주론적** 초월, 즉 신이 세계와 완전히 구별된다는 형이상학적 주장이 아니다. [5] 개인적 형태로든 사회적 형태로든 인간 이성에서 나온 것이 아닌 가르침을 주장하는 한, 이것은 **인식론적** 초월이다. 자신의 가치나 사회의 가치로 환원할 수 없는 정의, 선함, 신성과 이에 따른 명령을 주장하는 한, 그것은 **윤리적-종교적** 초월이다. 나는 세 가지 방식의 초월에 대

5　우주론적 초월은 신과 세계가 실체론적으로 비대칭적이라는 주장이다. 즉, 신은 세계(이는 자유롭게 창조한 피조물이지, 필연적으로 유출된 것이 아니다) 없이 존재할 수 있지만, 신 없는 세계는 존재할 수 없다. 범신론은 그 관계가 대칭적이라고 보는 견해로 정의될 수 있다. 곧 신 없는 세계는 존재할 수 없으며 세계 없는 신도 존재할 수 없다. 범신론에서 양자는 불과 불로부터 방출되는 열과 빛처럼 서로 관련된다.

해 논의한 바 있다.[6] 그들의 얼굴은 우리 자신과 사회를 문제시하는 권위적 요구인 불청객을 개입시킨다.

레비나스에게 계시의 일차적 표시는 직접성이다. "직접적인 것은 얼굴 대 얼굴이다"(TF 52). 철학적 용례에서 **직접성**(immediate)은 '즉시'와 동의어인 시간적인 용어가 아니다. 오히려 그것은 명백하지만 결정적으로 매개되지 않은 지식, 인식자에 의한 어떤 가감이나 해석으로 왜곡되지 않고, 여과되지 않은 직접적인 지식을 나타낸다. 서구의 다양한 전통에서, 철학과 신학은 직관이나 방법에 호소함으로써 직접적인 지식에 이르기를 열망했다. 그러한 방법의 과제는 실재를 여과하고 있는 모든 여과장치를 여과해내는 것이다.

칸트가 인간의 마음 자체가 일종의 여과장치라는 점을 논증함으로써 이 가능성에 도전한 것은 유명하다. 마음의 형식과 범주는 경험 가능한 것들의 선험적 조건이다. 이것들은 세계가 실제 그대로와는 다른 방식으로 나타나게끔 한다(TF 1장, 7장). 19세기와 20세기 동안에, 비역사적이고 보편적인 것으로서의 선험에 관한 칸트의 견해, 다시 말해 우리 모두가 여과 형식을 가지고 있다는 견해, 더 정확하게는 그 여과 형식이 동일하다는 견해는, 우리에게 세계를 매개해주는 역사적으로 특수하고 우연적인 렌즈들이 다양하다는 측면에서

---

6 Merold Westphal, *Transcendence and Self-Transcendence: On God and the Soul* (Bloomington: Indiana University Press, 2004). 이 책에서 나는 세 가지 초월이 서로 간에 전적으로 배타적인 것은 아니지만, 인식론적 초월이 우주론적 초월보다 더 심원하고 더 근본적이며, 윤리적-종교적 초월이 셋 가운데 가장 심원하고 가장 근본적인 초월이라는 점을 논증한다.

인간의 지성을 다룬 분석으로 대체되었으며, 이러한 대체가 유럽과 미국에서 반복적으로 일어났다. 전통에 관한 가다머의 이론은 직접성에 관한 이러한 체계적인 부정의 한 예에 불과하다.

우리는 레비나스가 직접적 인식을 부정하는 것을 정설로 보는 철학적 풍토 가운데 작업하고 있었다고 말할 수 있다. 그는 이러한 압도적인 정설을 수용하지 않는 이단아인가? 그렇기도 하고 아니기도 하다. 우리의 문화 속에서 지식과 이해로 통용되는 것이 다채롭게 매개되었다는 점에 그도 동의하고 있기 때문에, **아니오**라고도 말할 수 있다. 바로 그런 이유에서 레비나스는 (필연적이진 않지만 아마도 악한) 자연적인 자기옹호 가운데서 자기 자신과 사회를 정당화하는 이 합리성들 중 어떤 것에도 궁극성을 부여하기를 거부한다. 오히려, 그는 이러한 합리성 저편에서 도래하는 목소리(말하는 얼굴)의 급습인 계시에 대해 예라고 말한다. 타자와 얼굴 대 얼굴로 대면하는 이들에게 선입견이 없기 때문에(가다머적 형태의 칸트), 계시가 직접적이라는 것은 아니다. 그들은 자신들의 잠(sleep)[7]을 방해하지 않는 방식으로 고아, 과부, 이방인을 해석할 수 있는 선입견이 있다. 이보다도, 계시는 타자와 마주하는 이들에게 도전하고 물음을 제기하면서 그러한 선이해를 뚫고 나가는 힘이기 때문에 직접적이다. 계시는 우리의 선이해라는 프로크루스테스의 침대에 다른 것들을 모조리 짜 맞추는 일을 거부한다.

---

[7]   깨어있음(Wakefulness)은 레비나스에게 매우 중요한 은유이다.

이것이 '해석은 필요 없다'는 주장을 제기하는 일종의 직관으로 돌아가게 만드는가? 아니다. 왜냐하면 이는 우리의 믿음과 이해가 우리의 편견의 영향을 받지 않는, 실재(이웃의 얼굴이나 하나님의 말씀)를 그대로 반영하고 있는 거울 이미지라는 주장이 아니기 때문이다. 오히려 이 주장은 선입견을 뚫고 나가는 힘, 선입견을 방해하고 뒤흔들며 문제시하는 힘, 선입견이 결코 궁극적이거나 절대적이지 않고 늘 상대적이며 따라서 개정되어야 하고 대체되어야 함을 보여주는 힘을 가진 목소리가 있으며, 이 목소리에 참으로 머무르는 동안 그런 힘이 나타난다고 보는 것이다.

내가 활용하고 싶은 한 가지 예시가 있다. 이 예는 우리와 타자와의 관계에 대한 사르트르의 분석에서 가져온 것으로, 레비나스 자신의 분석의 배경이 되는 한 부분이다. 사르트르(Jean-Paul Sartre)는 포크너의 『8월의 빛』(*Light in August*[책세상 역간])의 마지막 장을 인용한다. 미국 남부 시골 마을의 백인 불한당 한 명이 크리스마스라는 이름의 흑인 남자를 거세해버린다. 포크너는 이렇게 적고 있다.

> 그러나 바닥 위의 그 남자는 움직이지 않았다. 그는 거기에 눈을 뜬 채 누워 있었다. 의식 외에는 모든 것이 나간 눈이었다. 그림자 같은 무엇인가가 입가에 맴돌고 있었다. 한참동안 그는 평온한 눈빛으로, 이해할 수 없는 눈빛으로, 견딜 수 없는 눈빛으로 사람들을 올려다보고 있었다. 이윽고 그의 얼굴도 육체도 모든 것이 무너져 내리는 듯하게 보였다. 그리고 그의 궁둥이와

허리 근처의 찢어진 옷 사이로 괴어 있던 검은 피가 숨을 내쉬듯 쏟아져 나왔다. 그 피는 솟아오르는 로켓의 불똥처럼 그 창백한 몸에서 뿜어져 나왔고, 이 사나이는 로켓의 그 검은 불꽃 위에서 사람들의 기억 속으로 영원토록 솟구쳐 오르는 것 같았다. **그들은 이때를 결코 잊지 못할 것이다. 아무리 평화로운 골짜기에서 살게 된다 해도, 아무리 조용하고 평온한 냇가에서 노년을 보낸다 해도, 어린 아이들의 얼굴을 볼 때마다 거울을 보듯 그 얼굴에서 옛 재앙과 새로운 희망이 비춰지고 있음을 볼 것이다. 그 기억은 늘 거기에 있을 것이다. 생각에 잠기듯 조용히, 한결같이, 퇴색지도 않고, 특별히 위협하지도 않겠지만, 저 홀로 고요히, 저 홀로 성공했다는 듯이 그곳에 있을 것이다.** [8]

레비나스의 언어로 말하자면, 죽은 남자의 얼굴은 큰 소리로 말하고 있다. 그 얼굴은 침묵의 한복판에서 소리친다. 이것은 직접적인 것이다. 왜냐하면 살인자들이 스스로의 행위를 용인해주고 칭찬할 만한 것으로 만들고 심지어는 영웅적인 것으로 만들어주는 해석상의 선입견(가다머적 의미의 선입견과 일상적 의미의 선입견 모두)으로 무장하고(말장난을 하고) 있다고 해도, 죽은 남자의 시선이 이러한 "방어 수

---

8   Jean-Paul Sartre, *Being and Nothingness: An Essay on Phenomenological Ontology*, trans. Hazel E. Barnes (New York: Philosophical Library, 1956), 406 (p. 526 in the Washington Square Press 1992 paperback ed.). 『존재와 무』(동서문화사 역간). 강조는 사르트르.

단들"⁹을 뚫고 나가서 "사람들의 기억 속에서 영원토록" 메아리치며 자신의 목소리를 들려주기 때문에 직접적이다.

이보다 더 명백히 신학적인 예시를 계시와 종교에 대한 바르트(Karl Barth)의 구별에서 발견할 수 있다. 종교는 삼중적인 하나님의 말씀—성육신, 성서, 설교—으로서의 계시에 대한 인간적인, 너무나 인간적인 반응을 그 이론과 실천에서 나타낸다.¹⁰ 종교는 언제나 역사적이고 문화적인 다양한 요소로 매개된 계시이다. 하지만 계시는 직접적이다. 계시는 종교를 의문시하는, 특히 바르트의 경우에는 종교로서의 그리스도교(Christian religion)를 의문시하는 하나님의 목소리의 지속적인 침투다. 계시는 우리가 우리 자신의 것과 절대 동화시킬 수 없는 어떤 목소리의 준엄한 반대신문 앞에서 대답하도록 불러들이는 경건의 소환장이다. 계시는 지속적으로 종교를 그 독단의 잠(dogmatic slumbers)에서 깨운다. 이와 같이 바르트는 "종교의 폐지(Abolition)로서의 하나님의 계시"에 대해 말한다.¹¹ [영역본과는 달리] 바르트는 사실 계시를 종교의 **지양**(*Aufhebung*)으로 불렀다. 이것은 단지 종교의 폐지가 아니라, 종교가 스스로를 절대적이고 궁극적인 것으로 여기는 끊임없는 경향이 있음에도 불구하고, 종교를 상대적이

---

9   살인자들은 분명 어떤 식으로든 자신들이 정당방위의 행위를 하고 있다고 생각한
     다. 이런 점에서 그들은 자기 자신의 양심의 목소리에 맞서 스스로를 방어한다.

10   Karl Barth, *Church Dogmatics*, trans. G. T. Thomson (Edinburgh: T&T Clark,
     1936), 1/1 §4. 『교회 교의학 I/1』(대한기독교서회 역간).

11   Karl Barth, *Church Dogmatics*, trans. G. W. Bromiley and T. F. Torrance
     (Edinburgh: T&T Clark, 1956), 1/2 §17. 『교회 교의학 I/2』(대한기독교서회 역간).

고 비궁극적인 것으로 만드는 과정이다.[12]

레비나스가 이러한 계시의 직접성을 표현하려고 사용한 말은 καθ' αὐτό이다(TF 51-52, 65, 67, 74-75, 77). 이것은 라틴어로는 per se로 번역되는 그리스어로, 단순히 '스스로를 통하여'(through itself[그 자체를 통하여; 그 자체로서])를 의미한다. 자신을 통하여(καθ' αὐτό) 자신을 표현해야 자신이 표현된다. 이는 몸소 표현하는 것이며, 자기 자신의 말로 표현하는 것이다. "καθ' αὐτό[그 자체로서의] 현시는 그것과 관련해서 우리가 취해온 모든 입장[선입견]과 무관하게, **자신을 표현하기 위해** 우리에게 스스로 말하는 것으로 이루어진다"(TF 65, 강조는 원문).

우리는 본서 9장에서 만났던 결혼상담사 사무실에 온 부부에 대해 생각해볼 수 있다. 그들이 자동적으로 혹은 쉽게 상담의 목표에 도달한 것은 아니었다는 점이 기억날 것이다. 상담의 목표는 당사자들이 돌아가며 καθ' αὐτό[스스로를 통해; 그 자체로] 자기 자신을 표현하게 하고, 자기 자신의 관점에서 이야기하게 하며, 이런 식으로 여과되지 않고 편집되지 않고 왜곡되지 않게 서로의 이야기를 듣게 하는 것이다. 치료의 맥락에서, 이 목표는 (가끔) 달성될 수 있다. 적어도 그

12　개럿 그린(Garrett Green)은 §17을 번역하면서, 이 오역에 주의를 환기시킨다. Karl Barth, *On Religion: The Revelation of God as the Sublimation of Religion*, trans. Garrett Green (New York: T&T Clark, 2006). 그런데 개럿 그린이 사용한 정신분석학적 함축을 지닌 "sublimation"(승화)라는 말은 *Aufhebung*(지양)이란 말에 들어 있는 헤겔적 함축을 제대로 포착하지 못한다. 만일 우리가 이 단어를 구(phrase)로 번역할 수 있다면, 우리는 *aufheben*이 어떤 것을 그것에 알맞은 종속적인(subordinate) 자리에 집어넣는 것을 의미한다고 말할 수 있다. "상대화하다"(relativize)라는 말이 이런 의미를 포착할 것이다.

것이 지향하는 어떤 실천적인 목적에 있어서는 달성될 수 있다. 신학적인 맥락에서, 이 목표는 끝나지 않는 과제다. 우리가 하나님의 말씀을 듣는 더 나은 청자가 되는 만큼 또는 더 나쁜 청자가 되는 만큼 더 나은 수준 또는 더 나쁜 수준에 점점 다가가는 과제다. 다만 계시에 있어서 하나님께서는 우리에게 καθ' αὐτό(그 자체로) 말씀하시는 반면, 우리의 들음은 항상 종교에 머무른다. 즉, 인간적인, 너무나 인간적인 것이다. 계시는 직접적인 것이고, 종교는 매개된 것이다. 이것이 바로 모든 그리스도인들이 *ecclesia reformata, semper reformanda secundum verbi dei*(개혁된 교회는 하나님의 말씀에 따라 항상 개혁되어야 한다)라는 개혁파 전통을 긍정할 수 있는 이유이다.

레비나스는 이 신조의 더 일반적인 형태를 우리에게 제시한다. 모든 인간 공동체 — 정치 공동체든, 종교 공동체든, 그 밖의 공동체든 — 는 직접적인 타자의 목소리에 열려 있어야 하며, 이 과제는 우리가 종결지을 수 없고 완료할 수 없는 것이다. 듣는다는 말과 귀기울인다는 말은 과제를 나타내는 말이지, 성취에 관한 말이 아니다. 교회들은 해석학적 유한함과 타락함 가운데 있는 인간적인, 너무나 인간적인 공동체이기에, 레비나스의 설명이 신학적 자기-이해에 도움이 될 수 있다. 정말로, 잠자고 있는 교회의 자기-확신을 깨우는 목소리가 고통 가운데 있는 자매와 형제들 중 가장 작은 자들(마 25:31-46) — 고아, 과부, 이방인(이주민) — 의 목소리일 수 있으며 우리가 기꺼이 들으려 한다면 그들의 얼굴에서 하나님의 말씀을 들을 수 있다.

그런데 하나님의 눈에 그들이 얼마나 중요한지를 말해주는 목소리는 우리 문화의 목소리가 아니라 성서의 목소리이다. 그 밖의 수많은 하나님의 화행도 성서의 목소리 안에서, 성서의 목소리를 통해서 하나님께서 수행하시는 것이다. 더 나아가 성서의 말씀 안에서, 성서의 말씀을 통해서, 우리를 현실에 안주시키는 편견을 지속적으로 깨뜨리며 지혜의 결핍을 극복하게 해주는 것도 성령의 사역이다. 성서가 만들어지는 과정(앞서 인용한 엡 3:5, 벧후 1:20-21)에서 역사하신 성령의 역할을 인정하는 것만으로는 충분하지 않다. 성령이 교회들에게 말씀하시는(현재 시제) 것에 귀 기울이고 듣는 것도 동일하게 필수적이다. 말씀과 성령. 이 슬로건이 이론에 머물지 않고 실천이 될 때, 신적이고 초월적인 성서의 목소리는 인간의 언어로 육화될 것이며, 우리는 우리의 유한하고 타락한 해석들 속에서 바로 그 하나님의 목소리를 들을 것이다.

이 얼마나 두려운 일인가! 이 얼마나 놀라운 일인가!

옮긴이 해설

예루살렘의 소크라테스, 메롤드 웨스트팔

우리 시대의 뛰어난 종교철학자 메롤드 웨스트팔의 책,『교회를 위한 철학적 해석학: 누구의 공동체? 어떤 해석?』(Whose Community, Which Interpretation: Philosophical Hermeneutics for Church)[1]이 이제 우리말로 세상에 나오게 되어 기쁜 마음을 금할 수 없다. 나는 현대기독교아카데미에서 그리스도인들을 대상으로 한 해석학 강의의 교재로 이 책을 사용하기 위해 2010년 즈음 본서를 처음 접했다. 강의 준비를 위해 책을 읽고 필요한 부분을 번역해서 보니 본서가 우리 현실에 매우 적절한 메시지와 더불어 여러 훌륭한 철학적, 신학적 통찰을 담고 있다는 확신을 갖게 되었고, 이에 여러 출판사에 본서의 번역을 의뢰하였다. 하지만 이런저런 이유로 이 책의 번역 및 출간을 번

---

[1] 본서의 제목은 미국의 공동체주의 철학자 알리스데어 매킨타이어의『누구의 정의? 어떤 합리성?』(Whose Justice? Which Rationality?)을 패러디한 것이다. 굳이 부제를 원제로 사용한 이유는 국내에 매킨타이어의 책이 번역되지 않은 탓에 이 패러디가 독자들에게 큰 울림으로 다가오지 않을 수 있다는 염려와 함께, 부제 역시 웨스트팔의 의도를 잘 나타내주는 말이라고 판단했기 때문이다.

번이 거절당하던 차에 도서출판 100의 환대와 인문학&신학연구소 에라스무스의 학술총서 기획이 맞아떨어지면서 이렇게 세상에 선보이게 되었다. 특별히 가다머를 기반으로 삼아 해석학의 의미와 해석하는 그리스도인, 그리고 해석과 교회의 연관성을 파헤치는 본서의 내용 자체도 중요하지만, 그 명성에 비해 우리에게는 정작 덜 알려진 유럽대륙철학과 포스트모던 종교철학의 대가 메롤드 웨스트팔에 대한 소개가 선행될 때 본서가 더 큰 의의를 가질 수 있을 것 같다. 이에 여기서는 본서 자체에 대해 설명하기에 앞서, 독자들이 본서의 저자 웨스트팔에게 친숙하게 다가서도록 소개해볼 것이다. 이러한 작업은 우리 시대의 저명한 그리스도교 철학자 웨스트팔에 대해 최초로 상세한 해설을 시도한다는 점에서 다소간의 학술적 의의도 가질 것이다.

포스트모던 종교철학과 유럽대륙철학의 대가 웨스트팔

1940년생인 메롤드 웨스트팔은 북미를 넘어 영어권 학계 전반에서 가장 탁월한 유럽대륙철학 및 포스트모던 종교철학의 전문가 중 한 사람으로 손꼽힌다.[2] 종교적 주제를 직접 건드리는 여러 철학자들

2　한 예로, 각 분야를 대표하는 세계적인 전문가들이 필진으로 참여하여 다양한 학술 분과의 세부적 영역에 대한 탁월한 안내와 최신 연구 동향을 소개하는 권위 있는 학술총서 가운데 하나인 <옥스퍼드 핸드북>에서도 대륙종교철학에 대한 서술은 웨스트팔의 몫이었다. Merold Westphal, "Continental Philosophy of Religion," *The Oxford Handbook of Philosophy of Religion*, ed. William Wainwright (New York:

조차 자신의 사유의 방법적 중립성을 위해 종교적 신앙 자체와는 거리를 두는 경우가 많은데, 웨스트팔은 그런 중립성 요구에 아랑곳하지 않고 자신을 그리스도교 철학자로 묘사하는 데 전혀 거리낌이 없는 독특한 인물이다. [3]

어린 시절 웨스트팔은 매우 보수적이고 독실한 그리스도교 신앙을 가진 부모 아래 착실한 신앙인으로 성장했다. 그런 그가 철학에 관심을 가지게 된 것은 미국의 유명한 복음주의 대학 가운데 하나인 위튼대학교(Wheaton College)에 진학하면서부터이다. 이 대학을 선택한 이유도 어린 시절부터 교회 생활에 열심을 보이는 독실한 그리스도인 청소년들이 종종 고민하는 것과 유사하게 목회자가 되고자 하는 일념에서 비롯한 것이었다. 하지만 위튼대학교에서의 공부는 그를 신학자나 선교사, 목사로서의 삶이 아닌 철학자로서의 삶으로 이끌었다. 이 대학 철학과에서 웨스트팔은 스스로 아무 망설임 없이 자신의 첫 번째 멘토로 손꼽는 또 다른 그리스도교 철학자 아더 홈스(Arthur F. Holmes)를 만난다. [4] 복음주의적이고 개혁주의적인 그리스도교 세계관의 철학적 기초를 놓는 데 열심이었던 홈즈 교수로부터 "모든 진

Oxford University Press, 2005), 472-493.

3   "Interview with Merold Westphal," in *The Leuven Philosophy Newsletter*, 13 (2004-2005), 26.

4   "Interview with Merold Westphal," in *Figure/Ground* (November 2012) 참조. 해당 인터뷰 전문은 다음 사이트에서 볼 수 있다. http://figureground.org/interview-with-merold-westphal/

리는 하나님의 진리"[5]라는 통찰을 얻은 웨스트팔은, 철학을 통해 그리스도교의 진리를 탐구하겠다는 소명을 품게 된다.

하지만 불행하게도, 이러한 웨스트팔의 소명은 정작 그의 부모에게 조차도 이해받을 수 없는 일종의 탈선이었다. 아마도 보수적이면서도 독실한 그리스도인이었던 웨스트팔의 부모는 그가 신실한 목회자의 길을 걷기를 기대했을 것이다. 아버지는 목회자였으며, 특히 그의 어머니는 중국 선교사로 살기 위해 일반대학의 장학생 기회를 포기하고 성서대학으로 진학했을 정도로 독실한 신자였다. 실제로 그의 어머니는 선교사로 살기 위해 선교지로 나간 적도 있으나 말라리아 감염으로 인해 원래의 꿈을 접고 집으로 돌아와 웨스트팔의 아버지와 결혼하여 그를 낳게 된다. 웨스트팔은 이 일을 두고 "나는 어머니에게 말라리아를 준 모기에게 내 삶을 빚졌다"고 말하기도 했다.[6] 이처럼 독실한 신앙을 가진 어머니의 입장에서 아들이 신앙과 무관한 이방의 길과도 같은 철학자의 삶을 살겠다는 것은 일종의 배교에 가까운 것이었을지도 모른다. 이와 관련한 웨스트팔의 회고를 직접 들어보자.

삶의 마지막 시기에도, 아버지와 어머니는 내가 신앙을 고백하고, 교회에서 활동하며, 기도하고, 우리 아이를 신앙으로 가르

---

5 Arthur Holmes, *All Truth Is God's Truth* (Grand Rapids: Wm. B. Eerdmans, 1977). 『모든 진리는 하나님의 진리다』, 서원모 역(서울: 크리스천다이제스트, 1991).

6 Merold Westphal, "Faith Seeking Understanding," in *God and the Philosophers*, ed. Thomas V. Morris (Oxford: Oxford University Press, 1994), 217.

치기를 지속한다는 사실과 나의 철학적 소명을 화해시킬 수 없었습니다. 어머니는 어머니의 신앙을 저버린 이들과는 전혀 다른 또 다른 유형의 그리스도교 철학자들이 있다는 것을 기뻐하시기보다도, 잠언 22장 6절을 통해 스스로 위로를 얻으셨지요. "마땅히 걸어야 할 그 길을 아이에게 가르쳐라. 그러면 늙어서도 그 길을 떠나지 않는다." 그녀는 내가 궁극적으로 철학을 포기하고 참된 신앙으로 돌아오길 계속 소망하셨습니다. [7]

이런 어머니의 간절한 소망도 그의 소명과 의지를 꺾을 수는 없었는지, 웨스트팔은 대학을 최우등(summa cum laude)으로 졸업하고 아예 전문 철학자가 되고자 예일대학교(Yale University) 대학원 철학과에 장학생으로 입학하기에 이른다. 물론 이 시기에도 그의 갈등이 완전히 끝난 것은 아니었다. 본래 그는 위튼대학교를 졸업하고 신학대학원에 진학하여 결국에는 전문 신학자가 되어 학생들을 가르치고자 하는 생각도 했었다. 하지만 철학의 유혹은 이런 나름의 타협안조차 그의 삶의 선택지에서 사라지게 만들었고, 웨스트팔은 우드로 윌슨 펠로우십의 장학생으로 선정되어 예일대학교 석사 과정에 진학하고, 여기서 철학박사학위를 받기에 이른다.

이 시기 그는 존 에드윈 스미스(John Edwin Smith)라는 탁월한 종교 철학자를 자신의 두 번째 멘토로 삼게 된다. 특별히 웨스트팔은 그

---

[7]   같은 글, 같은 면.

로부터 철학함에 있어 여러 언어를 익히는 일의 중요성과 여러 가지 접근법을 가지고 철학의 주요 문제나 인물에 다가서는 것이 얼마나 중요한지 알게 되었다고 고백한다.[8] 이처럼 철학을 폭넓게 공부하고 사유하는 법을 익힌 덕분에, 웨스트팔은 독일이나 특히 20세기 철학의 여러 새로운 흐름을 만들어낸 프랑스 같은 유럽대륙의 국가에서 오랫동안 수학한 경험이 없음에도 불구하고[9] 유럽대륙철학에 매우 개방적으로 접근할 수 있는 태도를 습득한 것으로 보인다. 지금이야 현대 독일철학이나 프랑스철학의 큰 흐름을 미국의 여러 대학에서도 주목하고 있기에 본인의 관심만 있다면 다소간의 제한이 있더라도 어렵지 않게 현상학, 해석학, 해체론 등 유럽대륙철학의 여러 영역을 미국에서도 연구할 수 있다. 하지만 웨스트팔이 석·박사 공부를 하던 1960년대 초·중반 예일대학교를 포함한 미국 대학의 일반적 풍토에서는 현대철학과 관련해서 분석철학 전통에 속하지 않은 유럽대륙철학을 꼼꼼하게 공부하기란 그리 쉬운 일이 아니었다. 이런 환경에도 웨스트팔은 앞서 언급한 존 스미스와 더불어 분석철학의 한 획을 그은 윌프리드 셀라스(Wilfrid Sellars)의 칸트 수업을 들으면서 인식론적 맥락에서 나타나는 인간의 유한성 문제에 눈을 뜨게 되고, 폴 와이스(Paul Weiss)의 헤겔 수업을 들으며 유한과 무한의 관계 문제로 시선을 전환하게 되는데, 이는 향후 웨스트팔의

---

8   "Interview with Merold Westphal," in *Figure/Ground* (November 2012) 참조.

9   1971-72년, 예일대학교의 연구후원을 받아 독일 하이델베르크대학교에서 잠시 연구한 적은 있다.

주요 철학적 문제의식을 형성시켜 준 밑거름이 된다. 하지만 그렇다고 해도 당시의 상황을 고려할 때, 웨스트팔이 예일대학교를 졸업한 이후인 1960년대 후반부터 21세기 초인 오늘날에 이르기까지 폭넓게 발전한 유럽대륙철학 분야의 전문가가 된 것은 역시 이례적인 일이 분명하다. 이는 아마도 철학을 폭넓게 다룰 수 있는 스승의 영향을 기반 삼아 그리스도교와 유럽대륙철학이 공명할 수 있는 계기를 적극적으로 찾아낸 웨스트팔 자신의 유럽철학에 대한 독자적 문제의식과 도전의식에서 비롯된 일일 것이다.

　박사논문을 필두로 한 그의 초창기 연구 역시 우선은 20세기 유럽대륙철학이 아닌 헤겔을 주제로 한 것이었는데, 그의 첫 번째 단행본 연구서[10]는 『선택』(Choice)이라는 잡지에서 선정하는 '올해의 우수학술서'에 꼽히게 된다. 이것은 가톨릭 계열에 속해 있는 우리 시대의 또 다른 주요 철학자 윌리엄 데스몬드(William Desmond)의 평가대로, 웨스트팔을 북미에서 가장 중요한 헤겔 연구자 가운데 한 사람으로 만들어주는 성과를 낳았다. 하지만 웨스트팔은 그저 헤겔 전문가로 머무르는 데 만족하기보다 체계의 완성으로서의 철학이라는 헤겔의 모형을 극복하기 위해 쇠얀 오브이 키에르케고어에 대한 집중적인 연구를 펼친다. 실제로 그는 키에르케고어가 자신이 지향하는 핵심 철학적-신학적 사유를 가장 잘 담고 있는 인물로 보는데, 이는 키에르케고어를 "원형-포스트모던 사상가"로 간주하는 웨스

10　Merold Westphal, *History and Truth in Hegel's Phenomenology* (Bloomington: Indiana University Press, 1979; 1998).

트팔의 독특한 해석에서 비롯한다.[11] 웨스트팔에 의하면, 키에르케고어는 니체보다 먼저 (그렇지 않으면 적어도 거의 동시대에) 근대성의 체계적 동일성의 사유, 이성-중심적 사유 및 이를 기반으로 삼는 획일화된 사회의 성격에 대한 준엄한 비판을 시도한 예언자적 철학자이자 근대성을 극복한 선구자이다. 더 나아가 그에게 키에르케고어는 그저 이성적이고 합리적인 신앙의 체계를 실존론적 신앙주의를 통해 극복하려 한 인물에 그치는 것이 아니라 당대의 그리스도교 국가로서의 덴마크 사회에 대한 비판을 담고 있는 사회-개혁적 사상가이자 신에 대한 사랑이 이웃에 대한 사랑과 반드시 마주해야 함을 철학적으로 주장한 타자성의 철학자이다.

특별히 웨스트팔이 키에르케고어 철학에서 자신의 문제의식의 핵심이 담겨 있다고 본 대목은 그리스도인의 '죄' 문제였다. 특별히 그는 우리의 인식과 관점이 근본적으로 왜곡되어 있다는 루터와 칼뱅의 신학적 통찰이 키에르케고어에게서 더 극단적이고 철학적인 맥락에서 심화되어 있음을 깨닫게 되는데, 웨스트팔에게 이 코펜하겐의 소크라테스는 칸트와 헤겔을 공부하면서 얻은 유한과 무한의 애매한 관계 문제를 종교철학적으로 해명할 수 있는 단초를 제공하는 인물로 간주된다. 특별히, 그의 입장에서 키에르케고어는 인간의 유한성 문제를 인식론적 조건과 같은 것을 넘어 그것을 죄의 근본성

---

11 Merold Westphal, "The Joy of Being Indebted: A Concluding Response," in *Gazing Through a Prism Darkly: Reflections on Merold Westphal's Hermeneutical Epistemology*, ed. B. Keith Putt (New York: Fordham University Press, 2009), 170.

으로 해석함으로써, 이러한 죄인으로서의 유한한 인간이 무한으로서의 신을 만나는 과정에서 직면하는 자아와 신앙의 근본 토대의 뒤흔들림을 너무나도 적나라하게 보여주는 현자였다.[12]

이처럼 키에르케고어의 근대성 및 신앙과 사회에 대한 비판을 매개로 삼아 우리 시대의 포스트모던 사유로 자신의 관심사를 넓혀 나가는 웨스트팔의 철학적 여정은 헤겔이나 키에르케고어 같은 철학자에 대한 전문적 연구를 넘어 20세기 이후의 유럽대륙철학에 대한 심도 있는 탐구에서 길어낸 포스트모던의 통찰에 대한 그리스도교적 전유로 이어진다. 이런 그의 연구 주제의 확장은 특별히 가톨릭 계열의 학교로서 종교에 대한 개방적 분위기를 가졌으며, 그 당시 미국 대학 철학과 가운데서는 조금 이례적으로, 분석철학과 유럽대륙철학, 종교철학 전반을 경계 없이 연구할 수 있는 환경을 가진 포덤대학교(Fordham University) 철학과 교수로 부임한 1987년부터, 더 좁게 특정하면 동대학 같은 학과 석좌교수(Distinguished Professor)

---

12   이러한 죄와 유한성, 그리고 신앙의 연관성에 대한 깊은 관심은 루터적 개혁주의자로서의 그의 신앙 배경에서 비롯된 것이기도 하다. 다음과 같은 그의 신앙 배경에 대한 언급은 매우 흥미로우며, 향후 그의 철학적 지향을 이해하는 데도 도움을 줄 것이다. "나는 내 사유가 칼뱅보다는 루터를 통해 더 형성되었다고 생각하는데, 내 책장이 이를 확증해줄 것이다. 그런 점에서 나는 포괄적인 의미에서 개혁파 전통의 일부에 속한다. 이신칭의, 오직 성서, 말씀과 성사, 말씀과 성령은 나에게 그저 슬로건이 아니라 매우 중요한 슬로건이다. 하지만 나는 여러 가지 방식으로 재세례파, 가톨릭, 정교회 전통의 양육을 받았다." Justin Sands, "Appendix: An Interview With Merold Westphal," in *Reasoning From Faith: Exploring the Fundamental Reasoning from Faith: Exploring the Fundamental Theology in Merold Westphal's Philosophy of Religion*, Ph.D.Diss., Katholieke Universiteit Leuven, 2105, 343.

로 임명된 1997년부터 본격적으로 이루어진다. 이 시기 쏟아져 나온 책들이 포스트모던 사상의 그리스도교적 전유를 적극적으로 표방하는 그의 대표적인 연구 성과로 간주될 수 있는데, 이를테면 『혐의와 신앙: 현대 무신론의 종교적 활용』(Suspicion and Faith: The Religious Use of Modern Atheism [1993, 1998]), 『존재-신론 극복하기: 포스트모던 신앙을 향하여』(Overcoming Onto-Theology: Toward a Postmodern Christian Faith [2001]), 『초월과 자기-초월: 신과 영혼에 관해서』(Transcendence and Self-Transcendence: On God and the Soul [2004]), 그리고 본서 『교회를 위한 철학적 해석학: 누구의 공동체? 어떤 해석?』(2009) 등이 바로 그러한 결실에 해당한다. 여기서 언급된 그의 탁월한 작품들의 통찰을 모두 언급할 수는 없기에, 일단 웨스트팔의 핵심 문제의식만 거론하자면, 그것은 곧 '이해를 추구하는 신앙(Faith Seeking Understanding)'과 '유한성의 해석학(hermenneutics of finitude)', 그리고 '예언적 해석학(prophetic hermeneutics)'으로 요약될 수 있을 것 같다.

첫째로, 웨스트팔에게 '이해를 추구하는 신앙'이란, 우리의 신앙이 키에르케고어가 보여주었던 것처럼 체계적 이성이 아닌 체계를 뒤흔드는 신앙의 정념적-의지적 성격에서 나온 것이라는 점을 받아들이더라도, 언제나 더 나은 신앙을 위한 이해의 작업에 개방되어 있어야 함을 의미한다. 사실 이러한 생각은 아우구스티누스로부터 오랫동안 이어져온 그리스도교 신학과 철학의 유산이다. 하지만 웨스트팔의 '이해를 추구하는 신앙'의 독특한 점이 있다면, 그가 이 말을 단지 구호로서 계승하는 것을 넘어, 그리고 신학 안에서만 반성적 이해를 추구하는 것을 넘어, 전통 신앙의 유산을 자신의 연구 분야에 접속시켜 **오늘날 우리에게 적합한 방식으로 전유하는** '이해를 추구하는 신앙'의 추구를 시도했다는 점이다. 특별히 웨스트팔은 믿음의 삶을 "평생의 과업"으로 인식하기에,[13] 신앙을 이해하는 작업 역시 일생 동안 이루어져야 하는 고단하고 기나긴 작업임은 물론, 그저 과거의 유산을 반복하기보다 오늘날의 철학적, 신학적 성과와 대화하는 가운데 발전시켜야 할 과제가 된다. 웨스트팔은 바로 이 과정에서 포스트모던 사상들이 우리의 신앙의 이해에 크나큰 도움을 주기에 적극 수용해야 한다는 입장을 견지하며 포스트모던 철학의 성과를 우리의 신앙의 편견을 극복하기 위한 소재로 삼는다. 한 예로, 웨스트팔은 포스트모던 사상이 대체로 지향하는 진리에 대한 소극적 확신이 우리에게 진리에 이르기 위한 겸손을 가르쳐준다고 생각한다. 다시 말해 진리는 대문자 Truth가 아닌 소문자 truth로서 유효하다. 나중에 더 살펴보겠지만, 웨스트팔에 의하면, 일부 포스트모던 철학자들의 절대적 진리가 없다는 주장은 진리 자체가 없다는 말이 아니라 삶의 모든 체계를 완성시키고 모든 진리와 의미를 특정한 철학적 이념과 목적 아래 복속시킬 수 없다는 말이다.

그리스도교 신앙과 진리의 절대적 유일성을 받아들이는 그리스도인들에게는 일견 이 주장이 이상하게 보일 수 있지만 이것은 웨스

---

13 Merold Westphal, *Kierkeggard's Concept of Faith* (Grand Rapids: Wm. B. Eerdmans, 2014), 15; 『키르케고르: 신앙의 개념』, 이명곤 역(서울: 홍성사, 2018), 33.

트팔의 '유한성의 해석학'에 비추어 이해되어야 한다. 피조물로서의 그리스도인들은 창조자가 아니라는 점에서 유한한 관점을 애초부터 안고 있다고 할 수 있다. 이러한 유한한 피조물로서의 인간이라면 누구나 안고 있는 시대-문화적 배경, 역사적 지평, 제한된 관점으로 인해 진리를 안다고 했을 때, 그것은 언제나 부분적으로만 타당할 뿐이다. 이런 점에서 웨스트팔의 고유한 주체 개념, 곧 믿음의 영혼(believing soul)은 언제나 탈중심화된 자기(decentering self)이지 진리의 정초로서의 형이상학적-종교적 주체일 수 없다. 이러한 유한성을 기반으로 삼아 이해되어야 하는 것이 바로 우리의 신앙과 신자의 삶이고, 이를 둘러싼 신앙의 양상 전반을 탐구하는 방식이 바로 유한성의 해석학이다. 다시 말해 이러한 유한성에 입각한 해석학적 인식론에서 발견된 "우리의 진리는 소문자 t로서의 truth이다."[14]

이러한 유한성의 해석학은 더 구체적으로 예언적 해석학과 잇닿아 있다. 나는 개인적으로 웨스트팔의 탁월성과 고유성이 가장 크게 드러나는 지점이 바로 이 대목이라고 생각한다. 웨스트팔의 예언자가 가리키는 바는 일단 구약성서의 예언자들이다. 이 예언자들은 이스라엘 사람들과 그 시대의 사회문화적 경향에 대한 준엄한 비판을 시행하는 자들이었다. 이러한 예언자들의 비판적 메시지는 신자에게 선택받은 사람이라는 쓸데없는 자부심에 대한 집착을 버리게

---

14 B. Keith Putt and Merold Westphal, "Talking to Balaam's Ass: A Concluding Conversation," in *Gazing Through a Prism Darkly: Reflections on Merold Westphal's Hermeneutical Epistemology*, 184.

하고, 자기 자신을 반성적으로 돌아보는 겸손한 자아에 이르게 하는 역할을 했다. 이런 맥락에서 신자의 중요한 지향이 이해를 추구하는 신앙이라면 이 신앙은 언제나 그러한 예언적 비판에 개방되어 있고 그 비판을 경유한 비판-이후의 신앙일 수밖에 없는데, 이를 철학적으로 구체화한 사유방식이 바로 웨스트팔의 예언적 해석학이다. 인간은 자신의 죄성(sinfulness)으로 인해 사물을 냉정하게 객관적으로 파악할 수 없을뿐더러 심한 경우 사태를 왜곡하고, (비)자발적으로 오류에 빠지기 십상이다. 이 경우 신자의 신앙은 자기-기만으로 넘어가게 되며, 신자로서의 고백은 하지만 실제 삶에서는 신을 따르지 않는 실천적 무신론자로 전락할 수 있다. 바로 이런 자기-기만을 일깨우는 데 필요한 것이 철학자들에 대한 예언적 활용이다. 웨스트팔은 이것을 특별히 발람의 나귀에 비유한다. 하나님은 "가서는 안 될 길"(민 22:32)로 가려는 발람을 막기 위해 자신의 사자를 보내고, 그 사자를 알아본 나귀로 인해 발람은 잘못된 길을 가는 것을 멈추기에 이른다. 신자들에게 철학이 미치는 중요한 역할은 다름 아닌 이런 발람의 나귀와도 같은 역할을 함으로써 신자들의 기만을 폭로하는 것이다. 이런 철학의 효과를 웨스트팔은 다음과 같이 설명한다. "'모든 진리가 하나님의 진리다'라는 것은 우리가 진리를 분명 종교적이지 않은 맥락에서, 종교적이지 않은 주제에서, 종교적이지 않은, 심지어는 종교적인 것과 정반대로, 어쩌면 **반종교적인** 목소리에서 발견할 수 있다는 것을 의미한다. 나는 이따금씩 나와 내 친구들에게 발람의 나귀가 하나님의 말씀을 말한 것을 상기시킨다."[15]

웨스트팔은 이런 나귀의 역할을 여러 무신론 철학자들을 통해 수행하는데, 그 철학자들 가운데 대표적인 이가 다름 아닌 니체, 프로이트, 마르크스이다. 그의 저술 가운데 종교계에서 가장 널리 읽힌 작품인 『혐의와 신앙』에서, 웨스트팔은 신자들에게 오랫동안 반종교적 인사들로 낙인 찍힌 이들을 통해 우리가 구약성서의 예언자적 목소리를 들을 수 있다는 점을 강조하며, 이들의 종교 비판이 신자들에게 구체적으로 어떤 통찰을 줄 수 있는지에 주목한다. 한 예로 마르크스는 현세에 도피하여 피안에 안주하고 현실의 변화에는 아무런 관심이 없게 만드는 당대 교회를 비판하며 종교를 인민의 아편으로 간주하였는데, 이것은 단지 종교를 폄훼하기 위한 것이 아니라 현실 변혁에 무관심하고, 착취당하는 자를 세상으로부터 도피하게 만드는 교회의 관념적-기만적 역할과 성격을 비판하기 위한 것이었다. 이 맥락에서 교회는 한편으로 자본주의 기득권의 편에 섬으로써 기성 체제를 옹호하는 집단이 되거나, 다른 한편으로 억압당하는 이들의 눈을 멀게 만들고, 자본가의 착취에 의한 억압에서 비롯된 고통을 완화시킬 수 있는 기만적 피난처 역할을 하게 된다. 종교가 이런 식으로 기능한다면 그 종교는 참된 신앙체계가 아니라 이데올로기가 되고, 교회는 그 이데올로기를 체화한 모형이 될 것이다. 실제로, 웨스트팔은 마르크스의 종교 비판을 기반으로 삼아 다음과 같이 반문한다. "[…] 더 중요한 것은

---

15   같은 글, 181.

비록 일방적이라고 하더라도, 마르크스의 설명이 수많은 그리스도교 역사에 대한 정확한 설명이 되는 이유가 무엇인지 묻는 것이다. 반항, 심지어는 저항과 같은 비판적 잠재력을 제안하는 유토피아적 내용을 갖고 있음에도 불구하고, 왜 그리스도교는 통상 사회적으로 용인되어 버린 고통에 직면하여 정치, 경제, 인종, 성별 등의 다양한 형태의 지배에 대한 이데올로기적 승인을 해주었는가?"[16]

웨스트팔이 주목하는 마르크스의 통찰이 바로 이 대목이다. 그는 현실 그리스도교에 대한 마르크스의 비판을 수용함으로써, 교회와 신자가 구약의 예언자들로부터 전해진 해방의 신학과 철학을 수행하지 않으면 그 교회는 언제나 불의한 사회 구조에 기생하는 가운데 성서의 예언적 가르침을 떠난 기만적 공동체로 전락할 수 있음을 경고한다. 여기서 한 가지 더 언급해야 할 것은 이러한 신자들의 불의함과 자기-기만을 비판하는 철학적 작업에 대한 그의 관심이 단지 이론적 차원이 아닌 실천적 경험의 차원에서 비롯되었다는 점이다. "그리스도교 신앙에 대한 매우 상이한 이해를 가진 역사가 친구, 도시에 거주하는 아프리칸 미국인들과의 첫 번째 직접적인 만남, […] 1960년대 후반의 사회적, 정치적 혼란과 1970년대 초반 민권운동과 베트남 반전운동"이 바로 그러한 경험들이다.[17] 이런 경험들 속에서 그는 구약성서의 선지자들을 재발견하게 되고, 죄와 타락의 소용돌

16   Merold Westphal, *Suspicion and Faith: The Religious Uses of Modern Atheism* (New York: Fordham University Press, 1998), 168.

17   Merold Westphal, "Faith Seeking Understanding," 222.

이에서 한 발짝 떨어진 견고하지만 기만적인 보수주의적 신앙에 머물 수 없음을 깨닫게 된다.

그런데 이 대목에서 혹자는 이렇게 물을 수 있다. 사회-정치적 문제에 대한 통찰은 구약성서의 선지자로 충분한데 왜 굳이 현대 사상가들의 말을 들어야 하는가? 웨스트팔의 입장에서 볼 때, 성서가 본질적 메시지를 담고 있다고 하더라도 현실 속의 교회를 비판하고 신자들 각각의 신앙을 비판적으로 이해하기 위해서는 마르크스 같은 사상가가 더 큰 도움을 줄 수 있다. 다시 말해 현대의 사상가들을 통해 우리는 동시대를 이해하면서 현 시대 속에 허우적대는 우리 자신의 신앙의 허구성을 더 깊이 통찰할 수 있다. 이런 점에서 우리는 현대의 사상가들을 발락의 나귀처럼 수용할 수 있으며, 이 점을 구체화하고 극대화한 철학적 통찰이 다름 아닌 예언적 해석학이다. 그래서 웨스트팔은 이렇게 말한다. "우리에게는 아모스만큼이나 마르크스가, 어쩌면 아모스에 대한 주석으로서의 마르크스가 필요하다. 왜냐하면 마르크스에게는 아모스에게 없는 것이 있기 때문이다. […] 그의 종교 비판은 자본주의 사회의 그리스도인들에 관한 것이다. […] 아모스가 마르크스가 한 것만큼 우리의 심정을 이해할 수도 있다. 하지만 마르크스는 아모스가 할 수 없었던 방식으로 우리의 사회를 이해하고 있다."[18]

---

18 Merold Westphal, *Suspicion and Faith*, 213. 오늘날 우리는 웨스트팔의 예언적 해석학의 길을 따라 이렇게도 물을 수 있다. 성서에 페미니즘이 있는가? 그 당시 문화적 한계 속에서 여성을 존중하는 대목은 찾을 수 있을지 몰라도 페미니즘 자체는 없다. 우리 신앙의 잘못된 가부장적 경향을 폭로하기 위해서는 성서보다 페미니즘을 더 연구해야 하는 것이 아닌가?

또 다른 이는 철학을 이런 식으로 전유하는 것이 철학을 도구화하는 것이 아니냐고 물을지도 모른다. 만일 철학을 그저 호교론적 맥락에서 단순화시켜 활용한다면 그 말이 맞을 것이다. 하지만 웨스트팔은 철학자들이 무신론자이거나 유신론자이거나 모두 일정한 진리를 담고 있다고 보기 때문에, 이에 비추어 그러한 철학자들을 매우 존중하며 학술적으로 엄정하게 다룬다. 또한 그는 철학을 사용해서 신앙을 변증하려는 데는 별 관심이 없으며, 교회와 신자가 철학적 진리에서 비롯된 비판적 성찰을 거친 더 온전한 신앙 이해에 이르기를 소망한다. 이런 점에서 웨스트팔의 철학에 대한 그리스도교적 전유 작업은 철학의 도구화가 아니라 섬세한 해석학적 적용으로 보아야 할 것이다. 데스몬드는 웨스트팔의 이러한 작업 방식을 이스라엘인들이 이집트인들의 재산을 탈취하는 것에 비유하며 다음과 같이 평한 바 있다. "[…] 그는 다른 철학자들—심지어 그가 동의하지 않는 이들—에게도 접근하는 방식에서 신사다움과 온화함을 보여준다. […] 이는 더 관대한 방식으로 사랑으로 진리를 실천하는 것과 같은 것이다. 물론 이집트인들을 너무 부드럽게 비방하는 것에 조바심을 내는 사람들도 있지만 […] 관용의 방법이 더 나은 법이다."[19]

이런 웨스트팔의 면모를 종합해볼 때, 나는 그를 예루살렘의 소크라테스라고 부르고 싶다. 아테네를 철학의 세계로 보고, 예루살렘을

---

19   William Desmond, "Despoiling the Egyptians—Merold Westphal and Hegel," in *Gazing Through a Prism Darkly: Reflections on Merold Westphal's Hermeneutical Epistemology*, 26.

신앙의 세계로 볼 때, 웨스트팔은 분명 예루살렘에 속해 있다(실제로 그는 미국개혁교회[Reformed Church in America]에 소속된 장로이기도 했다). 하지만 신앙의 세계에서 웨스트팔이 신자들과 소통하는 방식은 아테네에서 배워온 철학이다(심지어 그는 아테네에서도 큰 인정을 받았다!). 혹자들은 웨스트팔을 두고, 다른 신을 믿는 것 같다고 나무랄 수도 있고, 그가 교회의 착한 젊은이들을 "철학과 헛된 속임수로 [...] 사로잡을까"(골 2:8) 경계할 수도 있다. 하지만 소크라테스가 아테네를 깨우기 위한 쇠파리였던 것처럼 웨스트팔 역시 예루살렘을 위한 쇠파리 역할을 하는 것은 아닐까? 전통 신학에 대한 집착과 현란한 (마치 소피스트적 수사와 같은) 설교에 물들어 도무지 바뀌지 않는 신자들을 향해 웨스트팔은 소크라테스처럼 철학이라는 치료제를 가져와 완고해져버린 신자들을 깨우기 위해 적극적으로 대화를 시도한 현자로 한평생을 살아왔다.

현직에서 물러난 지 8년이 지난 현재, 공식적으로는 포덤대학교 철학과 명예교수로 남아 있는 웨스트팔의 학술적 작업은 이제 어느 정도 갈무리된 것처럼 보인다. 실제로 나는 전자메일로 그와 대화하면서 더 이상의 저술계획이 없다는 말을 직접 들었고(물론 아직까지 책의 형태로 출간되지 않은 웨스트팔의 글이 워낙 많아 차후 다른 연구자나 편집자에 의해 그의 또 다른 단행본 저작이 나올 가능성은 있다), 이제부터는 관심있는 후학들이 그의 철학을 심도 있게 연구해야 할 단계가 아닌가 싶다. 비록 오랜 기간 철학적 작업을 하면서 본인만의 창조적 사상을 구축하지는 않았지만, 학계에서는 그를 리쾨르 이후 해석학을 통해서 여러 종교철학적 주제들을 심화하고 포스트모던 사상에 대한 새로운 해석들을 도입한 탁월한 해석학적 철학자로 간주하여 더 깊이 연구하고 있다. 현재 생존해 있는 사람이 논문의 주제가 된다는 것, 그것도 두터운 박사학위논문의 주제가 된다는 것은 해당 인물의 가치가 그만큼 인정받고 있다는 징표가 되는 영예로운 일인데, 웨스트팔에 대해서도 그런 일이 일어나고 있다. 실제로, 종교철학 및 신학계에서는 그의 철학을 주제로 삼은 여러 단편 논문들이 나오고 있으며, 박사학위논문의 주제로도 여러 유수의 학교에서 다뤄지고 있다는 소식이 들린다. 나 역시 웨스트팔에 더 큰 관심을 가지게 된 것은 몇 년 전 벨기에 루뱅대학교(KU Leuven)에서 수학하던 시절 그에 대한 석·박사 학위논문이 이미 나온 것을 보고 나서였다.[20] 이는 그가 단순히 기존 철학의 해설자 수준을 넘어 종교철학자로서의 고유하고 깊이 있는 전유로서의 '시도들'을 몸소 보여주었다는 것을 입증하는 사례이므로, 아마도 우리는 향후 그에 대한 더 많은 연구를 볼 수 있을 것이다. 이러한 해외학계의 웨스트팔에 대한 관심과는 달리, 아직 국내에서는 웨스트팔의 철학에 대한 소개와 연구가 매우 미미하다.[21] 본서의 출간과 지금까지 서술한 미약한 해설을 필두로 해서

20　루뱅대학교 신학&종교학과에서 통과된 웨스트팔에 관한 학위논문은 최근에 인디애나대학교 출판부를 통해 출간되었다. Justin Sands, *Reasoning from Faith: Fundamental Theology in Merold Westphal's Philosophy of Religion* (Bloomington: Indiana University Press, 2018)

21　본서를 제외하고 국내에는 각주 13에서 인용한 『키르케고르: 신앙의 개념』이 출간되었고, 웨스트팔의 글 두 편이 수록되어 있는 다음 작품이 나와 있다. *Christianity and the Postmodern Turn: Six Views*, ed. Myron B. Penner (Grand Rapids: Brazos Press, 2005); 『기독교와 포스트모던 전환』, 한상화 역(서울: 기독교문서선교회, 2013).

웨스트팔의 철학이 우리에게 더 폭넓게 도입되어, 그를 통해 우리의 '이해를 추구하는 신앙'이 촉진되기를 기대해본다. [22]

『교회를 위한 철학적 해석학』은 무엇을 말하고 있는가?

그럼 이제 본서에 대한 이야기를 해보도록 하자. 본서는 독자들이 해석학에 쉽게 접근할 수 있게끔, 웨스트팔이 그의 다른 책들에 비해 더 알기 쉬운 예시와 설명을 담아 논지를 전개한다. 이에 독자들이 직접 이 책과 씨름하며 해당 내용에 대한 이해도를 높여가는 데큰 어려움은 없을 것으로 생각되기에, 여기서는 본서의 배경과 내용, 의의를 간결한 형태로 정리해볼 것이다. 이 책은 미국의 저명한 신학&종교 관련 도서 전문 출판사인 베이커 아카데믹이 출간하고, 제임스 K. A. 스미스가 기획자로 참여한 〈교회와 포스트모던 문화〉 (The Church and Postmodern Culture) 시리즈 중 한 권으로 출간되었다. 국내에서는 이 시리즈에 속하는 여러 작품들 중 스미스의 『누가 포스트모더니즘을 두려워하는가?』(Who's Afraid of Postmodernism? [살림출판사 역간])만 간행되었으나 북미에서는 이미 약 10권의 책이 시리즈 목록에 올라 있다. 저자들을 살펴보면, 스미스와 웨스트팔을 비롯하여 존 카푸토(John D. Caputo), 브루스 엘리스 벤슨(Bruce Ellis Benson), 칼

22　비록 종교인들만이 아니라 비종교인들도 앞서 거론한 여러 연구들을 통해 19세기 이후 오늘날에 이르는 유럽대륙철학에 대한 매우 깊이 있는 통찰을 얻을 수 있을 것이다.

래스키(Carl Raschke), 그레이엄 워드(Graham Ward) 등 우리 시대의 저명한 철학자들과 신학자들이 이 기획에 참여하였다. 특별히 이 시리즈는 포스트모던 사상을 두려워하기보다 그 통찰을 적극 수용하여 이 새로운 사유의 흐름에 대한 불필요한 두려움을 제거하고, 오히려 그것을 교회와 신앙의 사유를 풍성하게 하는 자산으로 삼는 것을 의도한다(본서에 실린 스미스의 시리즈 서문을 참조하라).

웨스트팔은 이 목적을 다름 아닌 철학적 해석학에 대한 이해와 적용을 통해 성취하려고 한다. 그는 오직 성서로만 모든 것이 가능하고 성서를 이해하기 위해 우리의 올바른 직관 외에 다른 것은 필요 없으며 이러한 직관적 성서 이해가 객관적으로 성취될 수 있는 것이라고 보는 일련의 태도가 매우 소박한 것임을 해석학적 사유에 입각해서 폭로한다. 바로 이 과정에서 웨스트팔의 '유한성'에 대한 통찰이 빛을 발한다. 특별히 그는 이 책에서 자신의 주요 동지로 삼은 가다머의 해석학을 기반으로 교회와 신자의 성서 이해가 신적 관점에 해당하는 절대적이고 객관적인 직접적 진리에 이를 수 없다고 주장한다. 이는 우리 인간의 유한성을 구성하는 우리가 속한 전통, 배경, 지평의 한계에서 발생하는 선입견 내지 선이해와 제한적 관점들로 인해 나타나는 매우 자연스러운 현상이다. 이를테면, 상당수의 신자들과 교파들이 그리스도교의 기본적 진리로 간주하는 삼위일체라는 진리를 성서에서 도출한다. 하지만 개념보다 더 중요한—성서의 진리를 이해하기 위한 대부분의 시도는 개념이나 명제에 관한 인식을 뛰어 넘는다—삼위일체의 내용에 관한 해명과 해석은 절대적-객

관적으로 이해될 수 없다.[23]

이런 맥락에서 웨스트팔은 더 이상 상대주의를 두려워하지 말고, 우리의 지평과 전통, 관점의 한계 덕분에 자연스럽게 형성되는 해석의 상대성을 인정하고, 서로 다른 해석을 존중하는 가운데, 교리와 신앙에 대한 상호주관적 일치점을 찾아가는 대화의 모형을 발견해야 한다고 권고한다. 이런 중심 논지를 전개하기 위해서 웨스트팔은 (심지어 뛰어난 그리스도교 철학자 월터스토프도 극복하지 못한!) 상대주의에 대한 불필요한 두려움의 실체를 폭로하고, 허쉬로 대표되는 객관주의 해석학의 잘못된 이념이 무엇인지 비판한다. 또한 현대 프랑스 사상가들이 말한 '저자의 죽음'이나 '해체적 구성'에 대한 우리의 오해가 무엇인지 밝히고, 그러한 이론 역시 독자의 유한성과 해석의 상대성이 필연적임을 상기시키는 유용한 시도라는 점을 강조한다. 그런 다음 웨스트팔은 해석학의 흐름을 이해하기 위해 슐라이어마허부터 딜타이로 이어지는 해석학의 짧은 역사를 개관하고, 가다머와 리쾨르의 해석학이 어떤 식으로 해석의 상대성 논제를 보존하면서도 진리 이해에 이르는 길을 제시하는지 해명한다. 이 논의는 특별히 가다머의『진리와 방법』에 대한 짧지만 세심한 독해로 우리를 안내하는데, 철학적 해석학 분야를 전공하고, 계속 연구하고 있는 필자의 시각에서 이 안내는 가다머의 핵심 통찰을 매우 잘 전해주고 있다. 이런 점에서 본서는 매

---

23 예를 들어, 어떤 이는 삼위일체를 계시의 존재방식(칼 바르트)으로, 다른 이는 하느님의 자기-양여(칼 라너)로, 또 다른 이는 친교로서의 인격적 존재의 연합 사역(존 지지올라스)으로 이해한다.

우 개괄적이기는 하나『진리와 방법』에 대한 간편한 입문서 구실도 충분히 해내고 있다. 특별히, 전통, 권위, 선입견, 대화, 공연, 놀이, 번역과 같은 가다머 특유의 해석학적 개념에 대한 웨스트팔의 친절한 해설은 가다머를 온전히 소화하지 않고서는 나오기 힘든 것들이기에 독자들은 그를 통해 가다머의 난해하고 두터운 저작인『진리와 방법』에 더 쉽게 들어갈 수 있을 것이다.

웨스트팔의『진리와 방법』에 대한 이해와 일종의 신학적 전유를 기반으로 삼아 우리가 배워야 할 것은 무엇보다 성서 이해를 진리 참여의 사건으로 보아야 한다는 점이다. 성서는 객관적 명제의 집합이 아니기에 방법적 객관성을 현실화하기에 적합한 '대상'이 아니다. 성서역시 고유한 시대와 역사, 문화의 지평에서 일어난 일들을 기록한 것이고, 우리 역시 우리 나름의 고민과 상황, 시대, 문화의 지평에서 성서를 읽고 해석한다. 이 과정에서 일어나는 이해의 체험이 다름 아닌 웨스트팔이 가다머를 빌어 말하는 지평 융합이고 진리의 사건이다. 이 진리가 굳이 과학적인 방법의 객관성이라는 특정한 틀에 포섭될 필요는 없다. 과학적 객관성이 여전히 우리에게 인식을 교정할 틀로 유효한 면이 있지만, 웨스트팔이 잘 지적한 것처럼 진리는 그러한 방법 너머에서 도래할 수 있다. 성서가 지금 여기 우리 각자에게 건네는 말은 우리에게 어떤 물음을 던지고 반응하길 요구하지 공식을 대입해 풀어야 할 문제로 주어지지 않는다.

그렇다면 우리의 성서적 진리에 대한 이해는 주관적이고, 상대적이기만 한 것인가? 웨스트팔이 설명하는 가다머의 주요 개념들, 곧 공연과 번역과 같은 개념의 이해에서 볼 수 있듯 성서는 각자에게 각 공동체에게, 각 교파에게 다른 의미로 이해될 수 있다. 하지만 그렇다고 해서 성서가 완전히 다른 의미만을 매 순간 던져주는 것이 아니다. 우리는 음악 공연에서 연주의 기본이 되는 악보를 가지고 있다. 하지만 악보가 있다는 사실만으로는 공연이 성립되지 않고, 특정 악보가 음악적 예술로 표현되지도 않는다. 그 공연은 필히 연주되어야 하고, 그 연주가 어느 악단을 통해 수행되느냐에 따라서 해당 악보가 담고 있는 의미에 대한 관객의 체험과 해석도 달라진다. 하지만 우리는 각기 다르게 연주된 공연에서 공통점을 찾을 수 있다. 또한 번역 역시 같은 텍스트에 대해 상이한 결과물이 나올 수 있음을 안다. 완전히 틀린 번역을 우리는 옳은 것으로 인정하지 않기 때문에 여기에 극단적 상대주의가 개입될 여지는 없다. 하지만 상이한 번역 속에서 우리는 원 텍스트의 의미를 각기 다른 방식으로 이해할 수 있다. 우리에게는『소크라테스의 변명』에 대한 최소한 저명한 역자 세 명의 훌륭한 번역본이 있음을 알고 있다.[24] 여기서 우리는 더 나은 번역이 무엇인지 가려볼 수 있지만 하나부터 열까지 모든 면에서 다른 것을 압도하는 하나의 번역을 고르기란 쉽지 않음을 알고 있다. 오히려 다양한 번역을 비교하고 대조해서 해당 텍스트에 대한 더 나은 이해에 이르려고 시도하는 것이『소크라테스의 변명』에 접근하는 좋은 방식이 될 것이다. 성

---

24 『소크라테스의 변명』, 강철웅 역(서울: 이제이북스, 2014);『플라톤의 네 대화편: 에우티프론, 소크라테스의 변론, 크리톤, 파이돈』, 박종현 역(서울: 서광사, 2003);『소크라테스의 변론/크리톤/파이돈/향연』, 천병희 역(서울: 도서출판 숲, 2012).

서에 대한 이해와 해석 역시 이러하다. 유한한 조건과 지평에 처해있지 않은 교회는 없다. 만일 사정이 이렇다면, 우리는 여러 해석들 간의 대화를 시도하여 진리 이해의 작업에서 발생하는 갈등을 정확히 드러내고 화해를 시도하여 성서에 대한 더 나은 이해로 나아가기 위한 걸음을 내디뎌야 할 것이다. 이 과정에서 성서 텍스트에 대하여 지나치게 개연성이 떨어지는 해석은 가려내는 가운데 해석자들이 이해를 공유한 진리를 함께 찾아갈 수 있다.

책의 후반부에서 웨스트팔은 이런 식의 해석학적 통찰을 교회 공동체에 직접 적용하는데, 그는 가다머 해석학의 주요 이념인 대화가 교회의 바른 정체성 형성을 위해 매우 중요한 부분이 되어야 한다고 말하면서 위에서 언급한 진리, 곧 비록 상대적이지만 충실하게 이해된 진리를 기반으로 삼는 것이 교회의 바른 모습임을 주장한다. 이것은 다름 아닌 교회가 해석학적 운동으로서의 에큐메니컬적 대화로 나아가야 함을 뜻한다. 다시 말해 교회는 고립된 공동체가 아니라 대화 그 자체이다. 크게는 가톨릭과 루터파 교회가 칭의에 대한 공동의 선언에 이른 것처럼, 지역 교회들이나 교단들도 진리에 대한 부분적 합의와 차이에 대한 인정에 이를 수 있다. 이러한 성취는 다름 아닌 진리의 상대성을 인정하되, 끊임없는 진리 이해와 해석의 노정으로 들어가려는 해석학적 수고와 겸손의 태도 아래 이뤄지는 것임을 웨스트팔은 강조한다. 사실 이 대목은 철학을 신학적 맥락에 적용하는 데 있어 큰 탁월성을 보여주는 웨스트팔의 재주를 잘 드러내고 있다. 보통 우리는 철학적 해석학 하면 단지 성서 해석학과의 연관성 아래 그것을 적용해보려고 시도하기 쉽다. 하지만 웨스트팔은 성서 자체에 대한 이해에서 한걸음 더 나아가 해석 공동체로서의 교회의 해석학적 실천을 논한다는 점에서, 해석학에 대한 교회론적 전유를 감행했다고 할 수 있다. 이 것은 교회에 대한 우리의 이해의 폭을 한층 더 넓혀주는 시도일 것이다. 웨스트팔이 구체적 예를 들어가며 보여준 것처럼, 개별 교회와 교파들이 모두 '부분적으로만' 진리를 이해하는 유한한 공동체임을 인식하고 대화에 나설 때, 우리는 참된 공교회적 비전에 조금 더 가까이 다가설 수 있을 것이다.

마지막으로, 웨스트팔은 전통과 지평의 심원함과 상대성의 해석 아래 우리의 성서 이해가 진행된다고 하더라도, 우리의 편견이나 선입견을 일거에 무너트릴 수 있는 목소리로서의 계시의 힘을 레비나스의 초월과 계시에 대한 통찰을 기반으로 삼아 설명한다. 이는 해석학만을 고수한 나머지 우리를 압도하는 계시의 성격을 간과하지 말아야 할 이면을 강조한 균형 있는 제안이라 할 것이다. 아쉽게도 레비나스를 도입한 것은 지면의 한계 및 본서의 주제인 해석학을 넘어서는 시도라는 점에서 매우 간략하게만 다루어져 있다. 어쩌면 레비나스의 제일철학으로서의 윤리학에 대한 통찰이나 윤리적 성서 해석, 직접성으로서의 계시관 등은 또 다른 연구를 통해 향후 더 깊이 다루어져야 할 주제일 것이고, 웨스트팔 역시 다른 곳에서 이러한 시도를 한 바 있다.[25]

---

25 Merold Westphal, *Levinas and Kierkegaard in Dialogue* (Bloomington: Indiana University Press, 2008); *Transcendence and Self-Transcendence: On God and the Soul* (Bloomington: Indiana University Press, 2004), 3부 참조.

끝으로, 나는 웨스트팔이 이 책에서 강조하는 중요한 요점이자 그리스도인이 해석학과 마주할 때 종종 걸림돌(scandal)로 간주되는 '상대주의'에 대한 생각의 전환이 있기를 바란다. 특별히 저자는 이 점을 본서를 위해 새로 작성한 한국어판 서문에서도 다시금 강조한다. 저자가 의도하는 상대주의는 어떤 진리든 상관없이 좋다거나 좋은 것일 수 있고, 이것을 일종의 규범처럼 받아들여야 한다는 의미가 아니라 우리의 성서 해석이나 진리 이해가 역사-문화적 조건과 유한한 인간의 이해와 실존적 성격 때문에 제한되어 있음을 의미한다. 이 경우 우리는 부분적으로, 제한적으로 진리를 이해하고 있을 뿐이라는 해석학적 겸손을 통해 나와 다른 방식으로 성서와 진리를 이해하는 교파나 타자와의 대화에 적극적으로 나서야 한다는 것이 바로 웨스트팔이 해석학적 상대주의를 통해 강조하고 싶어 하는 대목이다. 만일 우리가 저자의 이러한 제안을 진지하게 받아들인다면 나와 다른 교파적, 교회적, 인종적, 문화적 배경을 가진 이에게 더 친밀하게 다가서면서 다양한 진리 이해의 풍요로움을 가질 수 있을 것이다. 나는 저자의 이러한 제안을 근대적인 형이상학적 확실성이라는 극단과 상대주의를 규범처럼 제시하는 다소간 극단적 형태의 포스트모더니즘의 사이에서 포스트모던 사상의 가치를 전유한다는 점에서 '온건한 포스트모던 해석학'(Moderated Post-modern Hermeneutics)이라고 부르고 싶다.

지금까지 언급한 웨스트팔의 모험은 해석학적 대화보다 배제를 일삼는 한국교회의 일반적 풍토를 고려할 때 우리에게 많은 시사점을 남긴다. 타 교단의 목회자나 다른 목소리를 내는 이웃에 대해 이

단 시비를 일삼는 여러 시도에는, 실제로 오직 나 또는 우리 공동체만이 진리를 알고 있다 여기고, 상대적으로 타당한 다른 해석이 있을 수 있는 가능성은 완전히 배제해버리는 독단주의적이고 객관주의적인 태도가 함축되어 있다. 이런 맥락에서 본서는 그러한 독단적인 진리 인식의 근원이 어디에서 연원하는지를 학술적으로 따져 묻고, 그에 대한 비판과 대안을 제시한다는 점에서 이론적인 함의는 물론이고 상당한 실천적 함의와 시의성을 담고 있다. 특별히, 독자들은 이 책을 읽으면서 교회의 메마른 해석 풍조에 대한 그의 비판과 대안 제시가 교회에 대한 애정 어린 시선에서 비롯되어 있음을 충분히 느낄 수 있을 것이다. 실제로, 그는 어느 전통적인 그리스도인들처럼 어린 시절부터 주일학교에 정기적으로 출석하고, 성가대에 참여하며, 기도와 예배, 성서 읽기를 일상적으로 반복하는 신자이며, 나이가 들어서는 미국개혁교단(RCA)의 장로로 임직되어 교회를 섬기기도 했다. 그렇기 때문에, 일반적인 신앙인의 정서와 교회를 매우 잘 이해하고 있으면서, 동시에 해석 공동체로서의 현실 교회의 한계에 대해서도 잘 알고 있다. 이처럼 교회에 대한 풍부한 경험과 이해에서 비롯된 그의 조언은 독자들에게 그저 교회의 무미건조하고 심지어는 불편부당한 해석 활동에 대한 냉소와 한탄에 그치는 것이 아닌 '대화로서의 교회'라는 교회 자체의 해석학적 정체성을 깊이 고민해보게끔 권면한다.

이런 여러 통찰을 고려할 때, 나는 철학적 해석학을 진지하게 공부하려고 하는 그리스도인들이 있다면 가장 먼저 이 책을 추천할 것이다. 이 책은 해석학적 통찰의 신선함과 왜 우리에게 해석학이 필요한지를 충실하게 해명하고 있기 때문이다. 물론 그동안 앤서니 티슬턴(Anthony C. Thiselton)과 케빈 밴후저(Kevin Vanhoozer) 등과 같이 해석학적 통찰을 전문적으로 신학적 연구에 활용한 이들의 작품이 국내에 소개되긴 했지만, 해석학의 통찰의 핵심이 무엇이고 그 필요성이 무엇인지를 신랄하고 재기발랄한 언어로 납득시키는 책은 없었다. 그래서 해석학에 접근할 때, 이를 그저 성서를 새롭게 볼 수 있게 해주는 도구적 장치 정도로 간주하는 풍토가 여전히 존재한다. 이런 점에서 본서는 해석학에 정통한 철학자의 세심한 안목에서 나온 해당 학문의 핵심 지향과 통찰, 개념에 대한 해명이 매우 분명하게 제시되어 있기 때문에, 신자들에게 신학에 대해 해석학이 던지는 도전과 가르침이 무엇인지 잘 전달하고 있다. 만일 어떤 그리스도인이 해석학에 입문하고자 한다면 나는 본서를 먼저 읽기를 권유한다. 그런 다음 해석학에 대한 여러 역사적 지식을 쌓기 위해 티슬턴의 『성경해석학 개론』(새물결플러스 역간)을 보면 좋겠다. 물론 이 두 권을 독파한 다음, 가다머의 『진리와 방법』(문학동네 역간)이나 리쾨르의 『해석에 대하여』(인간사랑 역간), 『해석의 갈등』(한길사 역간) 같은 철학적 해석학의 대가들의 대작으로 직접 진입하는 것이 해석학 이해를 위해서는 가장 좋은 수업 과정이 될 것이라는 데는 두말할 필요가 없을 것이다.

이제 끝으로 본서가 나오기까지 수고해준 여러 고마운 이들을 언급하고 싶다. 우선 저자인 웨스트팔 선생님께 감사를 표한다. 철학자가 교회를 향해 이토록 큰 애정과 관심을 담아 책을 내놓은 사례는 흔치 않다. 무엇보다도 저자는 일면식도 없는 옮긴이의 제안을 흔쾌히 수락하여 한국의 독자들을 위한 서문을 손수 써주었다. 아울러 도서출판 100의 김지호 대표님께 특별한 감사를 드린다. 여러 출판사들이 본서의 출간에 난색을 표했는데, 김 대표님은 본서의 가치를 알아보고 내 손을 잡아주었다. 또한 본서를 인문학&신학연구소 에라스무스 총서의 첫 번째 권으로 삼아주셨으니 더 바랄 나위가 없다. 이러한 결단과 더불어 대표님의 꼼꼼한 편집 및 교정 작업으로 인해 본서는 더욱 쉽게 읽을 만한 글로 세상에 나올 수 있었다. 인문학&신학연구소 에라스무스의 운영위원이기도 한 설요한 선생님은 이 책의 최종원고를 읽고 검토해주었다. 바쁜 시간을 쪼개 탁월한 편집자의 손길을 더해주었으니 더없이 고마울 따름이다. 함께 에라스무스 총서를 일궈가고 있는 최경환, 윤동민 선생님을 비롯한 여러 다른 모든 에라스무스 연구원들과 후원자들에게도 감사의 뜻을 전한다. 이분들의 수고와 지원 덕분에 미천한 서생이 더 열심을 낼 수 있었다. 무엇보다도 언제나 내 곁에서 한없는 사랑과 이해의 해석과 대화를 몸소 보여주는 아내 김행민님에게 특별한 감사의 말을 전한다. 그녀의 관심과 애정 덕분에 오늘도 하루를 살아내고 있다. 끝으로 아내와 더불어 나에 대한 이해와 사랑을 온몸으로 보여주는 두 고양이 선생, 폴리와 주디에게 고마움을 표한다. 이들이 이 글을 읽을 수는 없겠지만 문자로 담아낼 수 없는 감사와 이해의 표현을 우리는 늘 온몸으로 나누고 있다.

인명 찾아보기

주제 찾아보기